マテリアル・セオリーズ

新たなる唯物論にむけて

Material Theories

北野圭介……編
Keisuke Kitano

人文書院

目次

マテリアル・セオリーズ——新たなる唯物論にむけて

序　表象からものへ、ものから表象へ

不埒な問い

ここ一〇年ほどの間に関わってきた対談や座談会において交わし合った言葉を振り返ると、その多様さ、拡がりにいまさらながらに驚かされる。映画、建築、美術、メディア研究、社会学、フェミニズム、哲学に思想と、外目には八方美人きわまりないと言われれば、それまでで、開き直るしかない。己の内側では、かくも異なる諸領域における第一線の研究者の面々と膝を向き合わせ語り合えたことは、まさに僥倖と呼ばざるをえないと感じ入りもする。だが、それればかりではない。

八方美人的な振る舞いがためか、僥倖という運に頼りすぎであったがためか、交わされる言葉の群れは、ときにもどかしく、ときにたどたどしく、覚束ない足取りであることを隠しはしていない。承知の上ではあるのだが、その因って来るところをあれやこれや省みているうちに、対談や座談会に拡がる多様さは、どこかしら、自分の仕事が主として関わってきた問いがゆえのものではないかという想いを強くした。つまりは、映像とは何かという問いが固有にもつ、キマイラがごとくの多面性にも起因しているのではないかという想いが頭をもたげてきたのである。先に触れた驚きの感覚の芯には、それがあるのかもしれない。どういうことか。映像とは何かという問いには、異なる領域との接触を嫌が応にも誘い込んでくる不埒な磁力が潜んでいるのではないかという感触が改めて確かなものとなったといえばいいだろうか。交わし合う言葉の時間に如何ともし難い歓びさえ感じてきたのは、そもそもの発端にある問いがかくも不埒な相貌をたたえていたからではないか。

とりあえず理屈をいえば、こうなる。映像とは何かを理論化する問いは、否応なしに、映像とは何でないかという問いを伴う。だが、映像とは何でないかという問いはすぐさま、映像なるものが具体的に——経験的に、とってもいい——が立ち現れる個別の領域において考えざるをえないというフェーズへと溝滑りするのだ。映像が立ち現れる領域は、この一〇年ほどの間で、わたしたちの生をほとんど取り込むかのような具合にまで広がってきただろう。映像について考えようとするならば、ありとあらゆることに目と手を伸ばさなくてはならないかのように。かつて、『映像論序説』という本を書いていたとき、そうした考えが頭の中をかけめぐっていた。それからほぼ一〇年ちかくが経つ間に、その考えはより強くなった。そして、考えの内容もいささかではあるものの、厚みを増してきたようにも思う。別の水準の問いへと誘われつつある自分を見出すことになったといってもいい。

映像をめぐる問いから、メディアをめぐる問いへ

云わんとすることの輪郭を明瞭にせねばならない。そのためには、自分がたどってきた道を少しばかり辿り直すことが必要だ。

日本の大学で哲学研究を少し齧ったあと、八〇年代終わりからから一〇年ほどアメリカに遊学したのだが、「オクトーバー」という芸術批評誌の創刊編集委員のひとり、アネット・マイケルソンに指導を受けた。マイケルソン女史の良き学生であったかどうかは心もとないが、陰に陽に受けた影響は自分では測ることができないほどだ。

理論的な言葉で振り返っておこう「オクトーバー」が創刊当初に敵対していたのは、「モダニズム」と呼ばれる近代芸術、現代芸術をめぐる美学、批評原理、実践方向であったわけだが、批判的思考の焦点が絞り込まれていたのは、ほかならぬメディウムの問題であっただろう。表現媒体とは何なのか。そ

の問いを浮上させ、その問いへの応答として隆盛を誇っていたのは、いうところの、モダニズムであるわけだが、それは、戦前に欧州で勢いがあったモダニズムとは区別されるべきものだ。画家にとって絵の具とは何なのか、キャンバスとは何なのか、彫刻家にとって木とは何なのか、石とは何なのか、といったことについて、原理主義的といっていいほどの頑なさでもって推進せられていた芸術制作、そしてそれを支える批評理論であり、単純化を怖れずにいえば、作家というものは表現メディアを純粋化させ、そのポテンシャルをフルに純化させて作品を作るのだという構えであった。そこに、真正面から対抗的な理論をぶつけようとしたのが、「オクトーバー」のポジションだったといっていい。

ここで心に留めておくべきは、メディウム、表現媒体というのをどういうふうに捉えるのかという問いに関わって、それらがかなり攻めの姿勢で取り組まれていたという点である。ざっくりいうならば、それぞれの芸術ジャンルに沿って特定化しやすい媒体の有り様を脱構築しようというものだ。すなわち、それぞれの媒体への理解が、いかにそうした括りの体裁を装う仕組みとして出来することになっているのかを露呈させるという戦略である。それは同時に、そうした露呈へと向かうベクトルを梃子にするように批評眼をもって制作が組み立てられている作品を擁護するという格好になっていた。もっといえば、そういった、絵画や彫刻といった分かりやすいジャンルの問題に、写真、映画、演劇、哲学といった異物の思考の線をあれやこれや動員し、そうした広い意味での脱構築――デリダのその概念を押し広げたものといってもいい――の戦略で芸術的な闘争を実践しようと目論見たものであったわけだ。そうした戦略において、とりわけ、かくも広く社会において人々が享受している映画というメディウムの潜勢する力能が賭けられていたわけだ。マイケルソンも、またその同志であったロザリンド・クラウスも具体的な戦術においては違っていても、大きな羅針盤としてはそうしたものであり、映画を語ることが、同時代状況のなかでの各領域に手を伸ばし考えることと、その理論的な戦術において避けがたく結びついていたのだ。筆者は、そうした戦術のあれやこれやを日々浴びながら、自分をトレーニングするという具合だったのである。

モダニズムへの批評的脱構築の活動のなかで、映画をめぐる問いが誘い込む多様な言説への接近こそが、課せられたものであったということだ。二〇世紀において映像の嚆矢であった映画という媒体について、それは何であるかという問いを立てるとき、それ以外の領域の言葉へ接触していかざるをえないという理論的な建て付けになっていたのだ。そうした頭の動かし方が、いつしか自らのなかで当たり前になっていたのである。

映像をめぐる問いから、デジタル・テクノロジーをめぐる問いへ

けれども、映像をめぐる問いが向き合わねばならなかったのは、もっと大きな、同時代に発生していた世界様態の変容だった。それが、先に述べた言い方をすれば、別の水準の問いへと誘われつつある自分を見出すことになっていた要因である。

世紀末に向けて、映像をめぐる問いは、新しいテクノロジーの可能性を追求しようとするメディア・アート、デジタル・アートとも呼ばれたりするような実践ともまた加速度的に接近しながら旋回しはじめたのである。世紀も明け、二〇年近くになろうとする今日にあっては、メディウムとは何かという問題系を考えるようとするならば、デジタル・メディアとは何なのか、デジタル・テクノロジーとは何なのか、といった問いを抜きにしてすすめることはもはや不可能である。しかしながら、そこには一見予期されるよりもはるかに、身体が震えるほどの深みを帯びた問題系が潜んでいたのである。それに次第に気づくようになったということだ。

角度を変えて述べておこう。デジタル・テクノロジーとは何かという問いは、少なくとも欧米にあっては、二一世紀を迎えたあたりから、まったくもって新たな段階に入ったといえるほどの深度がある探求がなされはじめている。どういう具合にか。

ツールとしてのデジタル技術という把握の仕方ではもはや済まされない事態が、わたしたちが生きる世界に覆いかぶさりはじめてきたのだ。今日、私たちが日がな一日中そして年がら年中手にしているスマホひとつとってみても、それは分かるはずだ。すでに一定程度生活空間に実装され定着しつつあるIoTやAIをみてもみてとれるだろう。居間の片隅に鎮座している自動掃除機は、機械学習研究の成果にほかならない。デジタル技術による情報化は今日、ごく当たり前のデファクトな生活環境としてすでに実現してしまっているのだ。端的にいえば、デジタル技術は、ツールという次元を越えて、生の環境となってしまっているということだ。そうした事態が触発する問いは、きわめて深いものにならざるをえないだろう。わたしたちが生を育む環境とは今日、いったいいかなる世界であるといえるのか。また、そのような仕方でもはやデジタル・テクノロジーが生の環境に相当程度に浸透することになっている中にあって、それに合わせて生を推移させているこのわたしは、いったいいかなる存在となっているのか。つまりは、従来哲学の領域の中で囲い込まれていた、認識論そして存在論と呼ばれる問題群が、哲学をはみ出し、私たちの日常感覚を揺さぶりはじめているのである。

　大きくいえば、世界存立の形態そして生物でもあるこのわたしの形態が日々大きくぐらつくような流動的事態のなかにあるということだ。そのような新種の事態について最初に気づかせてくれたのは、世紀が変わってすぐの頃、ニューヨークからシンガポールへと移り住んで建築理論の研究をおこなっていた坂元伝である。彼の言葉に触発され、哲学者山内志朗、映画研究者リピット水田堯、そしてアメリカ文学研究者佐藤良明に声をかけ座談会を組んだのが、第五章である。そこでは、建築理論や哲学的概念の再検証も合わせ、いま問わなければならない、メディア、技術、そして人間存在との関係についての討議がおこなわれた。

表象からものへ

世界存立の形態そして生物でもあるこのわたしの形態の水準で、従来の思考のフォーマットが激しく揺動しつつある、そうした時代精神の変動のただ中で、中でも、人と自然に共通する組成成分についての関心が全世界で加速度的に高まってきているように思われる。分子生物学、脳神経科学はもちろんのこと、地質学、気候学などの進展も伴ってだ――それらの進展自体にも、デジタル技術による測定器の浸透があっただろう。一言で言うならば、ものとは何かが改めて、しかし、根源的なレヴェルで問い直されはじめたのである。

そうした問い直しは、これまで自分自身の思考方法の要諦にあった言葉への揺さぶりさえ引き起こしただろう。如何ともし難い度合いで。しかもきわめて具体的なかたちで迫ってきたのである。すなわち、〈表象〉という言葉への問い直しである。

これをできるだけ正確にいい表すためには、思想史的に振り返っておく必要がある。大ぶりを承知でいえば、二〇世紀後半に世界中に跋扈した「現代思想《フレンチ・セオリー》」に関わって、欧米では九〇年代後半から、その文化論的なトーンに対する批判が急速に強まっていたことと、もの論の勃興は濃密に関わっている。かつてであれば、さまざまな社会現象を文化テクストと捉え返し、ソシュール以来の記号論を活用して、記号から成るテクストの構造と力を摘出してみせる、そんな知の技法がもてはやされていた。世界を文化テクストと捉え、批判的に考察しようとするカルチュラル・スタディーズといわれる分野まで現われただろう。だが、その限界が意識されはじめたのだ。そうした、テクストに還元しうる文化現象はもちろん、記号テクストへの還元には少なからず無理があったはずの社会現象であればなおさら、テクストをそもそも成り立たしめているはずの物質的な組み立てこそが、じつは照らし出されていくべきものではないかという、新たな次元の問いへと関心が集まり直したのである。認知科学やそれと連動するデジタル技術工学などは、それに目を向けつつ、そこを操作対象にすることまで射程に収め、研究や開発、実装をすすめているのであってみれば、社会現象を文化論的に捌いて悦に入っているのはいかにものんきな話ではないかということだ。認知資本主義という言葉が飛び交うようになってきた時代でもある。

いずれにせよ、そうした文化論的なテクスト論を一定程度支えていた言葉は、なによりも、〈表象〉であったことはいくら強調しても強調しすぎることはない。ただ、注意しておかなくてはならないのは、表象とテクストがなかば等号で結ばれていたということだ。それは、日本でも英語圏でも変わるところはない。だが、欧米にあっては九〇年代後半から、そうした意味合いでの表象テクスト論に対して、攻撃的なまでに疑問がふされはじめたのである。今日では、記号文化論的建て付けでの表象分析の有効性はもはや失墜しているかのごとくだろう。海外の友人は、「いま現在、シニフィアンという言葉を口にするのはたいそう勇気がいることだ」と漏らしさえしていた。あからさまに表象批判を謳う著作や論文は数知れない。表象を成り立たしめているはずの、物質、すなわち、ものをめぐる分析、そしてそれに関わっての理論的精緻化が、人文科学系、社会科学であって、大きな関心を集めることとなったのである。

そのあたりの事情には、先の座談会と別のラインでも筆者は気付きはじめていた。二〇〇〇年代半ばのころ、『映像論序説』の草稿を書きつなぐなかでだ。欧米における映画論やメディア論の新種の文献を読み漁るなかで、「情動（affect）」という言葉が頻出するのに出くわしていたのである。人間身体とモノとの間、おそらくは界面（インターフェイス）で出来する情動という問題系が自分のなかで醸成されはじめたのである。

そのラインにおいて、つまり、情動について、できれば映像と情動の関係について、もっとたくさんのことが知りたいという興味が強くなり企画されたのが、おそらくはそれについてもっとも深い示唆を与えてくれるであろう二人との座談会である。映像が経験、いや、体験される場での身体の位相について思索を深めていたフランス哲学についての日本の碩学宇野邦一、映画だけでなく哲学についても詳しい合衆国屈指の研究者リピット水田堯との座談会である（第六章）。二人が語りそして交わし合う言葉の密度は、いまも新しい刺激を送りつづけている。急いでいえば、情動が出来する界面こそが先にあって、そこから人間やモノが分岐してくれるかもしれぬという発想が頭をもたげはじめたのもこのころである。

ここで、自分がもの論と遭遇したのは、表象論としての「現代思想《フレンチ・セオリー》」の行方を、自分なりに内側から読み込んでいくなかで触れ得た、同時代言説の変化の光景のなかであったということは力点を置いて断っておきたいとも思う。もしかすると、パラダイム・チェンジというふうにも映りかねない、現代思想の転換という類いもので括られてしまいかねない流れに身を任せたというわけではなかったということだ。二〇世紀のフランスの哲学や思想に陰に陽に育てられた世代の限界であるかもしれない。あるいは、可能性であるかもしれないだろう。であるので、畢竟、「情動」に関しても、丸ごと与するというわけにはいかないという気持ちもどこかしらあっただろう。美術研究の加治屋健司、メディア哲学の門林岳史、映画研究の堀潤之、写真研究の前川修という稀代の研究者の面々と催した座談会（第四章）では、自らが「情動」という言葉への戸惑いを抱えつつ繰り出す言葉がなかば宙に浮いた格好になっていることも、同時代の若い研究者とのいい意味でのすれ違いという点で興味深いものかもしれない。

新しい唯物論、思弁的実在論、オブジェクト指向存在論が織りなす光景

同じころ、自分自身の理論的課題として、現在時での世界存立の形式や、このわたしの存立形式について、デジタル・テクノロジーとは何かという問いを軸にして積極的に取り組むこともはじめていたわけだが、『制御と社会』という著作を刊行するにいたる。その下調べをするなかで、二〇世紀末から二一世紀初頭の、哲学、社会科学、はたまた生物学や動物学のあれやこれやの論文や著作を読みすすめるなかで、分析哲学でいえば自然主義と称されるような、物質的還元主義の台頭をあちこちで目撃すると

いうことにもなった。

もっといえば、ものについての論があちこちで一斉に前景化する景色を目の当たりにすることになってきたのである。しかし、それが、新しい唯物論として括られようが、思弁的実在論として括られようが、はたまたオブジェクト指向存在論として括られようが、それは、そうした景色の中の部分部分をかたちづくっているに過ぎず、それを、全面的に新しい哲学、全面的に新しい思想への転換と言い切ってしまうことには少なからずためらいがあった。もの論はかなりの程度、自分自身のなかでは、「現代思想《フレンチ・セオリー》」とつながっているからである。

したがって、今日にあって、ときになされるような、デリダからドゥルーズへと行った括り方、『アンチ・オイディプス』のドゥルーズではなく『千のプラトー』のドゥルーズへといった括りは、それはそれで刺激的な物謂いであるものの、大きく変動する時代精神のごく一部の現象に過ぎないのはないかという印象も少なからずあるだろう。思想史的な流れへのこだわりにはあまり触発されないのは、自分には、映画、映像、そしてメディアという具体的な研究フィールドがあり、そこからじっくり考えを組み立てていくしかないという判断があるからかも知れない。

アレクサンダー・ザルテンとの対談（第一章）は、そうしたなかなされたものである。異なる地域、異なる分野を横断しながら、今日の新しい唯物論、思弁的実在論、新しいメディア論をマッピングするために交わされた言葉である。

また、人新世という二一世紀に生まれたグローバルなバズワードが喚起するトピックひとつとっても、そこへ引き寄せられていく数々の言葉に慎重であらねばならないという多少なりとも懐疑的な気持ちがあったのも、こうした事情のためだ。自分のなかで、「現代思想《フレンチ・セオリー》」とその次の思想潮流がつながっていることに起因しているのである。自然科学の研究を、ひとがジャーナリスティックに解釈する際、昔ながらの言葉、下手をすると問題含みの言葉が亡霊のように動員されてくるという事態が飽くことなく繰り返されてもいる。驚くのは、新しいもの論を掲げ華やかに活躍している研究者のなかにさえ、そういった物言いをする人たちがいることだ。それに明瞭に気づかせてくれたのが、気鋭のフェミニズム研究者飯田麻結と、日本近代文学研究の世界的な俊英依田富子との鼎談（第二章）である。圧倒的なデータの意味作用に、言説は怖れおののいているかのごとくかもしれないと確認できた場であった。

ものから表象へ

ザルテン、飯田、依田といった海外で活躍する研究者との交流は、テクスト表象論の後に出来してきた、もの論を打ち出す色とりどりの言説への気づきを促してくれるとともに、同時に、それらを語ろうとする新種の言葉への距離についても促してくれるものであった。結局のところ、自分自身は、ものをめぐっての表象のなかでものを考えようとしているにすぎないのではないかという懸念がどこかで巣食っていたということでもある。右往左往するなかでたどり着きつつあるのは、そうした懸念を真正面から受けとめようとするならば、おそらくは、そのとき、表象概念を根本的に変容させなければならないだろうという課題である。すなわち新しい〈ものの表象〉の理論が、必要なのではないか。

たとえば、今日の知覚心理学は、血流や、心拍、ホルモンバランスなどの変化を視野に収めた、感覚器官の作用の仕方への関心を高めている。その興味深さは、無重力空間においては、そうした生理学的な身体の有り様が、地上とはまったく異なったものになるということひとつを考えてもわかるというものだ。知覚心理学では、生理的な変化を、信号《シグナル》のトラフィックという局面で捉えるのであり、もっといえば、周波数の帯域において、生物身体の進化の過程のなかでどのような可視光が実現したのかという観点から考えるだろう。そして、もはや、インプット、アウトプットという言葉さえ使わず、レセプターとエフェクター、アクチュエーターという、きわめて動態的なタームを使う。フランスのドゥルーズ研究者アンヌ・ソヴァニャルグによれば、大地を前提とする現象学者、フッサール、アレント、ハイデガーでは、こうした問題は取り扱うことができない。テクノロジーによる計測と、人間の実在性との関係性は、そうした程度にまで刷新されているのである。

ＡＩ研究者の谷口忠大によれば、デジタル技術を積極的に活用し、多彩な成果をあげつつある自然科学や（人）工（物）学では、対象世界を把握する際には、つまり記述する際には、「学術用語」＋「数値データ」というセットが当たり前になってきている。ヴィジュアリゼーションの興隆を受けとめれば、今日、わたしたちの生活を取り囲んでいるのは、〈言葉＋データ映像〉が一体となった新たな表象であるのかもしれない。医療の現場や、実験室はいうに及ばず、街角のディスプレイから、インターネットが覗かせる世界にあっても、それはたやすく見て取れる事態ではないだろうか。いわば、テクスト表象論ではなく、〈データ表象論〉こそが、いま問われるべきものなのかもしれない、ということだ。

フレドリック・ジェイムソンの弟子筋にあたるアレクサンダー・R・ギャロウェイの『プロトコル』の翻訳に携わることになったのは、そうしたことを考えていた時期である。デジタル環境下における権力の作動の仕方について鮮やかに剔抉したこの著作は、畢竟、現代世界での、新しい〈ものの表象〉についてもきわめて触発的な論考になっている。その『プロトコル』をめぐって、現代思想史に詳しい日本における代表的なメディア社会学者伊藤守、日本よりも海外で名の知れているメディア研究者大山真司、最前線の現代思想に詳しい文化理論研究者清水知子、日本のカルチュラル・スタディーズの泰斗毛利嘉孝、そしてそれらの分野すべてに通じる水嶋一憲らと、公開の書評会を催すことができた。その記録が第三章である。それぞれがそれぞれの視点からギャロウェイの仕事をまさしく自在に読み広げたその書評会は、現在時にあって、デジタル・テクノロジーが浸透した世界における生をめぐる思想上の課題を鋭利に浮かび上がらせることになっているだろう。そして、そこでもまた、デジタル世界における新しい〈ものの表象〉が語られ、それと連動する仕方で新しい権力作用のあり方、資本主義のあり方をさまざまな角度で照らし出すこととなっている。

日本という国において大学で教鞭をとる身には、日本語で思考をめぐらす可能性に賭けるほかないという覚悟が強い。

であるので、ものとは何かという、かなり深度のある問いに誘われつつあるとき、海外の言説と不断に接触をはかりつつ日本で考える可能性を押し開いてきた二人の碩学と対話の機会を持ち得たことは、まさしく幸運であったとしかいいようがない。一人は現代フランス哲学を軸に幅広く哲学的問題を考察する檜垣立哉で、ポスト現代思想の時代にあっての京都学派を中心とした日本の思想家の可能性について語り合うことができ（第七章）、また、もう一人は社会学及びカルチュラル・スタディーズはいうまでもなく諸領域をまさしくまたぎ仕事を展開する吉見俊哉で、日本の戦後思想史を振り返りつつ今日の課題について討議することができたのである（第八章）。

以上のような対談や座談会を経験するなかで、ものと表象の関係を考え直すというテーマに挑むことができる潜在的な力が、日本語のなかには蓄えられていることもまた確信しはじめることとなっただろう。ものをめぐる欧米の新しい思考を視界にしっかりと収めつつも、この国において新たなる唯物論を考えることができるだろうということだ。ものをめぐる理論の多彩さを受けとめ、思考を練り上げることと、それを自らの課題とするという意味も込めて、本書のタイトルもつけられている。

二〇世紀の映画をめぐる不埒な問いから、ずいぶん遠くまで来てしまったが、デジタル世界になっても不埒な問いかけの戦略そのものは未だ有効性を失ってはいないように思われる。そう開き直るのは、不遜にすぎるだろうか。以下に続く対談と座談会がそのことを証明してくれることを祈りたい。

※以下の各章の初出は章末に示した。各章冒頭に付した肩書は現在のものである。また、章タイトルは変更したものがある。

Ⅰ　ものをめぐる新しい思考

1　新しい唯物論の可能性とその限界——兆候としてのモノ

+アレクサンダー・ザルテン（ハーバード大学准教授）

ニュー・マテリアリズムの興隆とその起源

北野　私がニュー・マテリアリズム（New Materialism）という言葉に刺激を受けたのは、二〇一三年にハーバード大学でザルテンさんとマーク・スタインバーグ氏が企画した「日本におけるメディア理論」のカンファレンスに参加したときのことでした。そこでニュー・マテリアリズムという言葉が飛び交っているのを目の当たりにして、ここまで当たり前の光景になっているのかと驚いたのです。『アニメ・マシーン』（二〇〇九年〔藤木秀朗監訳、名古屋大学出版会、二〇一三年〕）のトマス・ラマール氏に至っては、彼はジルベール・シモンドンの解説書の英訳者でもあるわけですが、「ニュー・マテリアリズムはもう古い」という発言までしていました（笑）。

また、同じ時期にロンドン大学のゴールドスミス・カレッジでメディア／映画研究の場に身を置く機会もあったわけですが、そこでも、われわれの共通の友人でもあるパシ・ヴァリハオ氏の口からニュー・マテリアリズムという言葉がごく普通に話されていました。さらにいえば、二〇一四年に訪れたヴェネチアの建築ビエンナーレでは、レム・コールハースが、fundamentalsというフレーズを用いながら、建築の物質レヴェルでの構成要素群の流れ（flow）と耐続（perseverance）といった観点から、意匠デザインから書かれてきた建築史の理解を換骨奪胎しようとしていた。自分は出遅れているなあと強く感じました。私自身は『映画論序説――〈デジタル／アナログ〉を越えて』（人文書院、二〇〇九年）を書いたこともあって情動（affect）をめぐる問いはとても重要なものでもあったのですが、このようにニュー・マテリアリズムの興隆を目の当たりにして、これはまじめに取り組まなければならぬと受けとめました――二〇一四年に出版した『制御と社会』（人文書院）ではそうした動機からニュー・マテリアリズムへの私なりの対応を付け焼刃ですが加えもしました。とはいえ、この問題はもっと掘り下げて考えるべきものだと思っています。

ただ、私は思想史家ではありませんから、ニュー・マテリアリズムの思想的布置をマッピングをすることはできませんし、また、それをさほど生産的であるとも思っていません。すでに『現代思想』の二〇一五年一月号で千葉雅也さんが思弁的実在論（Speculative Realism）を含めて、ニュー・マテリアリズムを鮮やかにチャート化していて、それに付け加えることも思いつかない。ですので、本日はむしろ、いま述べた私自身の経験もあって、海外でのメディア研究の現場で、ニュー・マテリアリズムという思潮が具体的にどのようなアプローチで取り組まれているのか、またメディア研究からはどのような応接を――批判的な応接も含めて――なしうるのかを話し合ってみたい。それで、欧州でも北アメリカでもさまざまな研究また批評の現場でご活躍なさっているアレクサンダー・ザルテンさんと討議したいと企てた次第です。

討議をはじめるにあたって、ニュー・マテリアリズムがどこから発生した思想なのかを確認したいと思います。とっかかりとして、とりあえず私が把握している三つほどの起源にまず触れましょう。

ひとつはフェミニズムです。ポスト構造主義や記号論など、文化主義的な批評性がデッドエンドに入っていくなか、ジュディス・バトラー以降のフェミニズム理論家は、モノとして存在する身体を扱わざるを得ないという問題に取り組みはじめたようなところがある。実際ニュー・マテリアリズムに関するいろいろな論集で必ず言及されるラインですね。

ふたつめはポスト・ヒューマンをめぐる議論です。たとえば、その理論的先駆はキャサリン・ヘイルズといえますが、彼女がいうには、通信回路を土台としたヴァーチャル・リアリティにおけるコミュニケーションが議論のモデルとなっていく言説の場では、身体の問題がどんどん追いやられてしまっている。それは偏向したものの見方ではないか。身体や物質の位相を、たとえ情報論であってさえ見逃すべきではないという問題意識ですね。それもまた、九〇年代半ばくらいから活発化した動きです。

三つめは、自然科学、特に生理学や脳科学の発達によって、情動をめぐる問いが新たな輪郭をもって照らしだされるようになった。思考活動以前の身体の次元、もっといえば、意識化された次元にある感情（emotion）よりもさらに手前にある生理的身体の位相といってもいいかもしれません。いうまでもなく、この動向ではブライアン・マッスミの仕事が火付け役になっています。

このように見ると、いうなれば、フェミニズム、ポスト・ヒューマン、情動というキーワードが他の多くの動きとも連動し一種の星座をつくりながら、ニュー・マテリアリズムをつくりあげてきた、そう捉えておくことができると思います――なので、デリダかドゥルーズかといった狭い哲学的参照フレームの選択ないし移行の問いに還元してしまうのはなんとももったいない。

ザルテン　おっしゃる通りだと思います。ニュー・マテリアリズムにはこの三つの起源があるといえるのではないかと思います。

その上で、現在ニュー・マテリアリズムを議論している人のなかには、当たり前ですが、専門によってまた少し違う観点があります。メディア論のなかでニュー・マテリアリズムについて語る際、必ず触れられるのがフリードリッヒ・キットラーの存在です。彼のマテリアリズムは北野さんが挙げられた三つの起源とは異なり、物理的な基層を把握することを主眼としていました。それは、ニュー・マテリアリズムにおいて顕著な、物理と意識との境界を曖昧にするデュアリズムではなく、メディアの物理的なところに注目し、ソフトウェアは存在しないという観点をとります。そうしたキットラーの影響を受けて、先ほど名前の出たヴァリハオ氏の友人であるユッシ・パリッカが発表した『A Geology of Media』（Minnesota University Press, 2015）などは、ハードウェアのマテリアル、つまり使われている金属はどこから来ているかといったマテリアルなベースについて、よりラディカルに探究しようとしています。つまり、少し系統の異なるキットラーとニュー・マテリアリズムを折衷することで、パリッカたちはマテリアリズムを捉え返そうとしているのではないでしょうか。

セオリーか兆候か

北野　キットラー以後をどう考えるのかということは、また後でも話題になると思います。その話題にいきなり入るよりも、ありうべき誤解を避けておくためにも、ともかくもまず確認しておきたいことがいくつかあります。パリッカのようなキットラー以後の動き、あるいは三つ挙げた起源のうちのいくつかは、ある種の社会問題と連関して出てきたのではないかということです。つまり、アカデミックな言説のなかで理論的に構築された問題というよりも、その外側にあるエコロジーの問題などの出来と関係しているのではないかと思います。

日本であっても、理論的言説の水準はさておくとしても、たとえば、二〇一五年に六本木の21_21 Design Sightで開催された「単位展」は、コンセプトでそう名指されているわけではないにせよ、私などからはまさしくニュー・マテリアリズムの動きと連動するような企画展に思えました。世界をかたちづくるモノを認識する際にわたしたちがおこなう計測という行為の成立条件である単位なるものの歴史性や恣意性を目の当たりにさせる機会でした。計測単位が相対化されるという事態は、モノがまさしくうごめきはじめたということにほかなりません。あるいはまた、より洗練されたところでは、東京都現代美術館で催された展覧会「菅木志雄　置かれた潜在性」は単なるもの派の懐古であるというよりも、モノのうごめきにかくも繊細な感性で迫った作品群の魅力は、まさしく今日であるからこそそのものではないかと思えました。さらにいえば、もっと日常的な日本語の使用の場面であっても、ビジネスモデルにせよアプリケーションにせよ、さまざまなものが「劣化」するといういいかたがよくなされます。非物質的なものまでが劣化するというのは、日常生活のなかで商品ないしブツとしては収まらなくなったモノにかんして言葉で対応していくというセンシビリティをあらわしているといえる。あるいいかたをすれば、理論がどうのというような思想のレベルなどよりも、ごく当たり前の日々の皮膚感覚がモノのうごめきを触知しはじめている。

ザルテン　まったくそうだと思います。もちろん、ニュー・マテリアリズムにはコンセプチュアルなレベルでの系統もあります。つまり、脱構築主義以降のテクストに重点を置くデリダ派のメソドロジーに対して、身体あるいはマテリアルな側面に注目するドゥルーズ派の考えが強まっているという流れです。これはニュー・マテリアリズムを理論的介入として組み立てるという戦略から眺められた観点だといえるでしょう。さきほどのフェミニズムの展開などはその典型ともいえますし、マッスミの仕事などもハードなドゥルーズ派に属しますね。

しかしもうひとつ、いま北野さんが提起されたように、社会状況から出来したという点も見逃せません。いいかえれば、ニュー・マテリアリズムを兆候（symptom）として見ることができるということです。なぜいまになって多くの人が、モノをアニメートしようとしているのか、それは問うてしかるべきものです。これはニュー・マテリアリズムのなかにとどまらず、いろいろなところで観察される動きでしょう。メディア研究の場では、レフ・マノヴィッチが「アニメーションは映画のサブカテゴリーではなくて、映画はアニメーションのサブカテゴリーだ」といったように、映像の研究パラダイム変更さえ求められている。そういった変化のなかで、モノが生きているという考えがなぜそれほど魅力的に映るのかということを考える必要があります。

そこで、一つの可能性として、社会問題との連関も浮かび上がってきます。人間とモノ、環境、動物の関係が変わらなければいけないという主張は以前から存在しましたが、特に環境問題やアニマルライツなどを訴える運動は、七〇年代から強まってきました。それが今日、一般の人々の意識のレベルでかなりシリアスに共有されるものとなっています。

ですから、ニュー・マテリアリズムとは、コンセプチュアルなレベルでいえば、思想の世界において以前から取り組まれていた関係について再交渉を求めている動きでしょう。それは、ベンヤミンが提起したoptical unconscious（光学的無意識）ではなくて、conceptual unconscious（概念的無意識）を考えるべきだということです。しかし兆候のレベルで考えれば、環境問題への関心や、アニマル・ライツの運動が、モノとの関係をいかに再定義してきたのかを問う動きともいえるのではないでしょうか。

北野　八〇年代後半から九〇年代にニューヨークにいたのですが、環境やアニマル・ライツについての運動は大学の外でもどんどん盛んになっていたと記憶しています。

ザルテン　近年の気候変動をめぐる運動の高まりもこうした流れに含めることができます。おそらくニュー・マテリアリズムは、アカデミックでコンセプチュアルな動きのなかで、そういった流れにいかに対応するかを模索する動きといえるでしょう。

北野　テクスト批評では、環境、動物、気候変動といった問題にはアクセスできない、と。

ザルテン　そうですね。ニュー・マテリアリズムが考えているのは、別の分野で起きていることに、コンセプチュアルなレベルでどのように対応するかということでしょう。アニマリティの理論化の話もそうかもしれません。

もうひとつ見ておくべきラインは、マイケル・タウシグとスティーブン・シャヴィロなどが提唱する、いわゆるキャピタリスト・アニミズム（Capitalist Animism）を論じていこうという動きです。これも近年大きな注目を集めていますね。

北野　タウシグはニューヨーク大学で隣の学科で教えていたし、その講義にも出ていました。彼が主張しているのは、近代あるいは資本主義下においては、通常考えられてきたこととは逆に、アニミスティックなセンシビリティが、資本主義と補い合うように、社会のなかに発生しているということですね。

私がロンドンに滞在したときには、キャピタリスト・アニミズムは映画研究のなかでかつてよりもさらに積極的に論じられていました。わかりやすくいえば、九〇年代半ば頃から「ガジェット」といういいかたがされるようになりましたが、スマートフォンを顕著な例として私たちがスマホを用いているのか、ガジェットデバイスが私たちを呼び出しているのか、容易にはわからなくなっていると。これは、アニミスティックな感性をめぐってです。

ザルテン　そうですね。でも、実は、このようなアニミズム的な考えかたが出てくることは、歴史的にいえば珍しいことではないでしょう。こうした考えかたは、人とモノとの関係が根本的に変わってくる時期に出てくるものです。

たしかに、九〇年代から二〇〇〇年代にかけて携帯電話が普及し、Siri のような話せるデバイスや Apple Watch のようなハプティックメカニズムが登場したことで、モノと人のバイオリズムはマッチし続けています。そこでは、人間を測る機械が周りに増えていったことで、不思議な監視現象が起こりました。人間ではなくて、機械とアルゴリズムが人間を監視しはじめたのですが、観察者効果が起こることで、測るはずの人間のバイオリズムも変わってきた。大学で授業していても、学生たちは一五分くらい経つと Facebook や Twitter を見たくなってしまっています。これら、モノの世界のリズム、つまりアルゴリズムの世界のリズムと人間のバイオリズムが interact するのではなくて、カレン・バラードがいうように intra-act（内的な相互作用）してしまっているからです。

けれども、人間とモノとのやり取りが異なってくる、また単純にモノが増えてくるという状況は、以前から繰り返されてきました。たとえば、花田清輝が室町時代の『付喪神《つくもがみ》記』について書いた文章があります。『付喪神記』は真言宗の布教のための絵巻で、京都近辺で捨てられたモノが山のなかで集まって、人間への復讐を企む。いろいろな人を殺して回るのだけれども、最後は真言宗が人を送って止めるという話です。花田は、なぜ室町時代にモノが人間が攻撃する話が登場したのかという問いに対して、（マルクスの唯物論的な解釈ですが）経済的な激しい変化によって、モノが増えて関係性が変化したからだとしています。

西洋近代の安定期においてはやや事情は異なります。たとえば、ピアジェによれば、アニミズムは子ども時代に特有の現象ですし、オーソドックスな人類学によれば部族的な現象だとされます。しかしながら、そうした近代的な知においても、モノが経済的な変化を起因として変容すると考えた学説はあります。たとえばニュー・マテリアリズムのなかでもマルクスはかなり引用されていますが、それはマルクスが物神性についての論のなかで、商品が踊りはじめることがあると述べているからです。このような表現は、マルクスの時代における、経済的な激変に関わる兆候をあらわしているのかもしれません。

北野　モノあるいはマテリアルへの関心が、コンセプチュアルなレベルと同時に社会問題のレベルでも出てきており、それら双方を同時に兆候として捉えるべきではないか、という具合に本日の討議のポイントが定まってきましたね。インフラストラクチャーが大きく変わる時に、モノと人間のあいだのコミュニケーションが活性化の相貌を示し、それが現象のレベルで可視化される。花田が描いた室町期同様に、現在も新自由主義あるいは認知資本主義と呼ばれるような経済の刷新が生じているために、モノとヒトとの関係、あるいは両者のコミュニケーションが大きく変わってきているということなのかもしれない。

この辺りをさらに掘り下げて考察していくために、今度は、コンセプチュアルな理論化作業の側をいまいちど整理してみたいとも思います。

私は、アレックスさんもおられたある研究会で、このあたりのことについてひとつの解釈フレームを示したことがあります。ニュー・マテリアリズムについて、その近辺で流通しているふたつのキャッチフレーズ、すなわち、思弁的転回（Speculative Turn）と情動的転回（Affective Turn）をとりあげ、それを捉え返して「デジタリティ」と「アフェクティヴィティ」という括りを駆動させて理論的動向に大まかな見通しを立てることを試みたわけです。

思弁的転回は、乱暴ですが次のように括ることができるかもしれない。たとえば、カンタン・メイヤスーは、デカルトやロックで論じられていた第一性質と第二性質の話から論をおこしていますね。第二性質とはパーセプション、つまり主体が感覚器官を通して感受するデータの水準です。つまり、主体が知覚し、認知、理解するというマテリアルの水準の話ですね。しかし、デカルトとロックはまた、第一性質の水準の話もしています。これは延長の水準です。その水準は、空間や時間の延長面からみたマテリアリティで、これは数学的な存在了解の水準であるともいえます。単に、感覚器官の作動とその上に乗っかった科学的理性によって把握できるモノではなくて、デカルトが人間とは存在上区別して論じた、延長によって区分けされるモノの次元に、メイヤスーは着目している。これは、おそらくは、デカルトやロックの時代とは異なり、今日、素粒子論や量子力学が発展し離散的データ的に了解する道具立てが一気に精緻化したことも関係している。一昔前であれば、感覚データとその認識というかたちでしか（つまりカント的な定式化ですが）接近できなかった世界へ、メイヤスーは数学を通したマテリアリティの一層の精緻化のなかで存在論の地平を広げていこうとしている。「デジタリティ」という言葉で括ったのはその意味合いです。こうした数学の存在論的身分の基礎付け直しによって、コンティンジェンシー（偶有性）をめぐるラディカルな主張も可能になっている。

このように考えると、もう一方の情動論的転回のほうも、議論の組み立てかたがどこかしら似ているところがある。思弁的転回よりも身体論的になったかたちです。合理的ないし概念的思考は、カント的にいえば感覚知覚を通してのデータによって基礎付けられている。けれども、その手前に、情動あるいは身体的反応、生理学的反応があるのではないか。そのレイヤーから考えるべきではないかといった論法ですね。代表的は論者はマッスミですが、『Parables for the Virtual: Movement, Affect, Sensation』（Duke University Press, 2002）では脳科学での成果に陰に陽に影響を受けています――これは『制御と社会』でも書きました。情動論的転回もまた、こうした意味合いで、言語的思考のみならず感覚知覚のレイヤーの向こう側にある情動のレイヤーに理論的に仮託して、モノと人間の関係を探る出発点を確保しようとしているわけです。

両者に共通しているのは、コンセプチュアルな理論化を組み立てる際の起点を、感覚知覚の向こう側に措定するという身振りではないでしょうか。さらにいえば、ここからは私自身の論立てになりますが、こうした措定の担保に、両者ともに感覚知覚の向こう側を計測するツール、すなわちメディア・テクノロジーの成果を必要としている。ちなみに、ニュー・マテリアリズム近辺でよく引かれるのは、ブルーノ・ラトゥールのアクター・ネットワーク・セオリーですが――ラトゥールの援用の仕方は論者によってじつにさまざまです――、ラトゥールもまた科学実験室での器具の作用に着目していますね。いささか乱暴であることを承知でいえば、人間は世界を把握するときに――それは、相関主義的な度合いが強い態度かもしれませんが――、必ず何かの科学的な媒介、つまりは一種のメディア・テクノロジーが存在する。そのもっとも強力なものとして言語というメディウムがあるといえば、強引すぎるかもしれないのですが。

まとめるならば、デジタリティや情動性という考えに妥当性を与えようとするためには、メディア・テクノロジーの存在を無視できない。その意味で、思弁的実在論やニュー・マテリアリズムはメディア研究と関連している。翻っていえば、メディア研究もメディウムについての認識を、こうした新しい思潮を見据えた上で改める必要があるだろう。それが先の兆候に対する私の解釈のひとつになります。

ザルテン　面白い問題ですね。ニュー・マテリアリズムはたいへん多様に展開されていると思います。それがなぜこれほど興隆しているかといえば、違うことを考えているさまざまなグループが参加できる概念となっているからではないかとも思います。

北野さんの問題提起を引き継ぐならば、メディア論とニュー・マテリアリズムはまだしっかりと接続できていません。そこにはいくつかの理由があるかもしれません。実はニュー・マテリアリズムが持つテクスト主義への反発がメディア論にも向いています。実際には、二〇〇〇年代以降のメディア論は、あらためてマクルーハンからの影響を受け、テクストや伝達からシステムやモノを考える傾向が強い。その意味ではニュー・マテリアリズムと接続しやすいように思うのですが、そうはならなかった。

その理由としては、メディア論に潜在的についているメディエーションというプロセスが、ニュー・マテリアリズムとは相性が悪いということがあります。つまり、ふたつのコミュニケートするエージェントのあいだで何かが媒介されるというモデルでは、結局デュアリズムになってしまうわけです。しかしニュー・マテリアリズムは先ほど紹介したバラードのように interaction より intra-action を強調しています。これは冒頭のポスト・キットラーの理論的動向の話にもつながるところかもしれません。

北野　スティグレールやマーク・ハンセンは人間の存在自体が常にメディア媒介的である、すなわち、テクノロジーと共に成立しているという発想を取っていますが、そのあたりはどうでしょうか。

ザルテン　そうですね。たとえば、パリッカの『Insect Media: An Archaeology of Animals and Technology』(Minnesota University Press, 2010) は昆虫のコミュニケーションをメディア的なモデルとして使っています。ただ、メディア研究の大半は、メディエーションのモデルに従っているためにニュー・マテリアリズムとうまく接合できません。したがって、どのようにニュー・マテリアリズムに対応するメディア論をつくるかが問題となります。ここでバラードの intra-action が大事になってくる。つまり、すべてが最初からつながっているというモデルが必要となるのです。そこではメディエーションも、あるいは伝達という概念も必要がない。こうした志向を反映して、最近ではメディア環境ではなく、メディア・エコロジーという概念が使われています。人間と環境をふたつのカテゴリーではなく、一体として捉える概念です。逆にいえば、関係している主体のずっと前から関係性があるということになるかもしれません。

アニミズムと資本主義の連関

北野　抽象度が高くなってきました。そこまでいくと理論化のモデルとしては刺激的ですが、少なくとも私にはお手上げです（笑）。マッスミの情動一元論のモデルにせよ、メイヤスーの数学を世界の中心に置くという理論モデルにせよ、私には同じく抽象度が高すぎて溺れそうになります。なので、少し話を戻させてください。兆候としてのモノ論の論点に立ち返りましょう。

基本的に私たちは日常生活のなかでは、極大でもなく極小でもない中規模のスケールで、具体的な事物が存在することを前提としながら生活しています（ここでいう「中規模のスケール」は、柏端達也がディヴィッド・ルイスの形而上学を解説するために用いているものとしてもいい）。机にせよ、鉛筆にせよ、水にせよ、土にせよ、です。むろん、世界に対してある種の計測ツールを使うことで、アトムなりクォンタムなりを世界の基底部分として扱うことは可能だし、私は科学的実在論に関して賛成の立場です。しかしながら他方で、それはあくまで科学的言説上の経験世界を話題にするときの話であって、わたしたちはごく日常的な経験の領野で生きている、そのことを外して考えるわけにもいかない。現象学のことをいっているのではありません。そうではなくて、そうした日々の生活が、生に実感を与えているだけでなく、資本主義のなかで形成されているものであるからです。

先ほど少し話題にも出たように、いま現在、資本主義に象られた日常生活において改めてモノが動きはじめている。この事態は、先ほどの議論でもあったように、とりあえずキャピタリスト・アニミズムといってもいいものです。それは同時に、スマホをいじりつづけるという自らの所作を省みても、どこかで新たなかたちの物神性、新たなフェティシズムともいえるだろう。これは大切な視点で、たとえば、電子ジャーナルの『e-flux』(三六号、二〇一二年)がアニミズム特集を組んでいますが、タウシグが寄稿しているのはもちろんのこと、マウリツィオ・ラッツァラートとエドゥアルド・ヴィヴェイロス・デ・カストロ、エリック・アリエズなどが参加する座談会も載せています。先ほどのタウシグの当初の論点を超えて、アニミズムをめぐる問いは急速に再浮上してきていますね。

このようなネオアニミズム、あるいはネオ・コモディティ・フェティシズムというべき流れについて話してみたいのですが。

ザルテン　アニミズムと資本主義の連関は、先ほど少しお話ししたアニメーションの問題と繋げて考えることもできるでしょう。今村太平は四〇年代に書いた『漫画映画論』(徳間書店、二〇〇五年復刊)でディズニー映画と資本主義の繋がりを指摘しています。ディズニー映画のなかではモノが非常に頻繁に踊りますが、これをマルクス的に解釈している。つまり、ディズニーのアニメーションは、表象のレベルにおいて、資本主義とモノとの関係を新しくネゴシエートしているのではないか、と。ただ、一般的にいって、表象とモノとの関係は非常に難しい問題です。ニュー・マテリアリズムにおいてもあまり解決されていないように思います。

北野　なるほど。アニメーションについて補足するならば、この言葉を動詞化すると、アニメート、つまり魂を吹き込むという意味になります。そう見ると、ジャンルとしてのアニメーションではなく、映像全体、さらにはメディアテクノロジー全体に関わる非常に重要な問題になりますね。現在「映画」と呼ばれているメディウムの最初期における呼び名のひとつは、フォトグラフィック・アニメですからね。

ザルテン　資本主義との関係についてさらに続けましょう。資本主義といってもさまざまなかたちがありますが、ニュー・マテリアリズムが資本主義的アニミズムの兆候だとしたら、ニュー・マテリアリズムが目指している批判は可能なのかという疑問が浮かんできます。有り体にいってしまえば、ディズニーが何十年も前からやっていることを追いかけているだけではないのか(笑)。

北野　モノが動き出している世界を楽しむためにはお金を払え、というような。

ザルテン　日本の文脈のなかでいえば、メディアミックスというシステムにそういった側面があります。マーク・スタインバーグは『なぜ日本は〈メディアミックスする国〉なのか』（中川譲訳、KADOKAWA／角川学芸出版、二〇一五年）で、ひとつの商品を消費することで別の商品の消費がエンカレッジされることを指摘しています。アニメーション、スティッカー、玩具がつながったメディアミックスというシステム（『鉄腕アトム』からはじまったとされます）のなかで、人間と人間のコミュニケーションも可能になるし、人間とモノのコミュニケーションも可能になって、もしかしたらモノとモノのコミュニケーションも可能になるのではないかと述べている。これが具体的にどうなるかは書かれていませんが、そういうことも可能ではないか、と。

北野　わからなくもないですね。つまり、社会問題であれ環境問題であれ、テクスト論ではアプローチできないからマテリアルな関係性を考えなければならない段階にある。だけれども、それもまた、資本主義のなかにすぐに取り込まれてしまうのかもしれない。ＮＰＯの名のもとにプロフィットをオーガナイズしていく動きが世界中にあるといった話が、最近の「００７」の物語にすぐさま組みこまれていましたね（『慰めの報酬』）。カタストロフィさえもビジネスになりかねない。

死と時間の問題

北野　そうしたときに、ここで見ておきたいのは、日本での本格的な紹介が遅れているＷ・Ｊ・Ｔ・ミッチェルが『What Do Pictures Want?』（University of Chicago Press, 2006）で展開している議論です。彼はニュー・マテリアリズムと付かず離れずのように見えますが、ともあれ、この著作でのモノ論のパートを暴力的に単純化すると、「グローバリゼーション」と名付けられている拡張が加速化しつつある資本主義の展開のなかでこそ、オブジェクトが問題として立ち現れるという論です。

ミッチェルはobjectとthingを分けています。objectをとりあえず「ブツ」、thingを「モノ」と訳しておきましょう。ブツはある程度理性なりパーセプションで把握可能なものです。日常生活、あるいは資本主義における一国の経済関係のなかに定着し、収まっているので、それは特段に過剰さを備えたものとしては意識されない。しかし、ときに通常の経済関係に収まらないモノが出てくるときがある。それは帝国主義的に経験世界が拡張していくときです。侵略によって別の社会に足を踏み入れるとき、そのなかに存在するモノに出会ってしまう。侵略される社会自体のなかではそれはブツなのかもしれない。ですが、侵略している側にとっては通常の認識の枠組みに収まらない、おぞましいものとして立ち現れる。逆にいえば、帝国主義的な拡張／侵略行為にかかわるものであるがために、モノはおぞましいものとして立ち現れる。アニミスティックに跳ね返ってくるわけです。それが極めて野蛮な侵略の場合は、偶像崇拝／偶像破壊というかたちで出てくるし、一七〜一八世紀の経済的侵略が中心であった帝国主義段階の場合は、主体に対するエキゾチズム的魅力をもった商品へのフェティシズムとして現れてきただろう。さらに一九世紀の終わりごろに人類学者が帝国主義時代の一種の先兵となって世界中を調査していたときには、モノはトーテムとして（「種族」のアイデンティティが仮託されるモノとして）見出されていきます。このようにアニミズムは、具体的には、偶像破壊／フェティシズム／トーテミズムというかたちで現れ、拡張する帝国主義の諸形態の——先ほどは便宜のためにやや時系列的に述べましたが、むしろ論理的な区分けとしてみたほうがいいでしょう——引き金となっていた、それがミッチェルの議論です。

これは兆候としてのニュー・マテリアリズム／アニミズムを考えるときに、かなり刺激的なパースペクティヴを与えていると思います。ネオリベラリズムないしグローバリゼーションとセットになっているアニミズムの復権をなんとか考察していく上で切り口になるかもしれないという点で興味深い。

ザルテン　非常に重要なポイントですね。基本的にニュー・マテリアリズムのヴィジョンはユートピア的な側面が強い。人間とモノのそれぞれの存在を認めようという動きです。しかし、資本主義や帝国主義のなかでも問題なく同じようなヴィジョンが働き、まったく違う効果をもたらすことについてはどう考えればいいのか。

クリスティアン・マラッツィは現在の資本主義においては人間が資本であり、モノに生命が与えられ、そのプロセスで稼ぐというモデルになっていることを指摘しています。いまの資本主義の動きを見ると、人間をモノにする一方で、モノに生命を与えている。生きているから稼げるわけではなくて、モノに生命を与えるプロセスで稼ぐということです。このアニミズム的なプロセスによって商品の魅力が発生し、稼ぎにつながる。たとえば、生きている子猫をペットとして欲しいというより、生きているように見える子猫型の何かが魅力的になるといった具合です。昆虫を集めるより、ポケモンを集めるということです。ところが、ニュー・マテリアリズムはすべてに生命のようなエージェンシーを与えることは語りますが、死についてはなにも語りませんね。生きているということは基本的に死ぬということですが、このモデルのなかには入っていない。それでは、モノに生命を与えるプロセスを批判することはできない。

北野　それはすごく強く感じます。

ザルテン　違う方向からいえば、ニュー・マテリアリズムは空間を問題化することには成功していますが、時間（temporality）を問題化できていない。リズムもモデル化されていない。空間に生命を与えること、つまりアニミズムがニュー・マテリアリズムの基本的な命題だとすれば、資本主義のほうはリアニメーションが命題なのです。生きたり死んだり、生きたり死んだり、甦ったりというリズムで儲けを産んでいる。

北野　完全には死なせてくれない（笑）。

ザルテン　そうです。つまりゾンビに近い商品が魅力的になるのです。

北野　おそらく人間も簡単には死なせてくれなくなるのかもしれません。バイオ・ポリティクスの新しい段階なのか次の段階なのか。人間の経済的可能性を最大限に引き出そうとすれば、死は逆説的ながらも遠ざかっていく。たとえば、最近の保険の名称を見ると、「選べる保険」とか「優しい保険」とか、さらには保険自体がアニメートされて「あなたの成長に合わせて育つ保険」とか、凄いですよね（笑）。このような資本主義のえげつなさを見据えておかなければ、ニュー・マテリアリズムというコンセプチュアルフレームワークはすぐに呑み込まれてしまう。

ザルテン　そのためには、繰り返しになりますが、時間についてもっと考えなければなりません。ハンス・ブルーメンベルグは『Lebenszeit und Weltzeit』（Suhrkamp, 1986）のなかで、Life Time（Lebenszeit）とWorld Time（Weltzeit）という概念を提出しています。つまり、有限な人間の時間と世界の時間とがあり、両者は必ず食い違う。それがわかったとき、人は必ずトラウマに陥ります。私の生まれた前にも、死んだあとにも世界は続いているというトラウマ。これが人間の基本的な問題となりますが、メイヤスーが提示する問題とも繋がっています。

ニュー・マテリアリズムが死あるいは時間を論じていないと思うのは、この文脈においてです。マテリアルになることは、永遠に存在する、あるいは変化し続けることとされますが、それはongoingなプロセスであり、時間の実感を持たない。しかし、私たちが生命を考えるとき、そこには死の概念も暗黙のうちに必ず含まれています。

北野　ある研究会でザルテンさんがそうした観点からなされていた話をたいへん興味深くお聞きしました。そのときはさらに、Life TimeとWorld Timeのあいだに、Media Timeという非常に示唆的な概念を置かれていました。この三つのレベルを考えると、フッサール現象学における生活世界（Lebenswelt）の生活‐世界のあいだをつないでいるものが、メディアであるという話にまで聞こえた。私たちの経験にはさまざまなメディア・デバイスが組みこまれている、と。ところが、先ほどお話ししたようなメイヤスー／マッスミの論立てのなかのメディア技術の位置付けに顕著なように、メディアが発達したことでかえって、理論化作業においてはWorld Timeにだけ接近していっているような印象があります。

ともあれ、メディア時間と世界時間の加速度的な展開のなかで、Life Timeはバランスをとれていない。メディア技術の異様な発達は有限性を超える可能性も生んでいますが、それをストレートに受けとめたままでは、理論上においてさえ生命時間も世界時間のほうに吸収されてしまいかねない。思弁的転回であれば世界は数学的でSF映画のようなヴィジョンになるし、情動的転回であれば動物化したホラー映画的なヴィジョンになると私は学生に嘘ぶいたりしています。ただ、私自身は、世界時間への回収は、じつのところ、資本時間への回収ではないかと疑っています。ですから、Capital Timeという系列をさらに付け加えたい。

ザルテン　それは大賛成です！　そしてここでメディエーションの問題とも繋がります。ニュー・マテリアリズムはフッサールの生活世界と同様に、immediate、つまりメディア度ゼロの関係を構想しています。すべてがモノになるなかで、メディウムが消えていく。ところがメディア論はメディエーションに基づきますから、そこをいかに対応させていくかという問題をかかえます。メディア度ゼロのモデルのなかで、いかにメディア論を構築し得るかということですね。

イメージの循環と変化

北野　冒頭でのキットラー以後の話に戻るポイントかもしれませんね。一九─二〇世紀初めにかけて蓄音機や映画といったメディアが相次いで登場した際、人々はメディアのマテリアリティに気がつきました。これ以降──ロマン主義以降繰り返されてきたものいいともいえるとはいえ──言語中心の思考が、イメージ中心の思考に溶かされていく快楽に耽溺する、しかも前衛を気取った文章が頻繁に書かれるようになる。いまだに、美術や芸術の評論では多い。いいかたをかえると、この種の美的感性は、テクノロジーが生み出すイメージに対する不安を募らせつつも、イメージに惹きつけられるという矛盾に愉悦するものです。しかし私は、こうした穏やかなラディカルさ気取りの時代はもう終わりつつあるのではないかと感じています。

端的にいえば、そのひとつのあらわれが、二〇一五年一月のシャルリ・エブド社襲撃事件ではないか。もちろんこの事件は政治的対立／宗教的対立／経済的対立などさまざまな問題軸から考察されるべきものでしょうし、そうした方向での解釈は世界中でなされていて――『現代思想』でも特集が組まれました――私のような安穏とした頭をがつんと活性化してくれます。ではあるのですが、私自身にとって、シャルリ・エブド事件は、何よりもイメージをめぐるものとして突きつけられた。メディアないしメディウムの問題として屹立している。カリカチュアであるものが、なぜ人を殺す引き金になったのか――私は、「表現の自由」という理念は基本的に、言語をモデルとして想定しているものであって、視覚イメージの問題との関係はよくもわるくも相当むずかしいと見ています。

ミッチェルの『What Do Pictures Want?』は、ここでもひとつのヒントとなる気がしています。それは先ほど来話題となっているブツではないモノの出現と呼ぶことができるかもしれない、新しいマテリアルなもののうごめきのなかで、現代の視覚文化が置かれている状況を照らし出すようなところがあるからです。

たとえば、ミッチェルは二〇〇〇年初頭に東海岸で起きたある展覧会をめぐる事件について語っています。象の糞便を用いてマリア像を描いた作品を展示したブルックリン・ミュージアムが、保守系の人間からかなり辛辣な批判をうけるとともに、最終的には物質的な措置にいたった事件です。白いペンキでくだんの像の上を塗って物理的に不可視にするという顛末をたどりました。イメージが、白ペンキを塗る行為を誘発したわけです。ミッチェルはこれを、イメージが、人間に心的作用を超えて物理的作用を仕掛けてきたと見ています。

こうしたイメージの物質的力能の極端な例は、古くからの言葉では、偶像崇拝／偶像破壊と呼ばれてきた問題ですね。それが高度資本主義国家のなかで起きはじめている。そのような状況をどう考えるべきなのか。この観点は、経済編成の刷新のなかでモノはおぞましいものとして視界に浮かび上がるという先ほどのネオアニミズムの問題と繋がっている。今日の偶像破壊といってもいいような振る舞いに関しては、この観点からこそ捉えるべきでしょう。単なる宗教対立や単なるイデオロギー対立にとどまらない、資本主義と文化実践の関係をめぐる考察へと繋げる切り口をなんとか確保しようとしているわけです。ちなみに、ミッチェルは二〇〇四年の時点でカリカチュアという行為自体が一種の偶像破壊になりうるとまで書きつけています。

国境を越えるキャピタリズムの時代は、同時にイメージがサーキュレートする時代でもあるわけですが、そこでは偶像崇拝／偶像破壊の問題が改めてクローズアップされるのではないでしょうか。また、それは「表現の自由」という近代社会の言語実践をモデルにした規範とは異なる水準の問題を提示している。

ザルテン　表現のサーキュレーションと資本主義の関係は大きなテーマですね。ともあれ、ミッチェルが提起しているのは、ピクチャーやイメージを生き物として見るということです。イメージが自分の意志を持ち、自分なりにリプロデュースして人間を使っていくということです。人間を使いながら、自分をサーキュレートしていく（サーキュレーションという言葉にキュレーションという言葉が入っていることが面白いですね）。たしかに、これはハンス・ベルティングも同様で、人間がイメージに使われているというニュアンスを出しています。

北野　人間自体がメディア的なものといっていいという議論ですね。

ザルテン　ええ。しかしミッチェルとベルティングの違いもあるので、そこにも注意を促しておきたいと思います。ミッチェルはイメージ自体が生きていると考え、ベルティングはイメージが人間の生きている前提であると考えています。つまり、ミッチェルはイメージが人間から自律しているといい、ベルティングは人間の身体でイメージが生きているという。微妙に方向がちがうわけです。

しかし二人とも追及していないのは、イメージが普及していくなかでどのように使用されるのかという点です。つまり今の状況は、イメージを消費しているだけでなく、サーキュレートの過程でそれぞれのユーザーが別の文脈でエディティングや書き換えをすることで、イメージ自体が進化あるいはトランスフォームしていくということです。イメージが人間によって自分にトランスフォーメーションをもたらしているという見方もできるかもしれません。

北野　ミッチェルはピクチャー（pictures）という言葉を使っていますが、英語ではメンタルなものをイメージ、それがマテリアライズされるとピクチャーとして、緩いながらも使い分けがあります。これらはフランス語ではイマージュ（image）、ドイツ語ではビルト（bild）という言葉で一元化して捉えられるものですが、ミッチェルの著作の急速な独訳や仏訳を通して、こうした英語の戦略的な区分けが浸透しつつありますね。ベルティングのイメージ人類学も、フランス語（image）とドイツ語（bild）にはないイメージが、マテリアルなメディウムのなかを漂いながらサーキュレートするさまに注目するものです。ミッチェル／ベルティングらのラインが、ニュー・マテリアリズムと緩やかな接近を果たしながら、今日の視覚文化を批判的に考察しようとしている――私には、このあたりの動きがいまいちばん興味を惹かれるところです。

ザルテン　そうですね。ただ、二人の差異についてさらに述べておきましょう。ベルティングは何千年前からの bild の流れを見ながら、基本的にそれは何であるかというエッセンスを探そうとしています。それはニュー・マテリアリズムには似つかわしくないアプローチかもしれません。ミッチェルはもう少し歴史学的に、近代、特に二〇世紀のピクチャーを考えています。逆にいえば、最近のイメージあるいはピクチャーの展開はあまり捉えていない。つまり、みんないつでも写真が撮ることができ、書き直すことができるという状況までは考えていない。それはまた経済的なモデルにも繋がっています。ミッチェルにはイメージはアメリカ・ヨーロッパの市場のなかでサーキュレートするという前提があって、そのなかで自律して消費されなければならないと考えていますが、消費と生産の関係はいま微妙に変化しています。ラッツァラートがいうように、現在の企業は商品をつくって売るわけではなく、商品が存在している世界をつくっているわけです。そしてその世界のなかで商品が回ったり、誰かが何か新しいものを生産したり、消費したりするプロセスによって企業が稼いでいる。そういう状況はミッチェルのモデルに豊かな貢献ができるはずですが、あまり考えていないですね。

北野　いまハリウッド映画の現場では、ワールド・ビルディングということが盛んにいわれますね。今日ハリウッドで一番発言権があるのは、ディレクターではなくワールド・ビルディングのデザイナーだと。日本語でいえば「世界観」ですが、それをつくることにもっとも重きが置かれている。まず世界観をつくり、そのなかで『アベンジャーズ』や『トランスフォーマー』といった映画が、エピソードを群なすものとしてつくられる。さらには、エピソードごとに矛盾があるかないかをチェックする専門職まである。

ザルテン　マーベル・スタジオはまず映画という商品を売って稼いでいますが、最終的には世界を企画して売ることを目指しています。鉄腕アトムのころのメディアミックスでは、アニメだけでは損をするという前提があって、システム全体で稼ぐという仕組みでした。しかし最近のモデル、たとえば『ワールド・オブ・ウォークラフト（Word of Warcraft）』などのオンラインゲームを考えると、プレイヤーがその世界のなかで動いていて、映像に参加をするというかたちをとっています。ユーザーは毎月小額の参加料を払っていますが、ゲームの世界のなかで集めたポイントでゲーム内のアイテムを集め、それを実際の金で売ることを商売にしているユーザーも多数存在します。中国や東南アジアが中心だといわれていますが、「ゴールドファーミング」と呼ばれている商売が雇用をつくっている。同時に、そうしたユーザーに支えられて、ゲームを運営するブリザード社も利潤を上げているわけです。

こうしたユーザーがいるシステムのなかで、イメージやピクチャーはどうなるのでしょうか。ミッチェルがいうように、イメージが自分の意志で動いている面もあるかもしれませんが、簡単なレベルの消費だけでなく、映像とユーザーが協力し一緒に動くという面もある。次世代のメディアパラダイムでは、写真やイメージではなく、アバターが人間と一緒に動いてサーキュレートすることになると考えれば、このモデルはどうなるのかという疑問が生じます。

北野　お話を伺っていると、新しい資本主義のなかで、サーキュレーション・システムはよりワールドワイドに、よりスピードを上げていることがわかります。ただこのサーキュレートは物質化を伴い、そこでネオアニミスティックな力を得て人間を巻き込むわけですよね。そして、それは激しく極端化すると、偶像崇拝／偶像破壊さえ引き起こしかねないものでしょう。

ミッチェルは本の冒頭でワールド・トレード・センターを論じています。九・一一以前ＷＴＣは金融センターのシンボルだといわれてきましたが、ミッチェルはよりラディカルに、「テロリスト」といわれた人たちはＷＴＣというイメージそのものに攻撃を仕掛け、それがテレビを通してサーキュレートしたのだと述べています。そこでは非常に強い身体的反発／抵抗をピクチャーが誘発していた。あるいはベルティングも、二〇〇〇年代始めに「イコノクラッシュ（Iconoclash）」という「文明の衝突」にひっかけた企画展をドイツのＺＫＭで開いています。二人の関心を見ていると、キャピタリスト・アニミズム／ネオアニミズムが潜在的に持つ物理的な衝撃にいかに対応するかという共通の問題意識が読み取れます。

ザルテンさんのお話と、ミッチェルやベルティングのラインを対比させると、ピクチャーが物理的な衝撃を持つ状況に対して、偶像崇拝／偶像破壊に陥ること、つまり見て壊すのではなく、見て遊ぶ、あるいは見て参加するといった、新しいサーキュレーション・システムに移行しつつあるということでしょうか。イメージの出し手／受け手にわかれたシステムではなく、両方の過程に参加できるシステムがつくられはじめている。そこでミッチェルやベルティングのイメージ論にあまり興奮するべきではないという示唆を見ることもできます。ただ、それはそれで資本主義が誘導したラインではあるのですが。

ザルテン　ミッチェルやベルティングには二つの問題があるのではないかと思います。ひとつは、いまお話されたような消費と生産が一体となった経済システムについて考慮されていないということ。もうひとつは、西ヨーロッパと北アメリアの枠のなかでのみサーキュレーションを考えているということです。つまりコピーライトによって不可触そして不可変なままサーキュレートするイメージがあるのですが、中国やナイジェリアを文脈に入れれば、まったく違うモデルを考えざるを得ないはずです。

北野　ヴィクトル・ストイキツァも指摘していましたね。西洋近代のミュージアムのシステムはとにかく触れてはいけないことを前提としている。不可触であることを担保にピクチャーのなかにあるイメージの自律性を守ることが、西洋の芸術のモデルとしてあります。それはトーテムなどとはまったく違いますね。

ザルテン　上辺には出てきませんが、トーテムやフェティッシュの流れはずっと存在します。ただ、ミッチェルやベルティング、そしてニュー・マテリアリズムはかなり欧米中心主義的な傾向を持っていますね。

北野　とはいえ、少し可能性を救っておきたい。私がミッチェルやベルティングに興味を持つのは、先ほども述べたように、彼らの思考がいわゆるマルチ・カルチュラリズムとはかなり違うからです。文化相対主義を土台に異文化間での穏やかな交渉の可能性だけを見る「表現の自由」といった発想だけではなく、ピクチャーにはアニミスティックな欲望を掻き立て、生命や死に繋がるくらいの怪しげな力があることをということを認識している。そしてピクチャーが国境や文明を越えられるのかどうかを何とか考えようとしたからです。しかしザルテンさんにとっては、それでもまだ欧米中心主義的なのですね。

ザルテン　複雑ですね（笑）。この場合の欧米中心主義とは、例えば著作権をめぐる状況のように非常に具体的な文脈から形成されるものです。あるいは法律が同じであっても、法実践がまったく違っているケースもあります。東京のコミックマーケットと同様の同人誌マーケットは、少なくともアメリアでは考えられません。『キャプテン・アメリカ』の同人誌を出したらすぐマーベルが弁護士を送ってくるでしょう。有名ですが、著作権についてはディズニーが一番酷いです（笑）。このような具体的な違いがあるなかで、ミッチェルやベルティングは具体的な参照点を西ヨーロッパと北アメリアにおいているのですね。

北野　なるほど。ミッチェルやベルティングの仕事は、資本主義、あるいは文明の衝突の問題も含めて、イメージのマテリアリティから考えていかないと駄目だという道をひらいたという面で、メディア研究にとっては画期的でした。それを認めるにせよ、その射程が現在の新たな状況にまで届いているかは、ザルテンさんが批判するように再検討することが必要になるでしょう。

ものとのあるべき関係を探して

北野　結局、「ポスト・メディウム」と形容されたりする文化状況あるいは世界において、ピクチャー／ユーザーの形態は資本主義と一体になりながら、新しいフォーマットへと変容しつつある。そのなかでマテリアリティが大きな役割を果たしていることをいかに捉えるか、またそれがキャピタリスト・アニミズムのカテゴリーを超えていくのかを考えなければならないということかもしれません。

ザルテン　非常に興味深い課題の一つは、イメージ／ピクチャー／ビルトが表象（representation）といかなる関係を築くかということです。多くの場合でニュー・マテリアリズムはテクスト主義に対するアレルギーのなかで表象を拒否してしまうのですね。

北野　ロンドンをはじめとする各地で、「表象分析の時代は終わった」という声は聞きました。

ザルテン　それがメディア論が興隆し映画学が衰退している理由ともなっています。みんな表象に興味がなくなって、メディウムのマテリアリティに関心をいだいています。

北野　表象をめぐる問い、つまりは作品というかたちで何が出来しているのかについては、もう一度考えて見るべきでしょうね。とくに日本においては、私の勝手な印象では、表象という言葉はきわめて多義的なニュアンスを持って駆動せられてきました——そもそも表象文化論を蓮實重彥さんらが唱えたとき、戦略的にその定義は与えずにいた。表象とはその成立根拠そのものに不可能性がある、にもかかわらずそれが実践されそれとして成立してきたという経緯があるだろう、その不可能性と可能性のあいだで表象分析がすすめられてきたようなところがあります。西洋近代のようにrepresentationという言葉がよくも悪くも固定化された意味合いで使われてきたのであれば、「表象分析はもう終わった」といい、物質性への議論へとシフトチェンジすることに批評的意味合いはあるかもしれないものの、日本ではどうか、私にはわかりません。いえるとすれば、表象概念のあるタイプのものはそれでも見直す時期が来ているのであり、その見直しを一度くぐり抜け、またニュー・マテリアリズムをもくぐり抜けた上で、表象を分析する知性の可能性を改めて探るということかもしれません。

ザルテン　まったくそうだと思います。表象は消えませんが、表象の意味、もしくは定義が変わってきます。それは拒否ではなく、交渉していかなければならないものでしょう。そこにニュー・マテリアリズムの可能性も賭けられている。

ニュー・マテリアリズムが何でもマテリアルだと考えるのは、読まれている対象と読む主体という関係性を崩し、もっと複雑で微妙な関係性を捉えることを可能にするための試みです。そこでは表象と表象、表象とメディウム、表象と人間の関係の複雑性をそれぞれに考える可能性が秘められているはずですが、今のところはあまりうまく表現されていません。

最後に、こうした新しいヴァージョンのマテリアリズムをつくろうとしている動きとして、リチャード・グルーシン編集の『The Nonhuman Turn』（University of Minnesota Press, 2015）を挙げておきます。イントロダクションのなかで、「もうみんなターン（転回）には飽きたと思うが」と書かれているのですが（笑）、同時に「ターン自体もノンヒューマンのものとして考えるべきだ」とも述べられています。ここまで抽象的なレベルまでいけば、表象についての違う考えかたも入っているかもしれないと感じました。この場合のターンは表象そのものの転回ではなく、表象と表象のあいだの関係をつくる何かが別の「表象」になっています。そういった観点には、もしかすると可能性があるかもしれません。ただ、これからどうなるか、私にはいまのところまったくわからないのですが。

北野　ザルテンさんが指摘されたように、マテリアリティの問題をイメージ論のなかに導入し、そこから新たな可能性を探る動きから再び、ニュー・マテリアリズム自体が蔑ろにしてしまった表象／表現／理論的介入、もっといえばヒューマニティの現在における形態と可能性について見直す動きが浮かび上がってきたのかもしれません。私たちは、理論的介入であると同時に兆候としてもあるニュー・マテリアリズムには注意を払いつつ、斜めから介入し可能性を拾い出すようなアクロバティックな戦術をとる必要がありますね。

いずれにせよ、テクノロジーと資本主義の急激な転回のなかで、ニュー・マテリアリズム、メディア論、あるいは人文学に何ができるのかを見定めていくことがとても大切なことだと思います。話のなかで出てきた死とテクノロジーのあいだの問題にせよ、これまでのように倫理ベクトルの対象として見ているだけでは、必ず後退戦を余儀なくされるでしょう。そして、死が政治経済の問題に還元されたとき、死をコントロールし得るグローバルエリートと、例外状態におかれたワーキングクラスないしアンダークラスに世界は分割されていくことでしょう。そうなる前に私たちは何ができるのか。

ザルテン　そうですね。モノと人間とのあいだに構想し得るいろいろな関係性を、できるだけ具体的に探っていく必要がありますね。

北野　最後に、最近見つけた歴史のエピソードを紹介させて下さい。ロシア・アバンギャルドの事物主義におけるスローガンの一つに、「事物は同志だ」という言葉があるのです。資本主義は商品を物象化する関係しか持てないのに対して、人間と事物の関係を、共に闘う同志として構築しようとしていた。これはいわば、モノのアニメートの究極のかたちともいえるものです。ともかく吃驚するような発想です（笑）。モノと人間のいろいろなかたちを探る動きは歴史のなかにも数多く存在する。私たちはそこから学ぶことができるかもしれません。

今日はニュー・マテリアリズムの展開について、とくにメディアとのかかわりからいろいろな論点やパースペクティヴをお聞きすることができました。ありがとうございました。

（初出：『現代思想』二〇一五年六月）

2　人新世とフェミニズム

＋飯田麻結（ロンドン大学ゴールドスミス校博士課程）
＋依田富子（ハーバード大学教授）

「人新世」をめぐる問題圏の拡がりと強度

北野　本日は、ハーバード大学で教鞭をとられている依田富子さん、ロンドン大学ゴールドスミスカレッジで研究をなさっている飯田麻結さんをお迎えして、近年あちこちで熱く議論されている人新世という概念をめぐってお話をしたいと思います。

人新世をめぐる議論は、すでに欧州や北米ではかなり広範囲に及び、人文学のさまざまなセクションでもとりあげられています。新しい唯物論、思弁的実在論、オブジェクト指向存在論などともダイナミックにリンクしているようですし、北米の代表的な批評誌『Critical Inquiry』（The University of Chicago Press）や英国での知的世界を近年リードしている批評誌『Theory, Culture & Society』（SAGE）などでも特集が組まれています。多くの論客が分野を越えて、人新世という概念に介入しているわけです。その知的状況は、これまでの人文学的な思考が自らの理論的構えをぶつけ合う、実践的な闘技場となっていると言ってもいい。

とりわけ興味深いのは、フェミニズムと呼ばれるであろう多様な批判的知性が、かなり活発に議論へと参加していることです。しかもフェミニズム的な視点からという括りではなく、むしろ論議の中心において刺激的な介入を繰り広げているという印象を持っています。院生の頃の私の指導教員はアネット・マイケルソンですが、彼女が創設メンバーであるジャーナル『October』(The MIT Press)の理論的実践の軌跡は、理論の純粋部分とフェミニズム的部分などに区分けできるはずなどはなく、批評的な芸術研究のエンジンがそのど真ん中に、広い意味でのフェミニズムそしてクィア研究を考えていく作業を据えていた。その意味では、『October』の日本における摂取にはいまに至るまで少なからずの戸惑いを感じています。と同時に、その後さらなる展開をとげている、北米や欧州さらには他のアジア諸国におけるフェミニズムをめぐる理論的射程の広さと強度に、自分自身が十分についていけていない。そのような問題意識もあり、現在、人新世をめぐる知的活況をひとつのレンズに、今日の批評的思考の現状を教えていただこうと、この鼎談を企画した次第です。

最初に私のほうから読者のためにも、人新世をめぐる問題圏に交差している多彩な論点、しかもすぐれて今日的な論点に少しばかりの見通しをつけておくために、いくつかのアクセスポイントを示しておきたいと思います。

第一に、ポスト・ヒューマンという言葉が前世紀末くらいから流通するようになり、人間なるものの理解が揺動しはじめました。デジタル技術を中心にした科学的ないし工学的可能性の爆発的な展開が従来の「人間」理解に影響を及ぼしはじめたことが、陰に陽に関係しているのだと思います。分子生物学による人間理解の刷新は目の醒めるものです。さらには、工学的な測定技術と計算処理が劇的に向上したことで、歴史学(ビッグヒストリー)といった分野においてまでも従来とは根本的に射程の異なる世界認識が謳われはじめています。すなわち、人間理解のレベルでも、世界理解のレベルでも、スーパー・グランド・ナラティブと言いうるような「大きな話」が活発に論じられるようになったわけです。「大きな物語の終焉」を叫んでいたポスト構造主義の時代が懐かしく、隔世の感があるほどです。

そうしたコンテクストを背景として、人新世という新たな大きな物語がインパクトをもって提示された。これは、化学者で、しかもノーベル賞受賞者という権威でもあるパウル・クルッツェンによる提唱で、これに共鳴する科学者が増え、国連における環境問題をめぐる議論にまで影響を与えていくほどにインパクトを持つことになりました。

では、人新世もまた、ひとつのスーパー・グランド・ナラティブなのでしょうか。あるいは、自然科学者の権威性のもと、そのほかのスーパー・グランド・ナラティブを招き寄せて、回収・同化させてしまうほどのものなのか。つまり、互いに競合する同種の言説群のなかでの人新世が置かれた位置や影響力に関する興味がわくわけですが、これはある意味では、「人間的なもの（human）」あるいはポスト・ヒューマンに関する理解の一元化になりかねないという危険も持っています。

第二に、これに関係して、さきほど「自然科学者の権威性」と言いましたが、それに関わって、改めて、人文学／社会科学と自然科学とのあいだの関係の取り方をめぐる関心が浮上しています。九〇年代には「サイエンス・ウォーズ」があり、その後の批評的な実践は、どこか科学との対話に遠慮がちになりました（例外として分析哲学は認知科学との対話を盛んにおこなってきました）。しかしここにきて、認知科学という圏域さえ超えて、人文学は自然科学の問題圏と直接対峙せねばならなくなった。人文学は、自己像の問い直しのなかで、「ポスト人文学（post-humanities）」と呼ばれるような問題圏の可能性を探求しはじめてもいます。これはちょうど、人間なるもの（human）についての理解が揺動しつつある今日の、哲学的な仕切り直しとも相即しているものでしょう。

第三に、また他方では、哲学的あるいは思想的な領域では、メタ存在論的転回と呼びうるような、「物質とは何か」「実在するものとは何か」「対象とは何か」という根源的なところにまで掘り下げていこうとする活発な動きがでてきているのはご承知のとおりです。これは大陸哲学のなかだけの動きではなく、分析哲学でも同じような関心が（おそらくは先行するかたちで）起きていて、存在論／メタ存在論や形而上学の隆盛を生んでいます。これは、言語を中心にした記号学的な世界認識の改良を目指した社会構築主義への反動のような向きを多かれ少なかれ含んでいますが、これらへのフェミニズムの評価もさまざまなようです。

そして、人新世をめぐる問題圏に絡み合うこれら三つの論点は、フェミニズムがこれまで蓄積してきた多彩な知見と、またおそらくは今日のフェミニズムの活況と真正面から接合するはずです。

まずは、最新の状況に詳しい飯田さんにマッピングしていただいてから、依田さんに北米の状況を踏まえたコメントをお願いしたいと思います。

飯田　ではまず私から、フェミニズム／クィア理論のなかで人新世がどのように批判的に語られてきたのかを紹介したいと思います。

フェミニズムと人新世に焦点を当てた文献としては、今年刊行されたリチャード・グルーシン編集の『Anthropocene Feminism』（University of Minnesota Press, 2017）が新しいですが、大陸哲学とフェミニズムを扱う学術誌『philoSOPHIA』（Suny Press）とゲイ・レズビアン・スタディーズからクィア理論を幅広く扱う学術誌『GLQ』（Duke University Press）が、どちらも二〇一五年に人新世を取り上げています（前者は五巻二号、後者は二一巻二―三号）。厳密に言えば前者は人新世を、後者は人新世の議論と密接につながるQueer Inhumanismsという概念を特集しています。非人間的な存在への着目は、どのように規範的な人間の身体が、あたかも自明であるような「自然」との共犯関係によって生みだされてきたか、という問いを喚起しつつ、人新世の問題系と重なり合います。そこで、この二つのジャーナルが提示したトピックを見ていくと、フェミニズム／クィア理論から人新世に介入していく視点が得られるのではないかと思います。

第一に、人新世と言うときの「人」（アントロポス）とは誰を指すのかという問題です。言いかえれば、人間だけが環境変化を引き起こす唯一のエージェントとして特権化されるのか。さらには、人新世における「われわれ」、あるいは「人」新世の「人」が誰を指すのかということです。ここでは人間内部の差異がどのように抹消されてきたのか、そして人間（man）と見なされるものに対して、どのようにすべてが一体化されてきたのかが問い直されることになります。

人新世の「人」のなかで、どのような差異が捨象、隠蔽、あるいは前景化されているのでしょうか。当然のことながら、ある人間集団の活動が環境に与えた影響は不均衡に働きますから、特定の集団が集中的に脅かされることになります。そこで、ロブ・ニクソンが『Slow Violence and the Environmentalism of the Poor』（Harvard University Press, 2013）で指摘したような、非常にゆっくりとした速度で行われる暴力をどう捉えればよいのでしょうか。地質学的なスケールで行われる暴力は、誰の身体がより脆弱なものとされるのかを見えなくしていきます。つまり、人類の絶滅という巨大なナラティブが前景化する一方で、具体的に痛めつけられる存在が不可視化されていくわけです。もちろんこのような暴力の形態を、植民地主義やグローバルな市場経済の歴史と切り離すことは難しいでしょう。『philoSOPHIA』において、地球科学の専門家であるジル・シュナイダーマンが指摘するのは、新たなエポックを描くために、なぜ「人」（アントロポス）が選ばれたのかを問うことが重要だということです。「人」を選ぶことで、我々は何を特権化し、何を不可視化しているのか。そして、新たなエポックのために「人」という名前を選んだ権威性は、その名のもとに語りうる物語を制限するのではないか。つまりここでは、人新世のなかに含まれる自己中心性が批判されているわけです。

加えて興味深いのは、アブジェクション（abjection）という概念が人新世を論じる際にしばしば用いられていることです。もともとアブジェクションはジュリア・クリステヴァによる概念で、言語や表象の限界を意味する上でも用いられてきましたが、それが惑星的（プラネタリー）な危機においても機能するようになるとしたら、人新世が何を排除することによって成立するのか、という問いにつながっているわけです。そこでは人新世のナラティブそのものがジェンダー化されているのではないかという指摘がなされています。

第二に、人新世において環境の持続可能性の維持が重要なプロジェクトとされた場合、自然や種の持続可能性を語るために子どもという形象が用いられることが多々あります。それが何を意味するのかということです。さきほど挙げた両誌ともに、リー・エーデルマンが『No Future: Queer Theory and the Death Drive』(Duke University Press, 2004)において提示した再生産的未来主義(reproductive futurer-ism)という概念に着目しています。そこでは、異性愛中心主義的な再生産が常に求められることに加えて、ヘテロノーマティブなファンタジーが社会秩序、さらには象徴体系の維持につながっていくことが批判されています。つまり、持続可能性の追求や、未来の世代のために環境を守るべきだといった言説が帰結するものへの懐疑も、人新世の問題系においてフェミニズムが提示した重要な問いだと言うことができます。

人新世という人間が生みだした危機の時代において、人間と非人間の共生や相互依存の地平を切り開くことはいかに可能か。このような課題こそが、我々が将来に取り組むべきもっとも重要なプロジェクトだと考えられています。しかしそこで、自然と文化の二項対立に対して人新世の到来が終止符を打つと考えるのであれば、大きな問題があるでしょう。それはフェミニズムだけでなく人文学一般が問いを重ねてきた人間‐非人間をめぐる知識の集積を打ち捨ててしまうことに他なりません。人新世は現在の完新世からは断絶した時代だから、これまでに重ねられてきた思考すべてをリセットしてよいということにはならないはずです。

最後に、フェミニズム/クィア理論から人新世を語る際のもっとも重要な点として、人新世という概念は常に矛盾を帯びているということを挙げたいと思います。人新世とは、人間‐非人間のあいだに限らず、すべてがダイナミックにつながっていくインターコネクティッドな時代であるとしばしば語られますが、それは反面では、人間を、自らの生みだす歴史を俯瞰して眺めることができる存在として特権化しているということでもあります。人間は他の種と同様の存在なのか、それとも特権的な存在なのか、相矛盾する説明がなされているわけです。では、我々はどちらの立場に立つべきなのでしょうか。

ここでクレア・コールブルックが提起した inclusive disjunction という概念が重要になってきます。矛盾をいかに語っていくことができるのかということです。人新世は普遍的で包括的な概念であるように見えるけれども、自らの痕跡を地球環境に見出そうとすればするほど、人間を他の種から切り離された唯一の特権的な存在としてしまう。人新世は、このような矛盾を常にはらんでいます。そこで考えるべきことは、人新世というナラティブに私たちが生きている状況をすべて還元するのではなく、一見リニアで一元的に見える人新世に、複数の時間性・空間性を担保していくことではないでしょうか。

こうしたことが、フェミニズム／クィア理論の視点から見た、人新世のはらむいくつかの問題であると言えます。

北野　ありがとうございます。一点伺いたいのですが、クリステヴァの提起したアブジェクションの概念の取り扱いが変化しているというお話でしたが、その辺りについてもう少しお聞かせいただけますか。

飯田　クリステヴァのアブジェクションは、主体が自らを主体として認識するために、その独立性を脅かす母への依存を排除することとされます。本来アブジェクションは個人的あるいは社会的レベルで機能しますが、人新世の提案とともに「ガイア」概念がラトゥールなどの理論家に援用されたことなどから、男性的なファンタジーによって生みだされた女性の形象は惑星的なレベルで何を意味しうるのか、という議論が生じています。もしも、人新世が何かを排除することで成立する概念であるとすれば、それはそもそもジェンダー化された概念なのではないか、と。

また地球工学（geo engineering）が環境変動に対する処方として注目されるなかで、自然はコントロール可能であるといった言説が再帰しています。その背後には常にジェンダー化された構造があるのではないかということです。

北野　なるほど、じつに興味深いですね。ともあれつぎに依田さんに、北米の状況を踏まえたご見解をお願いしたいと思います。

依田　私が初めて人新世という言葉に触れたのは、二〇〇九年にディペシュ・チャクラバルティが『Critical Inquiry』に発表した「The Climate of History: Four Theses」でした。この論文は非常に注目されましたが、彼は以前からポストコロニアル・セオリーの有力な理論家であり、彼が提唱した「ヨーロッパを地方化する」(Provincializing Europe) というテーゼは大きな反響を呼びました。そのチャクラバルティが、気候変動を人類全体の危機と捉え、ユニヴァーサル・ヒストリーとして語りだしたということに、一種の転向なのではないかという違和感を感じたことを覚えています。

その後、人文学系研究においても、エコクリティシズムが活発化するなか、人新世という言葉を非常に多くの場所で聞くことになりました。

近年、編集者としての活動に積極的なグルーシンが、『The Nonhuman Turn』(The University of Minnesota Press, 2015) の次に、『Anthropocene Feminism』を出したのも示唆的かもしれません。これには、コールブルックも寄稿してますし、ステイシー・アライモがさきほどのチャクラバルティの論文に対して緻密な反論を展開しています。また、この論集では人新世を考える上で、フェミニズム／クィア理論に多大な影響力を持ってきたフーコーの『性の歴史』や、生権力、生政治といった概念の見直しや拡張を試みようといった動きも見られます。ロージ・ブライドッティは zoe power、エリザベス・ポビネリは geontopower などといった枠組みを設定し、新しい権力や政治の概念を模索しているようです。

それから、人新世の問題からは少し話が離れますが、飯田さんが紹介された『GLQ』の「Queer Inhumanisms」のような特集号は、クィア理論自体の新しい動向を示していると思います。ちょうど同じ時期にフェミニズム・カルチュラル・スタディーズの雑誌『Differances』が「Queer Theory without Antinormativity」という特集を組み、規範性を批判するというクィア理論の基本的姿勢をずらしてみようという試みがされ、大きな議論を呼んだことも、連動した新しい潮流ではないでしょうか。

九〇年代にジュディス・バトラーの『ジェンダー・トラブル』などの一連の論考が圧倒的な影響力を持ったことで、かえってフェミニズム／クィア理論が理論的には一時期停滞している感がありましたが、二〇〇〇年代に入ってまた新たなフェミニズム／クィア理論が活性化しているようです。特に注目に値するのはエリザベス・グロスやクレア・コールブルックのような、ドゥルーズの影響を受けたオーストラリア出身のフェミニストたちですね。あるいは、ブルーノ・ラトゥールの提唱する、人間と非人間によるアクター・ネットワーク理論を援用し、文学批評の見直しを試みるリタ・フェルスキーのようなフェミニスト文学論者の活躍も目立っています。

加えてＳＴＳ（科学技術社会論）や人類学などのさまざまな分野においてフェミニズム／クィア理論が混ざり合いながら、人新世の問題を含め、Human と Non-Human、あるいは生命と非生命という関係を、フェミニズムの蓄積を踏まえた視点で分析・介入をしていこうという機運が高まってきています。

ハラウェイの影響と継承

北野　ありがとうございます。お二人に伺いたいのですが、ダナ・ハラウェイの位置づけについてもう少しお話しいただけないでしょうか。日本では『サイボーグ・フェミニズム』が九〇年代に紹介され、大きな反響を呼びました。しかしそこには、いわば人間がサイボーグになれば人種やジェンダーの問題を超越できるのではないかという、ポスト・ヒューマン的な世界への、かなり無根拠なＳＦ的・楽観主義的な期待を醸成した面もありました。

ところが、彼女のその後の仕事を追っていると、そもそも人間の身体がいろいろなサブパーツからできあがっていて、それぞれが固有の物質性のなかでいろいろなものと接続していることを強調しています。人間を一体化して考えること自体に疑問を呈しつつ、マテリアリティの問題、あるいは環境との関係性について、複合的なありかたを模索している。そうしたハラウェイの思想が与えた影響について、お二人に伺いたいのですが。

飯田　そうですね。『猿と女とサイボーグ』から、現在の「クトゥルー新世」に至るまで、ハラウェイはかなり一貫した考えを維持してきたと思います。彼女の理論の中心にあるのはストーリーテリングの政治性という問題であり、単一ではない複数の時間性や空間性を語りうる物語は何かという問いを追究しているということです。たとえばハラウェイはＳＦという言葉にさまざまな意味を持たせようとしています。サイエンス・フィクションはもちろん、ＳＦとはスペキュレイティブ・フェミニズム、サイエンス・ファクトやスペキュレイティブ・ファビュレーション、ストリング・フィギュアの頭文字でもあるわけです。

さきほどバトラーについての言及がありましたが、フェミニズムが身体のダイナミズムや物質の持つバイタリティを考慮していない、文化的な領域に終始する単なる社会構築主義であるという批判がなされるとき、とりわけ彼女の議論が取り上げられてきたという背景があります。社会構築主義に対する一種の反動として、依田さんが挙げられたグロスやロージ・ブライドッティなどによって、言語や記号よりも物質、または生物学的身体へと注目しようという流れがダーウィンやスピノザへの回帰も含みながら進められ、近年のオブジェクト指向存在論や新しい唯物論と接近してきたわけです。このような流れは、物質と非物質、あるいは有機物と無機物がどのような相互依存性をもって我々を形づくっているか、という人新世の問題系と不可分であると言えます。

しかしバトラー自身は、必ずしも社会構築主義者というわけではありません。彼女はむしろ、身体がどのような歴史性を持って、どのような政治的文脈でエンボディ（身体化）されるかを問うてきました。そういった物質化のプロセスについては『ジェンダー・トラブル』のあとの『Bodies that Matter: On the Discursive Limits of Sex』（Routledge, 1993）でも語っています。一方でハラウェイもまた、あたかもテクノ・サブライムな思想家であり、科学技術による身体の拡張性を追求する思想家だと誤読されることもありました。しかし彼女の焦点は、つねにオルタナティブな物語性の発見にあったと思うのです。それは物質的なものと記号的なものが複雑に絡み合った、material-semiotic な知の生産へといかに関わるか、ということです。

ハラウェイは『猿と女とサイボーグ』以前に書いた『Primate Visions: Gender, Race, and Nature in the World of Modern Science』(Routledge, 1989) においても、自然と文化の境界に対する監視ではなく、むしろ両者をめぐるトラフィックによって彼女自身は触発されると述べています。その当時から、境界の不安定さであるとか、二項対立の読みかえを常に意識してきたということでしょう。ですから、人文学的視点から人新世を語るときに、文化的なものから物質的な、また生物学的なものへと議論の射程がシフトしている、という言説には注意深くあるべきだと考えられます。そうしたナラティブもまた、二項対立に還元されかねないという意味でも。

依田　ハラウェイはフェミニズムの理論家のなかでも、興味深いほど威力が失せない論者ですね。彼女の論点のなかで重要なことは、我々はこれからサイボーグになるのではなく、すでにサイボーグであるということだと思います。これは、一般的な意味の機械や技術と人間の接合、融合の問題だけでなく、例えば犬と人間が共進化を続けてきたのであれば、「人間」という種自体も異種間の関係性によって co-constitute されてきたことになる。これも、ハラウェイ的に言えば、広義のサイボーグ化と言えるでしょう。

いまの世の中が抱えているさまざまな問題も、多様なサイボーグ化が複雑に絡み合った状況から噴出していると捉え、そうした状態に対して、彼女はサイエンス・スタディーズ、フェミニズム、マルクス主義といったいくつもの立ち位置を駆動させながら介入していく。それが彼女が色あせない理由だと思います。

飯田　そうですね。そしてその介入において、インターセクショナルな、複数のアイデンティティによって断片化された存在として世界を読み解いていく。これがハラウェイの思想の根幹にあるのではないでしょうか。そしてハラウェイが人新世について批判していることは、それが断絶を生みだすような概念であるという点です。しかし、私たちが人新世というエポックを記述できれば、それを短くすることもできるだろうという観点から、他の想像可能なエポックを生みだすことが重要だとも述べています。

人新世を語るときには、二つのポジションの取り方があり得ます。一つは、人間活動が環境に多大な影響を及ぼしたことはひとまず認め、その上で山積する具体的な課題に取り組むという姿勢です。もう一つは、そうした人新世という枠組みの成り立ちそのものを批判するという姿勢です。もちろん、あらゆる分野においてこうした二項対立はなされているでしょうが。ハラウェイは、我々が作りだした物語でしかない人新世を、我々自身が書きかえる可能性のほうを信じているのだと思います。書きかえ、終わらせることができるということです。それは『サイボーグ宣言』において、境界そのものであり、境界に対して責任を持つ存在として描かれた「我々」をハラウェイが念頭に置いているからかもしれません。

依田　「クトゥルー新世」というのは、彼女の『Staying with the Trouble: Making Kin in the Chthulucene』(Duke University Press, 2016) にでてくる言葉ですね。人新世だけではない「新世」をいくつも提唱して、違ったストーリーを提示しています。この「クトゥルー新世」(Chthulucene) はよく正体がわからない、海の底に生息する怪物や、禍々しい毒蛇の頭髪を持つメドゥーサのイメージを使い、人間・非人間が奇怪にもつれ合った状態を表現しています。人新世をめぐる言説が、傷ついたガイアの自己制御能力の修復といった勇ましい目標を掲げる一方、敗北主義や自己実現的予言に陥りがちなことへの皮肉も込められているのでしょう。サイボーグをはじめ、癌研究のために開発された遺伝子組み換え生物のオンコ・マウス、伴侶種、そしてクトゥルーなど、ハラウェイは「人間」、「自然」、「文化」、

「テクノロジー」といったカテゴリーの自明性、あるいは境界線を撹乱する比喩というか、キャラクターを繰りだすのがうまいです。

北野 コールブルックがハラウェイを引きつつ議論を展開したと思うのですが、そのあたりの展開も教えていただけないでしょうか。

依田 コールブルックは最初に飯田さんが紹介された『philoSOPHIA』のイントロダクションを書いています。そこでは、人新世の問題はあくまでもパラドクスであって、そのパラドクスを解消しようとすることは、思考停止に他ならないと強調されています。思考停止というのは、たとえば地球工学のような科学技術によって気候変動へ介入しようという議論のなかで、これまでの人文科学や批評理論があっさりと無用のものとして片づけられるといった状況でしょう。コールブルックは人文学系の分野においても、人新世に関する危機感から、「人類」の単一性、自己同一性への懐疑や、社会構築主義の視点などを捨象してしまうような傾向に対して批判的です。ですから、人間は特別なものか否かという二項対立に対して、そのどちらかに決定するのではなく、あくまでパラドクスを維持しなければならないということです。

ここで振り返るべきは、「女」こそがある意味ではつねにパラドキシカルな存在であったということです。女性は男性を人間の規範とするジェンダーシステムによって規定されてきた存在であり、同時にそのシステムに還元しきれない「余剰」でもある。そしてフェミニズムはそうしたパラドクスを通じて、「人間」を問題化し続けてきた。この持久力を、人新世をめぐる議論にも持ち込まなければいけない。

コールブルックはエーデルマンの『No Future』を援用するわけですが、迫りくる人新世に対して、なんとかこれを乗り越えようと人類を励ます言説に含まれている「希望」の概念を批判しています。安易に思考できる希望は、気候変動の危機を人間の力によって乗り切ろうというような、ヒューマニスティックな考えに陥りやすく、現行の体制の否定を思考不可能なものとすると論じています。

飯田　大文字のCから始まるエーデルマンの「子ども（the Child）」は、異性愛的な再生産のなかでしか生まれない未来の世代というだけではなく、政治的言説や象徴体系の再生産を表す形象です。再生産に未来を託すということは、語れないことも引き継がれることになる。私たちが思考不可能なものも引き継がれることになるのです。

ただ、彼の議論と関連して私が指摘したいのは、『No Future』以降にクィアな再生産の可能性やエコシステムのなかの非人間的な存在の重要性が語られる際に、クィアという形容詞が濫用され脱文脈化されているのではないかということです。

たとえば『GLQ』の特集では、近年の非人間的なものへの転回（turn）を踏まえた上で、複数の時間性であるとか、差異の氾濫とか、人間と自然の相互依存性をあらわすクィアなエコクリティシズムという概念が提示されていました。一方で、それらはジェンダーやセクシュアリティの非規範性を、人間中心主義批判へとすり替えるような議論のように思われます。エコロジーや非人間的なものが根本的にクィアであるとすることで、クィアという概念が持っていた歴史性や政治性を奪われ孤立している、という懸念を同誌の序文は明確に表明しています。そこには、クィアネスが一つの概念、あるいは否定・肯定のためのロジックとして還元されてしまう危険性があります。クィアという言葉が一枚岩なものにされてしまうということであり、これは皮肉にも「クィアな例外主義」と呼べるものでしょう。ティモシー・モートンの「Queer Ecology」（PMLA, 125(2), 2010）の問題もそこにありますね。こうした流れには抵抗しなければなりません。

しかし、人新世をめぐる議論のなかでは、同様の事態がさまざまな領域で起きています。たとえばポスト・ヒューマンという何かしら異種混交的であったはずの概念が、人間中心主義からの差異化という線の上にだけ置かれ、一元的なものにされつつあります。こうした還元主義的な力は、人新世という概念がはらむ大きな問題だと思います。

北野　非常に多くの論点が含まれたご指摘でした。社会構築主義が隆盛を極めたあとに、フェミニズムの物質性への視点の欠如を批判的に捉え返して、ニュー・マテリアリズムのフェミニズム・バージョンのようなものが登場した。それに対して、いまのお話を伺っていると、物質性に過剰に期待をかける議論の方向にも、還元主義的な、さらに言えばクィアやウィアードという形容詞によってミステリアスな可能性を強調しすぎているという問題がある。そうした辺りをめぐって、ハラウェイのストーリーテリングの思想などを参照しながら、もういちど読み直しが進んでいるということでしょうか。ぐるっと回って一周したとも言えますが、そこには理論的な、批評的なと言ってもいいですが、枠組みの仕切り直しもあるようですね。

依田　そうですね。コールブルックが近年強調してきたのは、ポスト・ヒューマンもまた、ある意味ではハイパー・ヒューマニズムに過ぎないのではないか。そこではさまざまな複雑性が捨象され、歴史や社会的立場の違いという問題が隠蔽されているのではないかということでした。ポスト・ヒューマンのなかに潜むヒューマニズム、あるいはバイタリズムという名で入り込む保守本流の哲学的思考を指摘してきたのだと思います。またコールブルックやハラウェイを含めた多くのフェミニストたちが共有しているのは、スケールを一元化しないという意識です。常に互換不可能なスケールを、同様に保っていかなければいけない。ただただ大きなストーリーや、包括的な理論を求めることに対し懐疑を示していきます。ハラウェイは科学とテクノロジーの問題を常に考えてきた理論家ですが、大文字のサイエンスではなく、もっと細分化された実践的な科学知に注意を払い、その政治性や倫理性を検討してきたように思います。

飯田　付け加えるとすれば、人新世においては歴史的なスケールがさまざまに交錯するとコールブルックは指摘しています。そして、私たちが何か新たなものに取りつかれるのは、差異のフェティッシュ化が根本にあるからではないかと。マテリアリズムやバイタリズム、あるいはリアリズムといったかつて起きたすべてのことの延長線上に人新世という概念を位置づけられるのかもしれないし、その過程で差異が抹消されてきて、その差異がもっていた歴史性や政治性に私たちはどうかかわっていくのか。それがコールブルックの中心的なテーマのひとつです。

クルッツェンが人新世を提唱したとき、それはある種の警鐘としてパフォーマティブな効果を持っていました。その一方で、この概念に対してなぜ我々がこれほど強く反応するのかを考えると、身体や生が絶滅の危機に瀕しているという恐怖が根底にあるからではないか。その結果として、人新世の理論は生を肯定することを自己目的化している。コールブルックが問題化するのは、なぜ生は常に肯定されなければならないのかということです。

人新世は、この始まりが示された時点で、終わりも同時に見えている、始まりと終わりがある物語のはずです。それは人間がいなくなった世界です。そのように、人間の自己消滅を常に意識しているはずなのに、我々は人間が消え去った世界を考える想像力を持ち合わせていない。それは人文学の役割でしょうが、まだその役割を果たしていないし、果たされることはないだろうというジレンマが常に存在します。

さきほどからパラドクスが話題になっていますが、人新世はアイロニーの問題でもあるのではないでしょうか。つまり、解消できないいくつもの矛盾や相反する要素を包含した概念だということです。ハラウェイが提示した「クトゥルー新世」も人新世の代替品というわけでは決してなく、あたかも新しい時代区分を提唱しているようだけれども、それはむしろ複数の潜在的な過去・現在・未来を指向する、互いにもつれ合った（entangled）異種間の関係性の上に成り立ち、変容し続けるというものです。依田さんがおっしゃったように、スケールを一元化しないというのはフェミニズムの重要なプロジェクトですし、その上で我々が生きている状況性や現在性、ongoingness をどのように捉えるかという視点もまた必要だと考えられます。

思考不可能性という問題をどう立て直すか

北野　ありがとうございます。では、また違う角度からのアプローチをしたいと思います。我々には想像不可能なものをめぐる話、つまり人類が誕生する前、あるいは絶滅したあとに何が起きるかは重要な問題だと思うのですが、基本的には思考不可能な世界に属しますよね。そういった Thinking about the Unthinkable とも呼ばれる問題系が、いまさまざまなところで語られるようになっているようです。人新世はその極みのようなものですね。

しかし、思考不可能性の問題系としては、我々は核の問題を常に抱えてきました。デリダが繰り返し論じてきたように、我々は核によるカタストロフィと付き合いながら、二〇世紀の後半を生きてきた。そう考えると、いま再び我々は、思考不可能なものを全力で思考しているという象徴秩序やストーリーテリングのなかにはまり込んでいるようにも思えます。こういった思考不可能性の問題について、思うところがあればお話しいただけないでしょうか。あるいは核と人新世とのつながりということになるかもしれませんが。

依田　人新世の問題が思考不可能であるというのは、一つには人間の時間と惑星の時間が交差してしまったことからくるパラドクスですよね。しかし核というのは、あくまで人間がつくったテクノロジーであり、もちろん廃棄物処理の問題は残るにせよ、それほど思考不可能なものではないと思うのですが。

北野　確かに、おっしゃる通りです。核兵器のような技術については、思考可能な領域に属するのだと思いますが、廃棄物であったり、あるいは技術を構成している原子の世界については、人間の時間とは違うのではないかということです。

依田　コールブルックの Unthinkable の議論は、Unthinkable だということを認めなければ現状維持の Non-thinking になるということです。フェミニズムの人新世への介入は、人新世をつくってしまった社会的・経済的・技術的な歴史とはジェンダーの歴史であり、性役割分担の歴史であり、家族の歴史でもあることを明らかにすることも重要な課題です。しかし家族や性役割分担が直接に人新世へとつながるかと言えば、そうとも言い切れない。どのような歴史的状況のなかで、ジェンダーや人間の生殖が人新世へと向かったのかを具体的に考えなければならないということです。しかし国家や都市や近代社会がなければフェミニズムは生まれなかったかもしれないわけですから、フェミニズムにとっても自己倒錯的な歴史と言えるかもしれません。

飯田　私は依田さんと若干スタンスが異なるかもしれません。人新世は常に起源を探し求める物語でもあります。化石燃料や森林の伐採が環境に与える影響は、大加速（Great Acceleration：二〇世紀後半における人間活動の爆発的拡大）以降に確実に増大してきていますが、それでも人新世の正確な始まりは定義されないままでしょう。

そのなかで、人新世と核を結びつける言説が影響力を持つのは、核がいまだ訪れない未来の可能性をも遮断するようなテクノロジーだからです。核の破滅的なイメージは、実際のレフェレントを持たずに広がっていて、人類の危機を喧伝するために一番有効な手段になっている。よく知られている話ですが、フィンランドにあるオンカロと呼ばれる核廃棄物貯蔵庫では、一〇万年後の人類に対していかに破滅的イメージを伝えられるかがまじめに議論されている。それは表象やコミュニケーションの問題でもあるわけですし、再び記号的・言語的なものの重要性を喚起することになります。

しかし、人新世と核がイメージの上でつながっていくことで、核をめぐるいままでの理論の蓄積が捨象され、収斂されつつあるように危惧しています。最近出版された『Arts of Living on a Damaged Planet: Ghosts and Monsters of the Anthropocene』（University of Minnesota Press, 2017）は、人類学者のアナ・ツィンをはじめとしたフェミニストによる、人新世についての画期的なアンソロジーですが、同書も核と人新世に関する論考をいくつか取り上げています。量子力学の視点からフェミニズムを論じることで知られるカレン・バラードは、広島・長崎への原爆投下による、放射性物質の拡散とその影響が人類にとって複数の異なる時間軸を生じさせたと述べています。これは核の時代の始まりを人新世の始まりとする議論と重なるでしょう。けれども、キノコ雲のイメージを、放射能によって汚染された環境で繁生する菌類と修辞的に結びつけ、何らかの共生のビジョンを提示する、というようなアプローチには不安を覚えます。個々の事象の複雑性へと目を向けることはさらに困難となり、これは理論が自ら死に向かっていくようなことではないかと。何かしら新しいほうへと関心が向かうなかで、人文学の蓄積が置き去りにされていないか。これは常に問わなければいけないだろうと思います。

誰が人新世を語ることができるのか

北野　話はつきませんが、そろそろまとめに入れたらと思います。議論に入る前から、今日のテーマは人新世とフェミニズムになるだろうと思っていましたが、お話を伺うなかで、加えてこれまでの人文学的な蓄えが持つ可能性へ深く注目されていることがわかりました。

依田　過去の蓄積といったときに、私が思いだすのは、フェリックス・ガタリの『三つのエコロジー』です。エコロジーというものが、自然環境だけではなく、社会、そして主体化にもあって、それぞれ違ったロジックを持って機能している。そこに横断的に介入しなければいけないという議論だったと思います。飯田さんも指摘されていたように、常に新しいものを追い求めるという志向は研究者のなかにも抜きがたく埋め込まれています。そして、ガタリの言うエコロジカルな実践も、「正常」、「現状」とは異質な新しい形状を探しだすことにあります。しかし、既存の状態の停止には危険が伴い、非常に暴力的な脱領域化を招く可能性もある。つまり、何らかの破裂や亀裂が起こりながら、それを表現する支えのようなものがない場合、さまざまな不安や罪悪感などが発生する。しかし、緩やかな脱領域化も可能であり、ショックとしてではなく、もうすでにそこにあったかのように、変化・イベントが現象することもあると、ガタリは言っています。そういった可能性を考えるのも、人新世の問題を含めた今日的な課題ではないでしょうか。

飯田　人新世を語るときに、フェミニズム／クィア理論は傍流ではなく中心に置かれるべきであること。それは避けては通れない視点であることは、繰り返し強調しておきたいと思います。

フェミニズムは同一化が不可能な複数の視点を常に内包しているし、そのなかでは人種・階級・セクシュアリティ・ジェンダーといった異なる軸が重なり合いながら存在しています。コールブルックが主張するように、フェミニズムの重要性は、誰が、誰のために語るのか、誰の主体性で語るのかを常に問うてきたことにあります。「誰」という問題を常に抱えてきたということです。

私が人新世という言葉を初めて聞いたのは五〜六年くらい前ですが、これは大変なことになったと思ったのは、「人」という名前を冠することで、呼びかけられる対象が我々全員になっていたからです。アルチュセールの「呼びかけ」のことを思いだしてください。「人」という名前が冠されたことで、我々はそれぞれ何かしらを語らなければいけない立場に置かれた。しかし私たちは何者なのでしょうか。それを問い続けてきたのがフェミニズムなのです。

人新世がこれほどまでに多様な領域を巻き込んできたのは、あらゆる人に呼びかけて、応答しなければいけないという状況を生みだしてしまったからでしょう。厄介であると同時に、考え続けなければいけない問題だと思っています。知の収奪や階層化へと目を向けつつ、未来に何が起こるのかはわからないけれども、それを書く言葉は何になるのかを考えなければいけない。フェミニズムはそのために重要な視点を与えてくれるはずです。

依田　そうですね。そして逆に、人新世がフェミニズムにもたらすものは何なのかという問題もあるでしょう。答えはまだでていませんが、人間を前提とした肉体性の問題から、人間でない動物・生物、非-生命の問題へのフェミニズム／クィア理論の介入の可能性を問おうとしているのかなと思います。

北野　人新世の話をしているとだいたい暗くなるものですが、今日はなぜか明るい気持ちになりました。

それはこれからの道筋のようなものが示されたからでしょうね。ありがとうございました。

（初出：『現代思想』二〇一七年一二月）

Ⅱ　ポストメディア、ポストヒューマン

3　メディアテクノロジーと権力——ギャロウェイ『プロトコル』をめぐって

+伊藤守（早稲田大学教授）
+大山真司（立命館大学准教授）
+清水知子（筑波大学准教授）
+水嶋一憲（大阪産業大学教授）
+毛利嘉孝（東京藝術大学教授）
+北村順生（立命館大学准教授、司会）

北村　まず、北野さんから本日の書評会についてひとこと、お願いします。

北野　大山さんを通じて、毛利さんから『プロトコル』（アレクサンダー・R・ギャロウェイ著、北野圭介訳、人文書院、二〇一七年）の書評会をやってみませんかというお話をいただきました。それなら、毛利さんたちのポストメディア研究会（http://postmedia-research.net）と、私が中心の一人となって立ち上げた動態論的メディア研究会（http://mediadynamics.wixsite.com/mdri）と合同でやったら楽しいのではないかと北村さんと相談し、本日開催の運びとなりました。

さっそく本題に入りたいと思いますが、まず、この本は、翻訳に非常に苦労したということを申し上げておきたい。若手メディア研究者の松谷容作さん、増田展大さん、大崎智史さんらと二週間に一回ほど研究会を開き、三年かかって何とか訳すことができました。それも含めた上で断っておきたいのは、訳者であるからこそ、正当な解釈を持ち得ているという発想で書評会を開いても仕方ないと思います。読みひらかれていくことにこそ意味があるでしょう。

もっといえば、本書の強みは、具体的な状況のなかで書かれている点です。そういった点からいえば、狭い意味での思想書というコンテクストで読み解いてもさほど面白くはないでしょう。インターネットが成立し、そして汎用化していくプロセスの中で書かれたというのももちろんありますし、同時代でサーキュレイトする思考方法を貪欲に摂取し、よくも悪くも理論の「ごった煮」のような向きもあります。著者が読んでいた本や論文、出席していた授業やセミナーなどから、同時代的に走っていたいくつもの思考の流れがダイナミックに反映されている。ネガティブにいえば、本書のもとになったのは著者の博士論文であり、議論が整理されないままでもあり、あきらかに若書きです。ではあるものの、いや、だからこそ、思考の競合状況の中で出来上がった仕事だともいえ、いろいろなものが詰め込まれています。ついては、そういった、潜在する、いくつもの線を解き開いてあちこちに補助線を引きながら読み拡げることこそが、生産的な読解になると思います。本日は、多彩な面々、しかもそうした読み拡げにふさわしい力のある方々にお集まりいただいていて、訳者としてはうれしいかぎりです。ですので、みなさんの力で、存分に論じていただければと思っています。

北村　ありがとうございます。北野さんからは、またあらためてお話をうかがいます。まずは登壇者の方に、一人ずつお話いただければと思います。

ネットワーク化する権力と対抗運動

毛利　実は北野さんの名前は著作や研究を通じてよく存じ上げていたのにもかかわらず、北野さんとはごく最近まであまり個人的な接点はありませんでした。しかし、北野さんの最近の著作『制御と社会――欲望と権力のテクノロジー』（人文書院、二〇一四年）が出版されたことで、自分と近い関心で、隣接領域の研究者である北野さんが仕事をしていることを知り、さらにこの翻訳が出たことによりこれまでぼんやりといろいろと繋がっていたものが急に焦点があったという印象を持っています。

そもそもこれまで映画研究者として卓越した仕事をしてきた北野さんが『プロトコル』を翻訳しているということを聞いてから、そのこと自体に非常に関心を持っていました。ギャロウェイのこの本は、メディア研究という枠を超えて海外でも（ポスト）インターネット時代の情報文化を扱う基礎的な文献としてよく読まれていましたよね。内容については、これから他の人たちも話されると思いますが、大きくは「規律《ディシプリン》＝訓練社会」と呼ばれた社会が「管理《コントロール》＝制御社会」へと移行していくなかで、「権力」がどのように変わっていくか、とりわけそれに対してデジタルテクノロジー、特にインターネットがどのように関与したのかが論じられている本です。

本書は三部構成になっています。目次を見ると、第一部「脱中心化以後、コントロールはどのように作動しているのか」、第二部「プロトコルをめぐるいくつかの失策」、第三部「プロトコルの未来」となっている。第三部の「プロトコルの未来」というのは、たしかに「未来」のことではあるんだけども、その当時、現在進行形で――原著は二〇〇四年に出ているので、一九九〇年代のなかごろから二〇〇〇年代にかけて――展開していた、いわゆるアクティヴィストやアーティストなどの先駆的な活動が肯定的に紹介され、これからますます重要になっていくだろうと書かれています。これをふまえつつ、メディア・アクティヴィズム、戦略メディア、サイバーフェミニズムなど、いろいろな活動を紹介している。

私がいちばん興味深かったのは、第三部でした。私は、大学卒業後一九九四年まで八年ほど広告代理店に勤めた後、九四年から九八年までロンドンに留学しました。二〇〇三年までは頻繁にヨーロッパに行っていました。九〇年代初頭に日本にいた時にちょうどインターネットの普及が始まり、自分自身もメディアアートの仕事に多少関わっていたことや上野俊哉の影響もあり、留学前からは三部で登場するヘアート・ロフィンクなどヨーロッパのアクティヴィストと面識がありました。ロンドン留学時は、アカデミズムでは日本でもカルチュラル・スタディーズ（文化研究）が導入される時期で、私自身そこに巻き込まれることになるのですが、その一方でもともとの関心もあり、ヘアート・ロフィンクだけではなく、ここに登場するマシュー・フラーやグラハム・ハーウッドたちとは頻繁に会っていました。特にハーウッドの家は、ヨーロッパやアメリカのメディア・アーティスト、アクティヴィストたちが集まる一つのハブとして機能していて、私もクリティカル・アート・アンサンブルやハキム・ベイ、サディ・プラントなどここで登場する人たちに会っています。けれども、当時はまだこうした運動自体が黎明期なので、（ハキム・ベイは別にして）みんな若かったし、アンダーグランドなネットワークでした。こうしたトランスナショナルなネットワークが「ネクスト・ファイヴ・ミヌイッツ」などのイベントで可視化されていく時期ですね。けれども、その当時は自分も含めてみんな海のものとも山のものともわからないチンピラ（！）みたいな状況で、それがどこに向かっているのかわからなかった。

最初の謝辞のところにも書いてあるように、ギャロウェイはこういう状況に刺激を受けながら情報を交換し、思考を生んだことがわかります。おそらくこの本は、九〇年代の終わりから二〇〇〇年代の頭にかけて経験したことのなかで書かれた本で、同時代の「気分」を反映している。ただそのことは、原著が古いということではけっしてありません。その後のこの世代が、デジタルメディア理論を実際に牽引し、その少なからぬ人々が今や大学で教鞭を取っていることを考えれば、むしろ予言的な著書にもみえる。いまになってこうした原著の重要性がずいぶん見えてきたともいえます。その当時はわからなかった部分もたくさんあったし、率直に言って私自身もぜんぜんわかってなかった。

たとえば、カルチュラル・スタディーズ的なメディア理論は、かつては（あるいは、今でもそうかしれませんが）、スチュワート・ホールのエンコーディング、デコーディングのような記号論的な読解を援用したイデオロギー批判として理解されていました。しかし、ギャロウェイのような世代がそうしたスタイルではないメディア研究を志向していたということを、あらためて実感します。それは、アナログからデジタルへ、マスメディアからネットメディアへの以降としても理解できるでしょうが、同時に批判理論の連続性をもった変容としても理解すべきでしょうね。

本書に対して、いささか両義的な感想があります。非常におもしろいと感じると同時に同時に、今日的な視点から見ればある種の「ユートピア的な未来」がナイーブに前提とされている感もある。原著が出版された二〇〇四年以降の政治を見れば、特に二〇一〇年代に入って、ネットワーク的権力はむしろ「権力側」のほうが上手に使いこなしていて、対抗的な権力を構成しようとしていた人たちはネットワーク的権力を使いこなせないような状況が生まれている。その状況をどう考えればいいのでしょうか。

たとえばツイッターやソーシャルメディアはたしかに、津田大介さんがいうように「動員のメディア」として機能したし、「オキュパイ・ウォール・ストリート」や「アラブの春」、さらにアジアの若者運動、日本の官邸前運動など新しいムーブメントを作った。二〇〇〇年代は、たぶんそうした時代として語られるのでしょう。けれども、そうした動向が一段落つきつつある。むしろいまは、管理する側がそれをどう制御すればいいかというノウハウを学んでしまったので、おそらくオキュパイ運動のようなものもこれからは部分的には起きるだろうけども、当初のようなインパクトを持てないような状況がある。

それどころか、オリンピックの直前にロンドンで、若い人たちがソーシャルメディア、ネットワークを使って暴動を起こしましたが、そのあとフェイスブックなり携帯のメッセンジャーなりを警察が追跡して、参加者を次々と捕まえていくという出来事が起こりました。結果的に二〇〇〇人以上という空前の人数が逮捕されたのです。要するに、ソーシャルメディアを使うことによって、人々の活動を監視、あるいはトレースして、それを証拠として使うことが非常に簡単になってきている。このようにネットワーク権力があからさまに監視の権力として肥大していく状況のなかで我々は何を考えたらいいのか。

最後にもうひとつ指摘させてください。二〇〇〇年代の初頭にインターネットの中のアートのラディカルさ、面白さが強調されていましたが、むしろ今はっきりしつつあるのは、同時に物理的な空間がデジタル化によっていっそう重要になりつつあるということです。ネット以降のグラフィティ・アートの展開はその意味でもおもしろい。たとえばバンクシーのようなアーティストは、毎日の活動をインターネット、ツイッターやインスタグラムにアップする。それを見た人たちが瞬時にわーっと集まってきて作品を見るんだけれども、人々が見つけた瞬間に警察がグラフィティを消しに来るという、一種の鬼ごっこみたいなことを始めている。そもそもグラフィティのライターたちは、自分たちの作品を街に残すことは期待しているわけではありませんでした。ネットの普及以降は、ストリートで描いた作品をインスタグラムやブログ上で残すという戦略が生まれたともいえます。現実の空間からなくなった作品がネットワーク上でずっと残っていくことによって、世界中の人たちがいつまでも作品を見ることができるというふうに、グラフィティ自体がインスタグラム等の出現によって大きく変わったのかもしれません。

たとえば本書にも登場するクリティカル・アート・アンサンブルは、かつてデモのような社会運動のレパートリーを批判して、ネットによる情報介入を提案したけれども、ソーシャルメディアや新しいメディアテクノロジーによって、現実の空間がこれまでとちがった意味を持ち始めている。アートやさまざまな空間的実践が、もう一回インターネットを飲み込んでいく状況もある。たぶん、これは、二〇〇〇年代初頭には見えてなかったところですね。そうしたことも、とにかくいろいろと議論の出発になる本だと思います。この一〇年か二〇年のあいだに起きたことをあらためて確認する役割もあり、このタイミングで出たのはほんとにすばらしいことだと思います。

北村　ありがとうございます。原著が二〇〇四年に出て、そのあと、とくに二〇一〇年代はいろいろありますね。たぶんその話は今日も出てきます。では続きまして、水嶋さん、お願いいたします。

〈帝国〉とプロトコルの現在へ

水嶋　『日本におけるメディア理論』（マーク・スタインバーグ＋アレクサンダー・ザルテン編、デューク大学出版、二〇一七年）の元になった国際会議が二〇一三年秋にハーバード大学で開かれたとき、空き時間に近くのカフェで依田富子さん（ハーバード大学東アジア言語・文明科教授）と雑談をしていました。そのとき、共通の友人であるマイケル・ハートの最近の仕事について話しているうちに、ギャロウェイの『プロトコル』も話題に上がりました。

ご承知のように、『プロトコル』は主にハートとフレドリック・ジェイムソンの指導を受けて書き上げられた博士論文を土台にしています。ギャロウェイはその後も革新的なメディア理論／哲学を多方面で展開していくことになりますが、私が〈グローバルな制御社会に関する明快な見取り図をあたえてくれる〉という点で『プロトコル』を肯定的に評価したのに対し、依田さんは〈フォーマリズムへの傾斜〉という点で同書に一定の留保をつけておられたのが印象的でした。昨春、依田さんとアレックス・ザルテンさんらを中心に「東アジアのメディア研究」という画期的な国際会議が同じくハーバード大で開かれたのですが、基調講演を行ったトマス・ラマールの新著『アニメ・エコロジー』（ミネソタ大学出版、二〇一八年）におけるテレビ・アニメ・ゲームが複合的に絡み合った刺激的な系譜学の試みを読むにつけ、依田さんの留保がいよいよ説得力を増してきているようにも思います。

話を戻しますと、依田さんとカフェで談話していたとき、北野さんも加わって話題がさらに広がり、そのなかで北野さんが『プロトコル』に大きな関心を抱かれるようになったと記憶しています。それが一つの契機となり、ギャロウェイの重要な著書が北野さんの見事な訳文を得て日本語で読めるようになったのは素晴らしい出来事です。しかも嬉しいことに、日本語版はすでに多くの読者を得ているともお聞きしておりますし、そのインパクトがどのように受け止められ、波及してゆくのか、とても楽しみですね。

これは北野さんの『制御と社会』とも関心が重なるのですが、私はグローバル制御社会としての〈帝国〉について考えているときに『プロトコル』と出会い、その明快な整理（とくに第一部における）に触発されました。ネグリとハートの『〈帝国〉』（原著は二〇〇〇年刊）・『マルチチュード』（原著は『プロトコル』と同じく二〇〇四年刊）の翻訳に携わりながら、彼らのインターネットに関する些か楽観的な論調に若干の違和感を感じていた私にとって、ギャロウェイの仕事はとても有益な視点をもたらすものだったからです。とはいえそれは、『プロトコル』日本語版の帯にあるように、同書が「『〈帝国〉』論を過去のものにし」たからではない、という点は強調しておきたいと思います。このフレーズが読者を引きつけるための惹句であることは重々承知しております。けれども、やはりこれは――明白な（意図的な）誤読／著者の意に反する政治的〈釣り〉とはいわないまでも――、ミスリーディングであると指摘せざるを得ません。

『プロトコル』の基本的立場は、『〈帝国〉』のなかのインターネットに関するテクニカルな記述の不備を修正しつつ、『〈帝国〉』の基本的論理を補強する（「過去のものに」するのとは反対に）というものです。これについては以前にも、伊藤さんと毛利さんが編まれた論集でやや詳細に分析したことがあります。お手元のレジュメに該当箇所を引いておきましたので、ご覧いただければ幸いです。

> ネグリとハートの〈帝国〉論にとって、情報と情動の生産にもとづくコミュニケーション・ネットワークはきわめて重要な意味をもつ。なぜなら、〈帝国〉的制御《コントロール》と情報コミュニケーション・ネットワークは一体不可分の関係にあるからだ。グローバル制御社会としての〈帝国〉にとって、コミュニケーション的生産はその不可欠のパートナーなのである。したがってネグリとハートは、インターネットを始めとするニュー・メディアがたんに解放的な側面のみを有するものではなくて、根本的にはグローバルな制御社会と一体になって機能するものであるということをはっきりと見抜いているわ

けである。してみれば、次に引用する、『〈帝国〉』のなかのインターネットに関する記述は、制御社会とコミュニケーションのあいだの関係をめぐるネグリとハート自身のそうした明察とは齟齬をきたす、些か一面的かつ楽観的な分析である、と言わざるをえないだろう。

> 民主主義的なネットトークは、完全に水平的で脱領土化されたモデルである。インターネットは……この民主主義的なネットワーク構造の主要な例である。そこでは不定形で、潜在的に無制限の数の、相互につながった節点《ノード》がコントロールの中心点ももたないままコミュニケートし合っている。こうした民主的なモデルは、ドゥルーズとガタリがリゾームと呼ぶもの、すなわち非‐階層的で非‐中心的なネットワーク構造にあたるものである。〔ネグリ、ハート『〈帝国〉』水嶋ほか訳、以文社、二〇〇三年、三八四―三八五頁〕

インターネットに関するこのような記述は――現在のように〈ソーシャル・ネットワーク〉が普及する以前の〈情報ハイウェイ〉について論じられたパートのなかの一節であるという時代的な制約を考慮に入れるなら、やむをえない一面もあったと言えるかもしれないが、いずれにしても――精確さを欠く。というのも、インターネットは脱中心的ではなく分散的なネットワークからなり、またそれは高度にコントロールされているからである。メディア生態学者のアレクサンダー・ギャロウェイが的確に指摘するように、インターネットとはグローバルな分散型のコンピュータ・ネットワークのことであり、そのプロトコルとは、〈脱中心化の後でコントロールを作動させるための分散型マネージメント・システム〉のことなのである。またそのさい、〈新たなコミュニケーション・テクノロジーは中心的な指令や階層的コントロールにもとづくものではないのだから、そこでは指令そのものが消失しているという、楽観的な見方〉（いわゆるサイバーユートピア主義の一類型）に抗する必要がある。

私たちの生きている社会は、こうしたインターネットと相同の論理、いいかえれば、脱中心化の後に登場した分散というダイアグラムによってその隅々までコントロールされているのだ。

このように、ネグリとハートが呈示した〈帝国〉的（または社会的な）制御《コントロール》の論理と、インターネットを始めとするニュー・メディアのプロトコル的（または技術的な）制御《コントロール》の論理とは相同であり、両者はコミュニケーションという概念を通じてしっかりと結び合わされ、互いにその力を強め合う関係にある、と捉えるべきだろう。［拙稿「ネットワーク文化の政治経済学――ポストメディア時代における〈共〉《コモン》のエコロジーに向けて」、伊藤・毛利編『アフター・テレビジョン・スタディーズ』、せりか書房、二〇一四年、二一一―二一三頁から抜粋］

このように『プロトコル』は、ドゥルーズがインターネットの黎明期に書いた制御社会論（一九九〇年）を受け継ぎながら、ネグリとハートのグローバル制御社会＝〈帝国〉論の分析を補強・修正するものなのです。またそれは、旧来の〈一対多〉の放送メディアに顕著な全体化へと向かう動きに抗するものと楽観的に思い描かれてきた、〈さまざまなネットワークが織りなすネットワーク〉としてのインターネットというニュー・メディアそのものに、プロトコルという全体化へと向かうプロシージャが埋め込まれているということを開示した、目覚ましい試みであったとも言えるでしょう。と同時に、『プロトコル』刊行前後から常時接続が普及していき、いまやほとんどの人びとが高性能の小型コンピュータを搭載したスマートフォンを携帯するようになっています。その意味で、『プロトコル』じたいも近年の激変するメディア環境を踏まえて更新される必要があるでしょう。そうした視点から、〈帝国〉とプロトコルの現在について何点か指摘しておきたいと思います。

まず指摘したいのは、私たちがすでに「メタデータ社会」のなかで生きているという事実です。今日、資本と権力が重視している戦略の一つは、企業や国家のデータセンターに蓄積されたビッグデータを源泉とし、そこに収集されたデータのメタ分析を通じて、諸種の行動や動きのパターンやトレンドをマッピングしたり、それらの傾向を予測したりすることでしょう。このような「情報に関する情報」にもとづくメタデータ社会という概念は、これまで情報の水平的な交換やフローという面がもっぱら強調されてきた「ネットワーク社会」が、じっさいには、メタデータという情報の垂直的な蓄積形態と一体になって作動する社会にほかならないという実態を明らかにするものでもあります。

あえて図式的に示すなら、産業資本主義（と放送メディア）の時代に、消費者として商品を購入していた私たちは、ポスト産業資本主義（とソーシャルメディア）の時代に、商品開発やコンテンツ生産に携わる消費者、すなわち生産消費者《プロシューマー》となり、そしていまやビッグデータやアルゴリズムによる統治を組み込んだメタデータ社会のなかで、私たち自身が経済的に価値のあるデータを生成するオブジェクトになっているともいえるでしょうか。むろん、これはごく粗い見取り図にすぎませんが、いずれにしても、私たちが日々、意識的・無意識的に生産する情報は、それらを収集・蓄積・占有しながらその流れを制御するとともにそこからメタデータを抽出・分析する新たな〈支配階級〉との非対称的な関係性のうちにあり、そのような傾向がますます強まりつつあるという点はたしかでしょう。

次に、現在もっとも身近な技術的機械の一つとなっているスマートフォンという機器に言及しておきます。私たちが四六時中、もち歩き、使用しているスマホは、メッセージやイメージの循環と流通、情報や行動の監視と制御、遊びと労働の融合といった多重的な仕組みや機能を有しています。かつてマルクスは機械装置を固定資本として把握・分析してみせましたが、スマホに集約的に表されているように、いまや固定資本は工場の壁を越えてスマートデバイスやスマートシティへと移動して広がり、データ分析やアルゴリズムによる統治と絡み合いつつ環境化している、と指摘することも可能でしょう。

〈帝国〉とプロトコルの現在について考えるためには、最低限、これらの点も含めて、〈メディア・技術・資本主義〉の新たな連関を解析する作業が不可欠です。私たちは、いまも貴重な考えるヒントを提供しつづけてくれている『プロトコル』という源泉に繰り返し立ち返り、またそれを――その後のギャロウェイの諸著作をも踏まえて――更新しながら、そうした作業に取り組まなければならないと思います。

北村　ありがとうございます。水嶋さんは『〈帝国〉』の訳者ですので、ネット論の部分における『〈帝国〉』と『プロトコル』のつながりを紹介していただきました。続きまして、清水さん、お願いいたします。

プロトコルへの戦術的応答

清水　私はドゥルーズの制御社会と今日のデジタルメディアの諸問題を照らして本書を興味深く拝読しました。本書によると、「プロトコルとは、デジタル社会を駆動するエンジン」であり、「一種の運営実務上の、巨大なマネジメント装置」であり、「つねに身体に訴えようとする」ものであり、「超自我ではな」く、そして「つねに欲望のレベルに動作をおよぼ」し、「全体性、多様性を飲みつくす」など、その特徴は非常に多岐にわたります。ここではそのすべてを語ることは難しいので、いくつかに論点を絞って考えてみたいと思います。

最初に考えたいのは、さきほどから出ているドゥルーズです。この本を読みながら、ドゥルーズの「創造行為とは何か」というテクストを思い出しました。少し長くなりますが、以下に引用させていただきます。

ドゥルーズは情報と制御についてこう言っています。「コントロールは、規律訓練ではないのです。高速道路のことを考えてみてください。高速道路では人びとを監禁することなど問題ではなく、むしろ、高速道路を作りながら、様々なコントロール手段をどんどん増やしていくことが問題となるわけです。もちろん、それだけが高速道路の目的であるなどと言いたいわけではありませんが、高速道路において、人々は、まったく監禁されることなく幾らでも「自由に」周回することができる一方で、完璧にコントロールされてもいるのです。これこそ、私たちの未来の姿です。情報とはそういうものである、すなわち、ある所与の社会において通用している諸命令のコントロールされたシステムであるとしましょう。そうだとしたら、芸術作品はこれについて何ができるのか。」（廣瀬純訳、『狂人の二つの体制1983-1995』河出書房新社、一九二頁）

このあとドゥルーズは「対抗情報」という概念について確認し、それが実際に効果を発揮するのは「抵抗行為であるとき、あるいは抵抗行為となるとき」だけだ、と述べています。

では、抵抗行為とは何でしょうか。同じテクストのなかで彼は芸術作品をコミュニケーションの道具や情報と区別し、芸術作品とは抵抗行為である、と言っています。曰く、「抵抗行為は人間のもの」であり、それはまた「芸術の行為でもある」、と。なぜなら、ドゥルーズによれば、芸術作品とはまだ存在していない何らかの人民、あるいは未来の人民へ呼びかけるものだからです。

このテクストは、二〇年以上も前に書かれたものですし、〈情報ハイウェイ〉から〈メタデータ社会〉へ移行した現時点ではすでに通用しないところもあるかもしれません。実際、ギャロウェイは「プロトコルに対する最良の戦術的応答は、抵抗ではなく肥大化させること」だと述べています。なるほどそうかもしれません。けれども、ここでドゥルーズが高速道路にたとえた情報と芸術に関する指摘は、今日私たちが置かれた状況を考えるうえでいくつか重要なヒントを与えてくれるように思います。

たとえば高速道路の比喩はウィキリークスやウィキペディアを思い浮かべるとわかりやすいかもしれません。いまや一般知性からなるエンサイクロペディアとも言われるウィキペディアには何かが欠けている、とジジェクはいいます。欠けているのは、公共空間において無視され、抑圧された知です。つまり、私たちは情報の高速道路を自由に周回しているようで、じつはその情報は巧みに制御されている、ということです。なぜならそれは国家の諸機関が私たちを制御し規制する方法そのものと関わっているからです。ジジェクによれば、ウィキリークスの目的は、私たち誰もがクリックするだけでこの知を手に入れることができるようにすることでした。そしてこの意味で、アサンジは今日のダランベールであり、二一世紀の人民に向けた新しい百科全書（Encyclopedie）を作ろうとしたのだ、といいます。なぜなら、今日の階級闘争の鍵をにぎる領域として生起しているのがこの情報のコモンズだからです。

一方、芸術作品と抵抗行為についてはどうでしょうか。『プロトコル』のなかには、ハッキングや戦術的メディアの事例として、サイバーフェミニズムへの言及がありました。サディー・プラントやサンディ・ストーン、VNSマトリクスがあがっていました。あるいはゲリラ・ガールズをはじめとするサイバーガーリズムの活動をあげることもできますよね。たしかにサイバーフェミニズムは、九〇年代の運動の中心をなす戦術的メディアでした。それを特徴づけていたのは、身体とアイデンティティに関わる問いです。「テクノロジーの空間はつねにすでに女性的なものだった」という指摘や、サイバースペースの出現は「諸身体が新たなコンテクストへと移り住み、その形態を変えていく物語」であり、物象化が改めて作りなおされる戦術的メディアである、という本書の指摘は興味深いものだと思います。

とはいえ、当時を振り返ると、そこには情報格差やセクシュアリティ、そしてアイデンティティをめぐるべつの問題もあったように思います。たとえば、サイバースペースでは生身の身体が不在のままコミュニケーションをとることができます。利用者は代替的なアイデンティティを想像でき、それゆえ現実の主体概念に挑戦し、男性に支配されたファンタジーを転覆できる、という指摘がありました。しかしその一方で、現実には、生身の肉体からディスコネクトしたはずのサイバースペースにおいても、人種、ジェンダー、あるいは階級に基づくカテゴリーが私たちの身体にすでにスクリプトとして書き込まれ、その身体が逆説的にサイバースペースのなかに出現してしまう、という指摘もされています。サイバースペースのなかであっても、現実の女性の多様で複雑な経験や歴史と切り離すのはなかなか難しいというわけです。また当時の議論をふりかえると、そもそもサイバースペースを「女性的」だと言い切ってしまってよいのかどうかという疑問もあります。

また、未来のデジタル空間において、人工知能（ＡＩ）と人間が融合されたとしましょう。そのさい、そのデジタル空間を誰／何が制御するのか、それは個人の経験にどんな影響を与えるのか、人間は相変わらず自分を自由な存在として体験するのか、あるいはデジタル機器に制御された存在として体験するのか。さらには、制御されていることすら知らないままだとしたらどうでしょうか。もちろんフーコー以後の時代にあっては、権力は、誰がそれをもっているのかという問いの文脈において解釈されるべきではありません。なぜならそれは、なんらかの機能を満たし、なんらかの社会的役割を実践し、なんらかの慣習や義務に従うよう私たちを促す匿名の力として理解されるべきものだからです。そして今日その義務のひとつが、自己を外界に提示しなければならない、というものです。実際、現在の社会空間では、すべての人が自分自身のパブリックイメージを生み出すよう強制されています。美術理論家のボリス・グロイスは、そのようなイメージの創出こそが、私たちがいま芸術と呼ぶものであるといいます。ＳＮＳを通じて誰もが素人のアーティストとしてふるまう時代、それはデジタル・ナルシスの時代と呼びうるものでしょう。

ただし、グロイスも言うように、ここでは自分にばかり関心をもっていた神話上のナルシシズムを再解釈する必要があります。ナルキッソスは、社会への関心を失って自分に耽溺していたわけではありません。「人間の欲望は他者の欲望である」というラカンの言葉を想起するなら、水面に映る自分の身体の反映に惹かれる彼にとって、その反映は客観的で世俗的なイメージであり、だからこそ彼は自分のイメージによって他人も自分に魅了されるだろうと考えたのです。つまり、現代のナルキッソスによる外界への自己の提示は、自分をデザインせよ、自分を外部化せよという命令に対する応答でもあります。グロイスによれば、彼らが社会的にふるまうのは社会からの承認、あるいは社会からの称賛を得るためであり、そのために自己を犠牲にする。つまり、自己の第一の死により、逆説的に第二の自己として、ウェブ上に浮遊する永遠の生を手にするのだというわけです。

しかし、この現象についてはこう別の角度からこう言えるかもしれません。じつは私たちはそうした表象から撤退しつつあるのだ、と。本書の第三部はインターネットアート論になっています。現在、ポストインターネットアーティストとしてさまざまな活動を展開するヒト・シュタイエルは、「地球のスパムメール――表象からの撤退」と題する論文のなかで、インターネットの発展の陰で地球上に蔓延する大量の画像スパムに目を向け、現代の表象の変容を人類の陰画として考察しています。かつてアンディ・ウォーホルは「誰もが一五分以内に有名人になれる、そんな時代が来るだろう」と言いました。けれどもシュタイエルによれば、いまや人々は一五分間だけでも、いや一五秒間だけでも見えなくなりたいと願っている、と言います。じっさい彼女は、ずいぶん前から多くの人々がこっそりカメラのレンズから距離をとり、能動的に写真・動画の表象を避けるようになったと述べています。

シュタイエルはこういっています。「画像スパムは「理想的」な人間について多くを私たちに語るかもしれない。それは実際の人間を見せるということではなくて、むしろその反対によって語るのである」、と。「画像スパムで具現化された人類のイメージ」は、「人類とはまったく無関係であり、それどころか逆に、それは人間がそうではないものの正確な描写、つまり陰画である」というわけです。画像スパムには二つの矛盾する構造が内包されています。一方でそれは、身体を製造するための道具として理想的なモデル、教化の道具として機能します。しかし他方でそれは、「拒否の記録」、いわば「表象からの人々の撤退」を示唆しているのではないか、というのです。なぜなら、カメラはいまや「表象の道具」というより「失踪の道具」であり、写真や動画のイメージは時間、情動、生産力、主観性を捕獲する装置と化しているからです。ひとたびそれに捕獲されると、あるいは、その画像がひとたびオンラインに放たれれば、私たちは不死の存在として永遠にそこに投獄される。削減されることなしに生きるのは厳しい力関係の領域に閉じこめられてしまうというわけです。

シュタイエルによれば、画像スパムは購買層の陰画ですが、それはつまり、この種の表象から人々が能動的に撤退していることを意味します。ゆえに、画像スパムは「目立たないストライキ」、「写真や動画イメージの表象から撤退する人々の無意識的な記録」なのだ、と。

最後にもうひとつ。身体、死、あるいは有限性と芸術の問題は、バイオアートをめぐる議論とあわせて考える必要があると思います。今日のバイオアートでは、遺伝子操作により、青色光の下で緑色蛍光を発するＧＦＰウサギを誕生させたり、ゴッホの切り落とした耳の生きた複製が再現されたり、あるいは故人のＤＮＡを林檎の木に保存する墓標プロジェクトなど、生命科学、生命工学、デジタル・テクノロジーをはじめとする様々な分野の研究の進歩により「生命」あるいは不死にまつわる探求が行われています。そこではある種のパラダイム転換が起きているのではないでしょうか。つまり、「コンピュータを生物らしくする」ことではなくて、「生物をコンピュータのように」扱おうとする。生命を解析するのではなくて、生命を構築する。あるいは私たち自身よりも、コンピュータのほうが私たちをよりよく知っている、といった転換です。久保田晃弘さんが指摘されているように私たちは、生命のシミュレーションを行うコンピュータから、コンピュータのようにプログラム可能な生命へという、ある種のパラダイム転換の時期に突入しているのではないでしょうか。このことは美学や美の形而上学という概念の変化とも関係しています。では、このようなパラダイム転換のなかで「プロトコル」についてどう考えることができるのか。こうした点についても議論できたらと思います。

北村　ありがとうございます。続きまして、大山さん、お願いします。

プロトコルはどうパワフルなのか

大山　実はぼくも大学院に入る前は毛利さんと同じく広告代理店に勤務していましたが、コロンビア大学への留学を挟んで、一九九九年にベンチャーのネット銀行に移りました。マスメディアを中心とするオールドメディアからインターネット、デジタルメディアへの移行を毎日の仕事の中で経験しました。一方でネット銀行にも規制官庁である金融庁や、出資法、銀行法による様々な縛りがあったり、全銀ネットという金融機関同士の決済を行うための閉鎖的なシステムがあったり、ネットが管理可能であることを毎日実感していました。ネット銀行を辞めて二〇〇四年にロンドン大学ゴールドスミスカレッジのセンター・フォー・カルチュラル・スタディーズ（以下CCS）でカルチュラル・スタディーズの研究を始めました。ロンドンに行く前に日本でカルチュラル・スタディーズ関連の書籍を読んでいきました。

しかし、ロンドンでCCSに着くと日本で読んでいたカルチュラル・スタディーズは「古い」とされ、別の流れがうまれていた。翻訳も出ているグレアム・ターナーの『ブリティッシュ・カルチュラル・スタディーズ』（一九九〇年〔『カルチュラル・スタディーズ入門　理論と英国での発展』毛利嘉孝ほか訳、一九九九年、作品社〕）が代表的ですが、いわゆるバーミンガム派の主流派のカルチュラル・スタディーズはただ「終わった」とされていたのです。メディア学部や社会学部ではアンジェラ・マクロビー、デイヴィッド・モーレー、レス・バックのように主流派のカルチュラル・スタディーズをやっている人がいたのですがCCSにはいない。そして誰もなぜ駄目なのかをちゃんと説明しないし、あるいは説明出来ない。カルチュラル・スタディーズの伝播には時差があり、アジアをはじめとするヨーロッパ外の留学生はやはり主流派のカルチュラル・スタディーズに惹かれてカルチュラル・スタディーズという名前の入っている研究科に来ていましたので、フラストレーションを持っているのは私だけではありませんでした。

そこで、新しいとされるテクスト、理論は読みましたが、バーミンガムの限界——つまり理論が持っている限界なのか、現代のメディアや文化状況の変化に限界なのか——を丁寧に説明しているテクストかどうかを、特に自分自身の研究に取り入れるかどうかの判断基準にしてきました。『プロトコル』の出版は二〇〇四年で、レフ・マノヴィッチ『ニューメディアの言語』（二〇〇一年〔堀潤之訳、みすず書房、二〇一三年）やマシュー・フラーの『メディア・エコロジーズ』（二〇〇六年）と同じ MIT Press の Leonard という当時最高にイケてるブックシリーズから出ていましたが、この本もそうした判断基準で読みました。

『プロトコル』はそうした私の特定の判断基準からは微妙な本でした。プロトコルがパワフルだといっても、ではどういうふうに我々の生活や、主体化に関わるのか、どのように文化政治のありかた、あるいはヘゲモニーのような文化権力編制を変えていくのかに関しては、ギャロウェイ自身は具体的な説明をしていません。本書のなかで彼はプロトコルをアプリケーション層、トランスポーテーション層、インターネット層、リンク層という四つのレイヤーに分けています。アプリケーションやデータベースのレベルで起こっていることは、非常に直接的にポリティカルであるということは深く納得できたんですよ。最近でも、「プラットフォームの政治学」（『FIVE: Designing Media Ecology』二〇一六年六月）というエッセイで、アルゴリズムに関するカルチュラル・スタディーズの研究をいくつか取り上げ、こうしたレイヤーで起こっているかなりダイレクトな権力作用について書きました。

例えば南カリフォルニア大学のセイフィヤ・ノーブルによればグーグル検索のアルゴリズムによって表示される検索結果には、既に存在する人種主義的な傾向が反映されており、その傾向は強化されていきます。そういう意味でのダイレクトさです。アルゴリズムやプラットフォームを取り上げ、もっと具体的にその政治性を分析した論者はたくさんいます。そこがポリティカルなのはわかりますが、それ以外のレイヤーがどういうふうにポリティカルなのか、どういうふうにパワフルなのか、そういうことはあまりうまく説明されていない。また彼がいっているプロトコルは、アルゴリズムと同じなのかどうかというのも、よくわかりません。なぜプロトコルが決定的に重要なのかは、この本を読むかぎりではよくわからない。本書の後に出した本で書いてあることもあるので、フェアな批判ではないかもしれませんが。

北村　ありがとうございました。では伊藤さん、お願いいたします。

『資本論』と人工生命

伊藤　みなさんがポイントを突いた指摘やコメントをしてくださっているし、時間もかなり超過しているので、私の方は手短にコメントしたいと思います。

本題に入る前に、大山さんと毛利さんが昔のことを話されたので、ぼくも少し話そうと思います。この本を最初に読んだのは二〇〇五年でした。難しかったので、正直いうと、序章しか読まなかった（笑）。それでもすごく印象に残った。なぜかというと、ぼくはほとんどコンピュータについて知りませんでしたが、九五年に札幌の大学にはじめて就職したときに、所属した学部が社会情報学部だったので、少しはコンピュータのことを知らなければと思いました。当時は、これからはC言語だといわれていて、学生と一緒に情報科学の先生からC言語を習って、三年くらい勉強しました。でも私がコンピュータやインターネットをどれほど理解できたのかは、怪しいわけです。また当時は、人工知能の議論は隅っこにおかれ、人工生命に関する議論が華々しく展開されていた。札幌に哲学や情報学の専門家を招いて人工生命に関するワークショップも開催しましたね。ちょうどそうした時期に、『プロトコル』の序章を読んである視点を与えられたことだけは、はっきり覚えています。

どういう視点だったかというと、本書にきちんと書いてあります。四二ページの「一方の機械は、制御の地点を自律した端末へと徹底的に分散化するのであり、もうひとつの機械は、厳密に規定された複数の秩序形式へと制御の働きを集中化するのである」というものです。分散、制御、集中、これだけはしっかり覚えて、そうなんだと思いました。コンピュータやインターネットを理解するときに、分散、開放という視点と、それだけではなくもうひとつ、秩序形式の制御という概念、コントロールの問題として考えないといけない部分があるということを、この本から学んだことはすごく大きかった。

ただ、あらためて今回全編を読むと、いくつか疑問が生まれてきました。疑問というよりも、とにかく難しい。いちばん難しかったのは第三章「権力」の箇所です。一方ではマルクスの『資本論』が取り上げられていて、その資本主義をマルクスがどう見たかということに関して、資本の論理と展開だけではないと書いてあります。もう一方では、人工生命について書いてあって、これが『資本論』とどうつながっているのかが、非常に読み取りにくい。この箇所における、あっちへ行ったりこっちへ行ったりという筆さばきが、ギャロウェイも若くて権力をどこで設定するのかということについて逡巡しているような感じがしました。

あえて私がこの章をどう読んだか。その話をします。要するに、物質から資本が立ち上がるという話です。『資本論』のなかでなぜこれほど「代謝的（metabolic）」と「有機的（organic）」という用語が満ち溢れているか、なぜ「生命主義にかかわる学術用語」をこれほどまでにマルクスは使っているのか。その答えは「物質と生命」を重視しているから、ということです。しかし、そう言うだけでは、なんというか、素朴な唯物論にすぎない。だから、ギャロウェイはそうした単純な話をしているわけではない。『資本論』の生命力主義の核心は、「生命そのものを感性＝美学的なオブジェクトへと変容させること」にある。物質＝生命を即自的に捉えるのではなく、「感性＝美的なオブジェクト」として把握する。ギャロウェイはそう読み込んでいく。その読み込みはとても刺激的で、スリリングなわけです。そうした資本主義のメカニズムは成長と代謝の有機的な、しかも人工的な「第二の自然」として見なされる、という話です。

言い換えれば、ギャロウェイの眼から見れば、資本主義は一種の「人工生命」であると見なしうる。とすれば、資本主義に埋め込まれたプロトコルがあるはずです。ではそれは何でしょうか。どんなプロトコルでしょうか。

この点が、うまく書かれていないために、この章を読解するのが難しいのですが、そのヒントは書かれているように思います。

たとえば、「プロトコルの核心には対立があって、それはつまり、解放のためには標準化があるというものです」(一六八頁)という記述です。それは、最初に述べた、「分散」と「制御のための集中」という議論に重なる。これをあえて『資本論』に強引にパラフレーズしていけば、使用価値から交換価値への変換、労働市場を通した労働から賃労働＝主体の商品化への変換、というプロトコルの作動ということになるでしょう。そして、そこには、フーコーやドゥルーズが記述したように、時計、各種の身体計測装置が組み込まれ、身体そのものを「交換価値」へと変換するプロトコルが抜き差しならないかたちで作動しているともいえる。

以上のように解釈・誤読すれば、資本主義は一種の「人工生命」であるという見方も、あながちおかしな話ではなく、ある種リアリティをもって読むことができる。そう思います。

しかし、そう読み込んでも、どうも腑に落ちないところが残ってしまう。つまり、上述の「解放のためには標準化」が必要、「分散と制御のための集中」というメビウスの輪のような二つの項の相補的な関係で「権力」を語ってしまうことで、どれほど「権力作用」の動態を明らかにできるのか、という根本的な問いが生まれてくるからです。

後半部分で、特に、第六章「戦術的メディア」や第七章「インターネットアート」で、権力装置としてのプロトコルを可視化して、その機能を脱臼させるような「ハッカーの実践」や「アートの実践」が紹介されているわけで、その分析は大変面白いし意味があると思う反面、やはり「そうは言われても」「それだけでいいの?」という疑問が持ち上がるわけです。その疑問は、さきほど述べた、きわめて限定された「権力」概念で大丈夫なのか、という点にかかわっている。

先ほど大山さんが指摘されたように、プロトコルに関わる四つの層があります。プロトコルがさまざまな視点から規定されていているために、逆にプロトコルとは何なのかを考えることがすごく難しいわけですが、それでも基本はトランスポーテーションとかインターネット通信のもっとも基礎的な部分を指しているといってよいでしょう。まさにコンピュータの物質的な基盤のところに議論が焦点化されているということです。

しかし、その基盤まで掘り下げていくと、マノヴィッチが『ニューメディアの言語』で焦点化したインターフェイスやモジュール性、さらに従来の映画とVRとの連続性や断絶といった側面など、そうした位相が浮上してこない。そのレベルで作動する権力の行使が見えてこないという印象をもってしまうのです。あるいは、ローレンス・レッシグの『Code Version 2.0』(二〇〇六年〔山形浩生訳、翔泳社、二〇〇七年〕)で描かれたような技術と法、技術と規範とのダイナミックな関係も見えてこない。

先ほども述べたように、ギャロウェイは開放性のレベル、分散化のレベルをとことん追求していくと、「ここまでいける」「ここまでやれる」という論議を出していくわけで、それを徹底していくと、対抗性のようなものも描けるという路線を意識的に設定しているわけですが、それでもなにか足りない、という感じになるわけです。

ただし、逆に言えば、この本が刊行されることで、ギャロウェイからマノヴィッチ、マノヴィッチからレッシグというかたちで、デジタル化による「規律的権力」から「コントルール社会」への権力作用を、横断的に思考することができるようになった、とも言えると思います。その点で本書は今でも看過できない重要な一冊だと思います。現在のポストメディア状況で私たちの主観性の構造がどう条件づけられているかを考える場合には、絶対に外せない本ですね。本書は間違いなく参照しなければいけない。ただし、現在の二〇一七年という時点からみたとき、二〇〇四年に刊行されたという歴史的な制約、さらに理論的な枠組みの限界や弱点も見据えて、その限界とメリットの両方を見ながら議論を積み重ねていく必要があると思います。

北村　ありがとうございます。プロトコル概念のわかりにくさと、そのメリットとデメリットを話していただきました。次に北野さんのほうからお話をしていただき、登壇者のあいだでディスカッションしていただきたいと思います。

読解のための三つのポイント

北野　こんなにしっかりしたお話になるとは思いませんでした。最初に自由に読み広げていただいたらといいましたが、期待をはるかに越えて生産的な方向でお話をしていただいたと思います。

二日前に出た『週刊読書人』(二〇一七年一〇月二七日号、読書人ウェブで公開)での吉川浩満さんによる書評も大変きれいにまとまっていて、そこで書かれていることがまずはおさえておくべき骨子となります。今日は、それを共通理解にしつつも、さらに多方面へと、つまり、それぞれの専門領域、それぞれの視点から深掘りして、実に多彩な読み方を示してくださったと感じました。感服しました。

それをまずお断りした上で、大きくいえば三つの方向で整理できるのではないのでしょうか。

ひとつは、毛利さんや大山さんのおっしゃった『プロトコル』の歴史的な位置づけに関わるものです。ここ二〇年ほどの、理論も実践も含めて、文化状況・社会状況についていったい何が起きていたといえるのか、それが、『プロトコル』を通して見えてくるということですね。翻っていうと、そうした歴史的文脈をおさえた上で、今現在、そこからどう考えていくべきかというパースペクティブをわたしたちはもつべきだろうということです。毛利さんや大山さんが、この著作の同時代の現場に対等に立ち会っておられていたということはうらやましい。毛利さんの場合は、この本が出来上がってくる新世代がぶつけ合っていた知的興奮の場、大山さんの場合は、それが受容され共有されていく若い世代の知的興奮の場、ですね。そうした具体的な場に居合わせていたからこそ、『プロコトル』が提示する理論的枠組みに対する可能性のみならず、その歴史的な限定性についても鋭く摘出されていて、面白かったです。

僕らは、そうした、海外の一線の研究者と十分に言葉を対等に交わし合える時代に生きているのかもしれないという励みさえいただいたような気がします。翻訳を読んであれやこれや勝手に論評して、何ほどかの知的優位を確保しうるかのように振舞っていた、かつての日本の知的風土とは一変したという印象を受けました。

ともあれ、欧米では二〇〇〇年代に何が起きていたのか、私はこの本を訳すことで、多少なりとも勉強させてもらいました。九八年までニューヨークでいろいろ読んでいた、あるいは認識していた状況とはぜんぜんちがうものが出てきていたのが、大きなショックでした。実際、翻訳をしていたころ、昔ながらの映画研究者であるイギリス人の友だちが私の研究室に来て、「我々の世代はもう終わったよね」と溜息を漏らすくらいです。大幅にパラダイムチェンジしたんだという予感があったわけですが、訳出作業のなかで、その印象を強めたわけです。それに加えて、さらに、そうした理論的パラダイムチェンジの土壌であった推移、さらには、そのさらなる推移について多くのラインを教えていただいたと思います。これは、改めて勉強する必要があるなと思いました。

第二の点は、これは、自分自身の関心に引きつけたかたちとなりますが、みなさんのお話は全員、陰に陽に、身体や物質をめぐる問いへとつながっていくようなものであったと思います。これらは、じつは昨今、思弁的実在論やニューマテリアリズム等でいわれていることともリンクするのではないかとも思います。先日、『現代思想』一二月号のために「人新世とフェミニズム」について、飯田麻結さんと依田富子さんとの鼎談を収録したのですが（本書所収）、ロンドンにいる飯田さんもアメリカにいる依田さんも、ジュディス・バトラーがこの二〇年間、ずっと評判が悪かったといっていました。バトラーなど社会構築主義と目される議論を一気に叩きつぶす動きがフェミニズムのなかにずっとあって、身体や物質の問題がどっと出て、新しい唯物論とも接近したのです――急いでつけ加えておけば、いまその反省が少しずつ出はじめているという話もなさっていましたが。

ただ、この点は、少しややこしく、今日にあっては、身体や物質をどのように考えるのかという問いが、新たな布置関係において、資本主義や権力の現在のあり方とリンクさせて考えざるをえないというところがあります。その点で、水嶋さんがおっしゃった今日の権力形態のお話、清水さんがおっしゃったありうべき抵抗形態のお話が、さらには伊藤さんがおっしゃった資本主義のお話とつながっていくものだと思います。どういうことか。

まずもって、三人のお話は、本書の達成を、文化論的なメディア研究のフレームで理解することはできないのだということを裏側から指し示しているようなところがあるわけです。構造主義やポスト構造主義が、ポストモダンの水準であれ、消費社会の水準であれ、文化をベンチマークとして考えてきた向きが強く、そういった建て付けでは、二一世紀の資本主義や権力の問題を考察しようとするときにはもう間に合わないだろう、それが『プロトコル』に寄せて、それぞれの方が話された権力、抵抗そして資本主義のお話の尖ったところではないでしょうか。あえていえば、カルチュラル・スタディーズは、自らが扱っている文化について、それは一体、いかなる意味合いでの文化なのか、もっといえば、その物質性についての捉え方も含めた上でどう考えるのか、という段階に入っているという気持ちを強くしました。

カルチュラル・スタディーズのみならず、広く同時代思潮に視野を広げても、ギャロウェイの仕事をどう位置付けるかというのはなかなか難しいところですが、新しい唯物論にせよ、思弁的実在論にせよ、はたまたオブジェクト指向存在論にせよ、文化の理論、文化の哲学ではもはや、現行の世界について語ることはできないという切迫感をもって立ち現れてきているようなところがあると僕は思っています。

そうした切迫感は、第三の論点につながっています。簡潔にいうならば、政治経済の哲学としてどう読むかという論点です。

先ほどの身体や物質の問題系は、そうした政治経済の哲学に接続させて論じなければならないし、論じうるだろうということです。『プロトコル』は、そうした補助線からも掘り下げていくことができるでしょう。伊藤さんの最近のご関心にも近いかもしれませんが、さしあたり情動——これは身体のあるタイプの理解のしかただと思うわけですが——と呼ばれている問題系がある。ギャロウェイの論のなかでは、アプリケーションのレベルより、マシンとの接続のレベルにまでプロトコルが関係しはじめているというところが、非常に重要だと思います。言語レベルで意識化される領域を越えて、身体にダイレクトにテクノロジーでアクセスできるようになってきたというのが、ここ一〇年ぐらいのことでしょう。スマホのアプリケーションで自分の身体や行動のしかたがどんどん効率化できるようになってきていて、あまり頭で考えなくてもいいほどです。スマホのタッチパネルやフリック入力が、すでに私たちの身体所作を馴致しつつある。『現代思想』での対談（二〇一五年六月号、本書所収）でアレクサンダー・ザルテンが、カレン・バラードに寄せて述べていたとおりです。わたしたちは、アプリケーションを作動させてレム睡眠までチェックしている人もいます。あるいは言語意識上のレベルのことも、ＡＩが代替してくれる。

もうひとつは、認知主義的資本主義でいわれるような認知の問題です。ですが、それはすでに、単純な認知活動の水準を超えて、資本が作動しはじめているという意味で重要です。素朴な認知資本主義批判は、文化論の枠組みから抜け出せないのではないでしょうか。とはいえ、認知心理学、知覚心理学と結びつくことで、さらには脳科学とも接続しつつ、人間の身体や物質性、つまり感覚器官の作動機序の探究をすすめていて、人間と環境のインターフェイスをめぐる物質性の表象の新しい次元を生み出しつつあると考えています。

僕が知る限りでは、こうした問題になんとか接近しうる資本主義批判を展開しているのは、フレドリック・ジェイムソンです。彼の近年の『資本論』の読み直しでは、前世紀末に流行った価値形態論の根本的な更新を試みようとしている。『資本論』、特に価値形態論において物質がどのように表象されているのか、その上でどのように等価価値や交換価値の現出が解析されているかについて考察し、そこから、二一世紀の失業の問題にまで一気につなげていく。鮮やかなり、です。

『プロトコル』でギャロウェイは、『資本論』に言及しているわけですが、繰り返していうように若書きであることは間違いないものの、おそらくはジェイムソンの『資本論』の読み直し作業の元になったであろう講義に出席していたかのように用語や論点が響き合うわけです。なので、前世紀末に流行った価値形態論程度の知識を持って、これを生煮えだというのは論外です。資本主義批判を更新しつつ技術論を展開するギャロウェイの面白みの一つはこの辺りをいかにわたしたちが読み広げるか、ですね。

伊藤さんの読み広げは、そうした点でとても刺激的だと思いましたし、僕自身の関心ともかなり重なり合う。生命論のレトリックをどのように捉えるかについてはもしかするとやや異なるかもしれませんが。

文化論的な構えでの〈表象〉論はもはや実効性を失っていると思いますが、そこからもの論へと移行しつつある。けれども、そのもの論には、結局のところ、ものの表象があるのではないかという極めて重要な反駁がありうる。しかしながら、おそらくは、そのとき、表象概念は変貌していなければならないはずだと思います。水嶋さんの権力の捉え方や、清水さんの抵抗としての芸術実践の新しい戦略などには、そうした新しい〈ものの表象〉のすがたかたちをめぐる問いが垣間見えるような気がしてとても刺激的でした。さらに言えば、それぞれの観点から、『プロトコル』で提示されている政治経済の哲学の理論的なリミットについても、それぞれに示されていて、それにどう対処していくべきかという課題もまた提示していただいたように思います。

さしあたり、僕の方からのレスポンスは以上のようになります。

カルチュラル・スタディーズ、人工知能

北村　北野先生、ありがとうございました。ここでもう一度、報告者の方々にコメント頂きたいと思い

ます。

毛利　大山さんの話は、北野さんが提起した「この二〇年間で何が起きたのか」という話とも関連しますね。ぼくがイギリスに留学したのは大山さんのちょっと前ですが、あのあと急速に変わったことが大山さんの話を聞いてよくわかりました。制度的にいえばカルチュラル・スタディーズでバーミンガムスクールとよばれていたもののピークは、一九七〇年、八〇年代です。そのころに主流だった言説分析やイデオロギー分析を中心にした文化研究から、次のものへ移っていくプロセスが、やはり二〇〇〇年代に確実に存在しました。この本にも出てくるサディ・プラントはバーミンガムスクールの最後の学生ですよね。たとえば、レス・バックとサディ・プラントが同世代で、個人的にも仲がよかった。サディのほうは、その後ニック・ランドと一緒にプロジェクトを組んで、サイバネティック文化研究ユニットを設立する。そのニック・ランドは、当時は加速主義、そして現在の思弁的実在論につながる先駆的な論者で、同時にドラムンベースといった新しいテクノロジーを用いた音楽の理論的支柱として一種のポップスター、エッセイストとして非常に有名だったんですが、いまはアカデミズムからすっかりと身を引いて、悪名高いオルタライト、〈ダーク啓蒙主義〉の理論家として君臨してしまっている。一方でレス・バックのような人は、完全に人種とエスニシティ、ある意味バーミンガム派的なカルチュラル・スタディーズを愚直なまでに正統的に継承し、ゴールドスミスで教鞭を取っている。そうした二つの極が、ざっくりとカルチュラル・スタディーズとして紹介されていたものの〈間〉に存在し、実際にはそのあいだでいろんな動きが英米圏であったのだろうと思います。先日亡くなった『資本主義リアリズム』（二〇〇九年［セバスチャン・ブロイ、河南瑠莉訳、堀之内出版、二〇一八年］）のマーク・フィッシャーもその文脈で捉えるべきでしょう。

　その文脈の中で、今日メディア研究をどう考えたらいいのでしょうか。ひとつは、文化とか文学とか、あるいは人文的なテクスト分析でなく、社会科学的なアプローチをとりあえずはとってみることも大事ではないか、と思います。メディアをどう物質として扱うか、ある種のマテリアリティとしてどう扱うか、この本をきっかけにしていろいろ議論できるのではないでしょうか。

水嶋　いま毛利さんが指摘された、バーミンガム学派的なカルチュラル・スタディーズから今日のメディア研究へという流れについて補足するために、「悪のメディア」という概念を取り上げてみたいと思います。

そもそも「悪のメディア［evil media］」とは、ゴールドスミスカレッジのカルチュラル・スタディーズ教授であるマシュー・フラーとアンドリュー・ゴフィーによって新造された概念であり、彼らはそれを、かつてGoogleが自己の行動規範として掲げていた「悪に染まるな［don't be evil］」といった標語とは対立する、道徳の領域外《エクストラモラル》の意味を帯びた用語として提示しました。「悪のメディア」とは、道徳的・社会的・政治的な悪を指示する——そしてその場合、メディアはそうした悪を手助けする道具として捉えられることになる——ものではなく、メディアじたいに組み込まれている破壊的な行為主体性《エイジェンシー》を指示する概念なのです。ゆえにまたそれは、「表象」としてのメディア化の内容に照準するのではなく、メディア化そのものの下部構造《インフラ》的な働き、いいかえれば、「意味やシンボリズムによって御することのできない」メディアの下部構造《インフラ》の「物質性」に照準するように私たちを促す概念でもある、ということになります。つまり、そこで重視されているのは、表象としてのメディア化の内容よりもメディア化そのものの下部構造《インフラ》的な働きに着目する視点の重要性、つまりは、メディア［media］そのものの直接性＝無媒介性［immediacy］に着目する視点の重要性なのです。

「悪のメディア」という概念は、たとえば最近のドナルド・トランプによるメディア戦略を分析する上でも効力を発揮すると思いますし、このような概念を組み込んだ新しいメディア研究は、人種差別や性差別といった問題を新手の技術決定論によって抹消／隠蔽してしまうことなく、今日のメディア環境のなかでバーミンガム学派的なカルチュラル・スタディーズを組み替え、「情報とは社会的差異を作る差異である」（ジョナサン・ベラー）という視座から、さまざまな差別と不平等をますます拡大させている「コミュニケーション資本主義」（ジョディ・ディーン）や「プラットフォーム資本主義」（ニック・スルニチェク）に積極的な介入を試みるものでもあるでしょう。

清水　さきほど大山さんがおっしゃったことと関係するのですが、アルゴリズムについて少し議論できたら、と思いました。人工生命をはじめ、身体と情報、その物質性について考えるうえで深く関係していると思います。本書の最初のほうで、人工知能については論じませんと書いてあるところがありましたが、それはなぜなのか、またキャサリン・ヘイルズの議論との関係も気になりました。

北野　どこか響き合うと思うんですよ。エンボディメント（embodiment）といういい方の限界が見えはじめているということは少し聞いています。キャサリン・ヘイルズ的な、身体とコンピュータをどこまで並列させて考えられるのかという限界、そこをプロトコルレベルで考えられるのか考えられないのかということですね。

伊藤　テクノロジーと身体の関係は、ここ一〇年くらいでいちばん重要なテーマだと思います。私も近年は文化や表象の問題としてメディアを考えていこうというスタンスから少し離れています。第三章にはじつはそこに結びつく論点が出ていて、それを今日の時点でどう引き継いでいくのか、非常に大きなテーマですね。人工生命に関しても、我々はＡＩの急激な進歩によって人工生命をすでに肌で感じるところまで来ている。ＡＩ、人工生命とデジタルメディアが結び付き、新しいメディア環境がうまれたとき、私たちの主観性がどうなっていくのか、いまから議論しないといけない。そのきっかけとしても、この本は非常におもしろい。私は今年、青土社から『情動の社会学』という本を出しましたが、今日の議論とも結びつくと思います。マシンと身体の問題、マシンと情動の問題を書きましたので、関心ある人は手に取ってみてください。

北村　はい、ありがとうございます。ここからディスカッションを開いていきたいと思います。どうぞ、何かあれば手を挙げてください。

技術決定論への回帰？

質問者　今日はいろいろと興味深いお話をありがとうございました。本書が刊行された二〇〇四年というのを考えてみると、Web2.0という言葉をティム・オライリーが提案したのは二〇〇五年ですよね。だから少し前なんですが、でも当然Web2.0と名指されるような現象はすでに起きはじめていたタイミングだと思います。この本はWeb2.0という言葉とともに、完全に明白なものになってしまった、新しい分散型の権力を予言的なかたちで書いたという点に、非常に意義があると思います。それと同時に、第三部からは、九〇年代のインターネットカルチャーにおける、カウンターカルチャーとしての雰囲気を感じ、新旧の両義的な性格がある本だなと感じました。しかし、インターネットが新たな権力の装置になっていることに——いまではそれは自明のことになっていますが——どう対抗するのかというときに、どれくらい指針を与えられているのかは、やや疑問というか、自分たちで考えなければいけないことだと思います。敵味方の図式は、たぶん機能しない。敵味方という図式全体を取り込むような権力装置がすでにはたらいていて、ちがうロジックをつくり出すことを考えないといけない。

もうひとつは、今日の話で、ここ一〇年二〇年の理論的言説において、スチュワート・ホール的なカルチュラル・スタディーズがダサくなるとか、バトラー型の構築主義が批判されるという話がありました。要は構築主義の評判が悪くなったということだと思うのです。バトラーは構築主義の限界に対して身体の物質性を問題として指摘した人なので、その人が今日の流れで批判されるのは非常に不思議な感じがします。ギャロウェイなどが書いたものを読んでいると、技術決定論批判はどこに行ってしまったんだろうと思う。技術決定論とはよばないかたちで技術決定論的な志向が回帰しているような印象を受けました。技術決定論は社会構築主義の観点から批判されて、その批判は確かにダサくなったかもしれないけど、理論的な価値がなくなったわけではない。たとえばこの本でもプロトコル型の権力をいうときに、基本的にはインターネットの技術的な仕様の話であると同時に、隠喩としてのプロトコルが政治的な権力装置になっているという二重性がある。しかし、どちらかというと技術的なプロトコルのほうが上位概念としてあって、それによって権力装置を説明しているように見えるんですね。つまり、そういうふうに読解されてしまえば、典型的な技術決定論になってしまう。果たしてそれでいいのか。ギャロウェイにそういえば、「いや、ちがうよ」と理屈を立ててくると思うのですが（笑）、そのあたりはどうお考えなのか、お伺いしたいと思いました。

伊藤　技術決定論的な雰囲気を感じるというご意見ですが。じつは自分の大学院のゼミでも本書を使ってディスカッションしました。そこでもそういった指摘が出ました。この本のなかではキットラーが結構使われているんですよ。最終的に数学までいってしまうキットラーの議論が、明らかにベースとしてある。この線も、この本を読むときのひとつ参照軸、補助軸として据えておくべきひとつの視点です。

北野　もちろんバトラーはいろいろ読み直せる可能性がありまし、ダナ・ハラウェイもそうです。いろいろなパーツからできあがっているハイブリッドなマテリアリティとしての「このわたし」というものの、複数の線をどうやって書くのか、書けるのか、コンピュータ社会における新たな展開があるのではないかと感じます。

技術決定論についてですが、可能性は隠喩としてのプロトコルのほうにあると思います。確かに技術的決定論的に読めてしまうところもありますが、外交の礼儀作法としてのプロトコルから話を起こしているという部分もあるので、そう単純ではないのではないか。メディアアーティストの藤幡正樹さんから聞いたことですが、八〇、九〇年代にインターネットが立ち上がるとき、プログラミングができる人間による、こういうことはやらないほうがいい、こういうことはやるべきだという、ルールにもならないような技術的なレコメンデーションが膨大に集まった。そのなかで、どの私企業もどの国家も介入しないタイプの決まりのようなものが自然発生的に出てきたわけです。大げさにいえば人類史上初めてくらいの規模で自生的な何かができたのではないか。しかし、これがWeb2.0で一気に巨大私企業に取り込まれていく。ここと『資本論』をつなげられないかと思ったりしますが、つまり技術決定論で本書を読むと、たんにインターネットはユートピアではなかったという話になってしまうので、もうちょっと読み広げたほうがおもしろいと思います。

北村　ありがとうございます。盛り上がってきたところですが、そろそろ時間となってしまいました。今日の議論は、何が解決したかというよりは、いろいろ考えなければいけないことが出てきたなという感じがします。またみなさんと議論をする機会をつくれたらと思います。参加いただいたみなさま、今日はありがとうございました。

（本書初出／編集協力：高瀬桃子）

（二〇一七年一〇月二九日、京都のMEDIA SHOPにて）

4　ポストメディウム理論と映像の現在

＋加治屋健司（東京大学准教授）
＋門林岳史（関西大学准教授）
＋堀潤之（関西大学教授）
＋前川修（神戸大学教授）

門林　今回、『表象』では「ポストメディウム映像のゆくえ」という特集を組むことになりました。この特集の発端として表象文化論学会では、二〇一三年六月二九、三〇日に開催した第八回大会において「映像のポストメディウム的条件」というシンポジウムを企画しています。このシンポジウムは、映画研究者のリピット水田堯さん、日本の実験映画およびヴィデオアートの研究をしている阪本裕文さん、そして、水戸芸術館現代美術センターで映像を使った作品にかかわる展覧会のキュレーションをされていた竹久侑さんをお招きして、どちらかというと現代にいたるまでの日本における実践を中心に実作の紹介が多いシンポジウムになったのですが、今回の討議では、より理論的な観点から、「ポストメディウム」という概念がとりわけ映像の問題との接点においてどういう射程をもちうるかを考えていきたいと思います。

「ポストメディウム」とは美術批評家のロザリンド・クラウスが二〇〇〇年ごろから用いはじめる概念ですが、振り返ってみると、『表象』では、「ネゴシエーションとしてのアート」という特集を組んだ第五号（二〇一一年）で、岡田温司さんが巻頭言「「メディウム」の行方」でこのクラウスの概念に批判的な検討を加えていました。それから「ポストー」という接頭辞について言うと、『表象』第二号で「ポストヒューマン」について特集を組んでおり、なにか表象文化論学会は「ポストー」にこだわり続けてきたところがあるのかもしれない。リピットさんはこの「ポストヒューマン」特集でも共同討議に参加していますが（本書所収）、実は先日の大会のシンポジウムで、「ポストヒューマン」という概念をもって人間すら終わってしまったのだから、「ポストメディウム」なんてもうないんだ、という発言をしていました。けれども、今回もう少し「ポストー」にこだわり続けて、メディウム以降の映像の問題を検討してみたい。それにあたっては、クラウスが美術批評の文脈のなかで構想した「ポストメディウム」という概念をなるべく広い文脈のなかに置きなおすべく、今回は美術史を専門としていて、モダニズムをめぐる言説に詳しい加治屋健司さん、写真研究者で、写真におけるポストメディウムについて論文を発表している前川修さん、そして、映画を専門としている北野圭介さんと堀潤之さんに集まっていただきました。北野さんは著書『映像論序説——〈デジタル／アナログ〉を越えて』（二〇〇九年）のなかでもクラウスの「ポストメディウム」概念に言及していますし、先日、著書『ニューメディアの言語——デジタル時代のアート、デザイン、映画』（二〇〇一年［みすず書房、二〇一三年］）の日本語訳が堀さんの訳で刊行されたレフ・マノヴィッチも「ポストメディアの美学」という短い論考を発表しているので、後ほどこの討議のなかでも話題になっていくと思います。

さて、クラウスが「ポストメディウム」という概念を用いはじめるのは、一九九九年に行った講演に基づいた『北海航行——ポストメディウム的条件の時代における芸術（A Voyage on the North Sea: Art in the age of Post-medium Condition）』（Thames & Hudson, 2000）や、この特集のなかで翻訳紹介する「メディウムの再発明（Reinventing the Medium）」（1999）ですが、その後も幾つかの論文を発表しており、『永続的目録（Perpetual Inventory）』（The MIT Press, 2010）のなかにその一部が収録されています。さらに『アンダー・ブルー・カップ（Under Blue Cup）』（The MIT Press, 2011）では、ポストメディウム的な条件を自身の闘病の経験と絡めながら、記憶の問題として語りなおしています。ですから、ここ一〇年ぐらいのクラウスの仕事にとって「ポストメディウム」概念はかなり中心的な位置を占めていると言ってよい。けれども他方では、この概念を、七〇年代から継続してきたクラウスの批評活動の延長線上に位置づけることもできると思うんですね。つまり、モダニズムの芸術の本質をメディウム・スペシフィシティとして理解するクレメント・グリーンバーグが打ち出した批評のあり方に対して、どのようなオルタナティヴを模索できるかということが、初期からずっとクラウスにとっての大きな関心だった。グリーンバーグは有名な「モダニズムの絵画（Modernist Painting）」（1960）という論考のなかで、ジャンルのメディウム的な条件に収斂するものとしてモダニズムの芸術作品を規定するわけですけれど、クラウスはそれに対して、メディウム・スペシフィシティに収斂しないようなオルタナティヴなモダニズムの実践を批評的に擁護する発言をしてきたわけです。そのように考えると、メディウム以降の芸術作品のあり方を考察しようとする「ポストメディウム」という考え方は、ある意味でクラウスの長い批評活動のすえに、自身の批評活動を総括するような概念として理解することができます。美術批評の文脈の内部におけるその可能性、あるいは限界については、加治屋さんに紹介と検討をしていただきたいのですが、他方でクラウスのこの概念は、比較的早い時期から映画理論の研究者たちの関心を集めてきました。

映画理論の分野では、制作と流通の両面で映画がデジタル化していく流れのなか、もはやフィルムというメディウムには特化できない映画の状況に対する理論的反応のひとつの現れとして、映画理論から出発してある種のメディア理論を構築していく流れがおよそ二〇〇〇年以降に出てくるんですね。例えばD・N・ロドウィックやメアリー・アン・ドーン、フランチェスコ・カゼッティといった研究者たちが、そのように映画のメディウム的条件を再考するなかで、クラウスの「ポストメディウム」概念に直接、間接に言及しています。事前の打ち合わせの際に加治屋さんは、クラウスの「ポストメディウム」概念は現代美術の領域ではあまり受けがよくないとおっしゃっていたんですが、それがある種別のジャンル、映画理論というジャンルに飛び火して、そこで生産性を見せているプロセスがある。つまり、すでに英語圏で展開されているポストメディウムをめぐる議論において、この概念はクラウスが構想したものにはとどまらない射程を帯び始めている。そういうことがこういう特集および座談会を企画するにあたっての僕自身の関心としてあります。

そこでまず加治屋さんに、美術批評の文脈のなかで、クラウスのポストメディウムという概念をめぐる議論がどのように生まれ、あるいは生まれていないのか、そこにどういう可能性や限界があるのか、そのあたりをお話しいただければと思います。

ポストメディウム理論の限界

加治屋　よく知られているように、もともとグリーンバーグのモダニズムに強く影響されて批評活動を始めたクラウスは、一時は現象学を参照してモダニズムの拡張を試みていましたが、デイヴィッド・スミスの彫刻の保存に関して意見が対立し、グリーンバーグと決別します。七〇年代のクラウスは、言語学や精神分析を美術史研究に導入することで、モダニズムが評価できなかったマルセル・デュシャンやシュルレアリスム、さらにはポストミニマリズムなど同時代の美術を考察してきたんですが、それでも、本人が述べているように、広い意味でモダニズム的と言える感性を分析の対象としてきたと思います。しかし、初期のヴィデオアートに関する論考「ヴィデオ――ナルシシズムの美学（Video: The Aesthetics of Narcissism）」（1976）を除いて、メディウム概念が主題的に論じられることはありませんでした。誤解している方もいるようですが、ポストメディウム概念が登場したのは、八〇年代半ばに始まるバタイユへの関心が結実したイヴ＝アラン・ボワとの共著『アンフォルム――無形なものの辞典』（一九九七年〔加治屋健司ほか訳、月曜社、二〇一一年〕）の後になってからです。

ポストメディウムの議論は、クラウスの主張としては知られていますが、他の研究者を交えて生産的に展開されているわけではありません。クラウスの議論の要点は、門林さんの説明の通り、また、石岡良治さんや沢山遼さんの文章にもあるように（石岡良治「メディウムの肌理に逆らう――ロザリンド・クラウスにおけるポストメディウムの条件」、『述3』所収、明石書店、二〇〇九年。沢山遼「ポスト＝メディウム・コンディションとは何か？」、『コンテンポラリー・アート・セオリー』所収、イオスアートブックス、二〇一三年）、グリーンバーグによる還元主義的なメディウム概念を批判して、メディウム概念を再発明するということにあります。私は、この概念にはいくつかの問題があるように感じています。

第一に、ポストメディウムと言いながら、実際にはポスト・グリーンバーグという意味でこの言葉を使っている点です。つまり、メディウム以後の状況を考える概念というよりは、グリーンバーグ以後の視点から新たに解釈されたメディウム概念となっています。しかし、依然として多様な芸術表現をメディウムに基礎づけようとしている点が気にかかります。クラウスの発想の根底には、ポジティヴィズム、つまり、作品の効果を物理的な属性に帰着させる傾向があるように思います。その意味で「ポストメディウム」概念は、その意味や企図とは裏腹に、メディウム的でグリーンバーグ的な側面があるのではないかと思います。同志であるはずのハル・フォスターも、『一九〇〇年以降の美術――モダニズム、アンチモダニズム、ポストモダニズム（Art Since 1900: Modernism, Antimodernism, Postmodernism）』（Thames & Hudson, 2005）のラウンド・テーブルで、クラウスのメディウム概念は恣意的かつフォーマリスティックだと批判しています。

もちろんクラウスは、グリーンバーグとは異なり、コンヴェンション（約束事）を含むメディウムを考えようとしています。例えばクラウスが論じているジェイムズ・コールマンの作品は、スライド投影や映画のコンヴェンションを踏まえた作品です。ジェフ・ウォールの作品において問題になるのも、電照広告のコンヴェンションです。そうした作品群を参照しながら、単なる物質的基盤ではない、技術的な条件としてのメディウムを考察しています。さらにクラウスは、初期映画の明滅効果を利用するマルセル・ブロータースを、構造映画の作家と対照させながら、前者にデリダ的な自己差異化を見出します。つまり、作品の同一性を保証する基盤というよりは、新たな創造を生み出す条件としてメディウムを捉えようとします。

もちろんこうした議論は重要だと思うのですが、現代美術の主要な動向がメディウムの考察にあるわけではないということは強調する必要があると思います。現代の作家にとって、特定のメディウムに対する反省や批判はもはや関心事のひとつにすぎないし、ひとりの作家が複数のメディウムを使ったり、ひとつの作品が複数のメディウムを使ったりすることは一般的になっています。

また、『表象』第五号の特集「ネゴシエーションとしてのアート」で取り上げた「関係性の美学」に分類されるような、社会的・政治的な射程をもつ作品はクラウスの理論では扱うことができません。クラウス自身、そうした社会的、政治的な作品に対して一貫して冷淡な態度を取り続けています。つまり、「メディウム以降」という意味でのポストメディウム的状況を、ポストメディウム概念は捉えきれないのではないかと思います。

第二に、クラウスがグリーンバーグやマイケル・フリードの議論を単純化して、貧しく読解しようとしている点も気になります。グリーンバーグは物質的な条件としてメディウムを捉えているとクラウスは議論するのですが、実際にはグリーンバーグもフリードも、ある段階でメディウム・スペシフィックな考えを放棄しているんですね。グリーンバーグが提唱した視覚性は、絵画にも彫刻にも当てはまる概念であって、特定のメディウムには限定されるものではありませんし、メディウムというよりは鑑賞者の問題に展開しうるものだと思います。フリードの「アブソープション（没入）」の議論も同様です。つまり、本当はメディウム以後の問題が彼らの主要な関心を構成しているのに、クラウスは意図的にそれを見ようとしていない気がします。それによって、ポストメディウム概念自体も貧しくなっているのではないかと思っています。

門林　クラウスは『北海航行』の最後のページで、ポストモダンなイメージの氾濫に対してかなり批判的な言及をしています。クラウスのこの本での議論は、ほぼマルセル・ブロータースの分析に終始するのですが、ブロータースは一般的にはインスタレーション・アートというモダニズム以降の芸術の先駆けとして理解されることが多い。それに対して彼女は逆に、ポストモダニズム的なインスタレーション・アートのブームとは違う可能性がブロータースの作品群には萌芽していたという位置づけをしているんですね。つまり、彼女はブロータースをあくまでモダニズムの延長上で解釈するために「ポストメディウム」概念を提起している。ですから、グリーンバーグやフリードが考えたようなタイプのモダニズムをクラウスが意図的に貧しく理解したうえで、クラウスが自分自身のオルタナティヴなアプローチのキーワードとして「ポストメディウム」をもってきているとすれば、一方でグリーンバーグやフリード流のモダニズム、他方で加治屋さんが仰っていたように「関係性の美学」にはっきりと現れているような、端的にメディウム以降の現代の状況、その両方との位置どりのなかでクラウスがどこに向かっているのか、というのが気になっています。

加治屋　『北海航行』が出版された頃、私はクラウスの大学院の授業に出ていたんです。ちょうど当時ニューヨークに留学していて。授業でクラウスがこの本の内容を説明していると、学生から「でもそれって、モダニズムじゃないんですか、なんでメディウムなんですか」という質問があったのを覚えています。

門林　クラウスを含めたオクトーバー派は七〇、八〇年代には非常に刺激的でサブヴァーシヴな議論を展開していたんですけれど、おそらく九〇年代以降のどこかのタイミングで少し保守反動に転じたところがあるような気がするんですね。「ポストメディウム」概念がどうにも現代の状況にフィットせず、あまり見向きもされないのだとすれば、それもそういうことのひとつの現れなのかなという気もします。加治屋さんが先ほど言及していた『一九〇〇年以降の美術』というアンソロジーも、ある意味、二〇世紀美術史を自分たちのヴァージョンに書き換えてしまおうというものです。

加治屋　そうですね、モダニズムとは別の歴史を作るということをやっていますよね。私は、美術史に対する構築主義的なアプローチにあまり違和感はないんですが、クラウスやボワの議論が保守的に見えるとすれば、やはり社会的なコンテクストをあまり重視しない点だと思います。九〇年代までには、現代美術の研究も社会的、政治的な視点を重要視するようになってきたので、形式や構造の問題だけでは論文が書けなくなりました。

前川　そうした美術史研究全体の方法論の変化において、もちろんコンテクスト研究や受容研究が八〇年代以降にヨーロッパに広がり、ある程度前提となっていると思うんですが、しかしどの地域、どの時代の美術についても社会的な文脈を踏まえなければいけないというフレームがあるのですか。映画研究でもそうでしょうけど、八〇年代だと例えば精神分析を使ってそれで読み解くだけの論文というのもありえたわけですけど、そういうのもまったくないのですか。

加治屋　『オクトーバー』やその周辺の研究者はやっていると思います。ただ、アメリカの美術史学会であるＣＡＡ（College Art Association）の大会などを見ると、全体的な傾向としては、社会的なコンテクストに対する配慮がデフォルトになっていますよね。とりわけグローバル・アート・ヒストリーが注目されるようになってからはその傾向が顕著な気がします。

前川　『一九〇〇年以降の美術』については、写真研究者のジェフリー・バッチェンも、オクトーバー派たちがある種のオーソドクスみたいなものになってしまって保守化しているのではないか、と批判しています。やはり写真研究、あるいは美術批評や芸術論における写真論の言説でも、皆が決まったようにクラウスの指標《インデックス》論を参照して、袋小路に行き着くんですね。僕は、もともとはクラウスの『オリジナリティと反復』（一九八六年〔小西信之訳、リブロポート、一九九四年〕）に掲載されていた数本の論文、例えば「シュルレアリスムの写真的条件」や「写真の言説空間」を感心して読んでいました。例えば、ウジェーヌ・アジェという大芸術家として持ち上げられた写真家がいて、それが自律的な芸術の言説に絡めとられていくときに、実は写真の言説空間って違うという指摘があったり、あるいは芸術空間のなかに写真が侵入したときに、写真というインデックスを担い手にしてその自律性を崩していくという戦略があったりする。クラウスは後に「理論的対象」という言葉を使っていて、写真を参照しながら芸術の自律性を崩していったのに、いつのまにか彼女の写真をめぐる言説が繰り返し参照されるようになり、こともあろうかお墨付きになっているわけですよね。クラウスの指標論をこの作品の解釈に適用して議論して終わり、という批評家や研究者も出てきて、でもそれって違うんじゃない、と僕は最近思っています。

ただ、ちょうど七〇年代ぐらいにクラウスがそういった議論をしていくときの写真の状況が面白くて、それはポストメディウム的な条件とも関りがあると思います。一方では、欧米の美術館で最初に写真部門ができたMoMA、その中心人物であったジョン・シャーカフスキーが、六〇年代から数々の展覧会を開催して、写真のモダニズム的、フォーマリズム的な見方を推し進めていく。そしてこの見方が写真を扱うギャラリーでも受け入れられ、芸術的な写真の市場は拡大していく。しかし他方では、社会における写真の用法も別の変化を経ていく。例えば、フォトジャーナリズムが五〇年代に頂点に達し、すでに当時写真が社会に流通していたのですが、七〇年代にはテレビがむしろマスメディアとして浸透していくので即時性のないフォトジャーナリズムがある意味で衰えていく、あるいは分岐していく。しかしそうした写真が社会に浸透した状況を背景にして、六〇年代にも八〇年代にも写真がアートのなかに入っていく。つまり、ポップ・アートやコンセプチュアル・アートが一方にあり、他方では、ポストモダン・アートがある。こうして、写真が美術のなかに入りこんでいくという現象があり、そうした状況と、写真を美術の自律性を崩すために用いるクラウスの議論はうまく作用しあったのかなという感想を持っています。もちろん、シャーカフスキーの推し進めた見方を「芸術としての写真」とひとまず呼ぶならば、こちらのほうは「芸術のなかの写真」と区別しておかねばならないし、この二つに、さっき言った社会のなかのマスメディアとしての写真も付け加えて考えれば、写真自体がこの時期にそれ自身で分岐したり差異化したりしている。そうした差異化や分岐という面こそが実は写真の面白いところなのに、写真研究者はあまりにもこれに言及しない。クラウスの写真論が刺激的なのはこういう文脈に置いてみたときなんですね。

とはいえ、クラウスのそれ以後の写真を含むメディウム論にはやはりある種の閉塞性も感じざるをえない。彼女自身が書いたものが面白いのは、写真も一九七〇年代ぐらいにある種のポストメディウム的な状況にあり、写真にある種の異種混淆的な、複数の言説に引き裂かれるような、そういう特性があるからではないかと思うんです。ところが、その後彼女の議論はあんまりはじけていかないんですね。例えばクラウスは、同じく『オリジナリティと反復』に収録された「展開された場における彫刻」において、彫刻というジャンルを規定する場を四角形のダイアグラムのかたちで展開していき、従来の彫刻の問題機制を崩していくという議論をしています。そのようにしてメディウムという規定そのものをもっと展開していくこと、それが本来の自己差異化だと思う。『北海航行』においてもクラウスはメディウムの自己差異化というけど、そこまでの展開は見出せないと思っています。また付け加えておけば、クラウスが賞揚する作家や作品には、ある種の偏りがあって、無意識とか身体的とかがキーワードになり、そこにある衝拍的リズムのあるものばかりが議論される。そうした狭さもある。

例えば、ジョージ・ベイカーというオクトーバー系の若い書き手が「展開された場における写真」(2005) という、クラウスの「展開された場における彫刻」を写真に応用するような論文を書いているんですね。彼が言うには、写真をとりいれた現在の芸術実践をみていると、写真家自体がいま、クラウスの言うよりももっと「展開された場」に置かれている。例えば写真家はスチルだけじゃなくて、動画やヴィデオも作るし、スライド・プロジェクションもする。もちろんベイカーの論文も必ずしもうまく写真的なものの現状を捉えているとは思わない。本来ならば、例えばスチルとムービーのあいだとかプロジェクションとマッティングをした壁面での通常の写真展示のあいだとか、そういった複数のメディウムのあいだがきわめて流動的になってきているという現象を、彼女の議論をもう少しずらして展開していかなければならない。

　そして、こういうずらし方ないし開き方を考える場合に、メディウムとメディアの違いが問題になるのではないでしょうか。彼女の「ポストメディウム」概念は、先ほど加治屋さんがおっしゃったように、ポスト・グリーンバーグ、つまり、グリーンバーグ流のメディウム還元主義に対するポストという意味を持っているということになるのでしょうが、複数形で「ポストメディア」となると、これはどのように考えたらよいのでしょうか。それはもはやメディア自体を議論することがもはや不可能ということでしょうか。あるいはレフ・マノヴィッチのニューメディア論のようにひとつのメディアにすべてが収斂していくという議論に向かうべきなのでしょうか。ポストメディウムの議論をどうずらすのかと考えるときに、メディウム／メディアの持つ意味を幾通りか考えなければいけないと思ったのですが……。

門林　そうですね、ポストメディウムであれポストメディアであれ、ここまでの議論ですでに出てきたように、そのなかに複数の含意があります。クラウスの場合だとあくまでポスト・メディウム・スペシフィシティなんだけど、本当に真剣にポストメディウム的状況というものを考えるなら、もしかしたら、そもそもメディウムという概念が見向きもされなくなっている美術の状況こそが本当の意味でのポストメディウム的状況なのかもしれない。他方でクラウスの七〇年代の議論がすでに、写真というメディウム自身が自己差異化する契機を読みとっていた。例えばアジェの写真が後年になって美術という制度のなかに押し込められていくような動向に対して、歴史をさかのぼって同時代の異種混淆的な言説のなかにアジェの写真を置きなおすような議論において、すでにポストメディウム的な着想は萌芽していたと考えることもできるでしょう。

さらに複数形で「ポストメディア」と言うときにどういう含意が出てくるかと考えると、さらに複雑になってきます。例えばレフ・マノヴィッチはクラウスとはほとんど関係ない文脈で、「ポストメディアの美学」(2001)という論考を書いていたりする。そこで、映像におけるポストメディウムをさらに複数化させる方向性で、マノヴィッチの訳者でもある堀さんに発言していただきたいと思います。

マノヴィッチ/ベルール

堀 クラウスの言うポストメディウム的状況をもう少し広い視野からとらえるべく、ここで私はマノヴィッチのニューメディア論と、フランスの映画論・映像論、特にレイモン・ベルールの仕事を補助線として導入したいと思います。が、その前にクラウスの『北海航行』に関していうと、最終的には前川さんも仰るように、かなり限定された視野での議論になるということは、門外漢の僕にもよくわかるような気がします。結局、例えばウィリアム・ケントリッジやコールマンのような一種のメディア考古学的な傾向を持った作家がどうしても特権視されてしまう。例えば、メアリー・アン・ドーンもクラウスの議論を引き受けて、指標性とからめるかたちで一種のポストメディウム論を書いているわけですが、そこでも最終的にはビル・モリソンの『Decasia』(2002)という、腐食したファウンド・フッテージを用いた作品が高く評価されている。すぐれた作品ではあるんですけれど、やはりそういう方向に行かざるをえないのかという気がして、そこは少し不満に思います。話の前提として、一九九〇年代以降に映画と美術という領域をまたいで活動する作家たちが増えてきて、一九九九年と二〇〇一年のヴェネチア・ビエンナーレや二〇〇二年のドクメンタ11で映像を使った作品が急増したと言われていますよね。そのへんの広がりを前にしたときに、このクラウスの議論がどこまで有効なのかということは、私もやや疑問に思っています。

さて、マノヴィッチに関してですが、『ニューメディアの言語』を読むときには、彼の論がいわば二段構えになっていることに注意が必要だと思います。つまり、マノヴィッチは一方で、「ニューメディア」はどんな体裁を取っていようと、根本的にはデジタル・データの羅列（データベース）にすぎない、だからニューメディアのオブジェクトが旧来のメディアの産物と似ていたとしても、それは表面上のことにすぎず、両者のあいだには根本的な断絶がある、と言う。その意味では、すべてがコンピュータ上のデータに還元される「ニューメディア」においては、もはや旧来的な意味での「メディア」は存在しない、とも言えるでしょう。しかし他方で、さまざまなニューメディアのオブジェクトの実際の現象的なあらわれにおいては、オールドメディア、特に「映画」の慣習が受け継がれているとして、映画からニューメディアに至るさまざまな経路を詳述するという作業を行っている。このように、純粋に理論的な水準と、実際の現象の水準との両方に目を配っているという点が重要だと思います。ちなみに、前者のような発想に対しては、『ニューメディアの言語』の刊行直後に、『オクトーバー』誌の一〇〇号の序文で編者名でいち早く批判がなされ、後者に関しては、とりわけマーク・B・N・ハンセンが『ニューメディアのための新しい哲学（New Philosophy for New Media）』（The MIT Press, 2004）で、「映画」をモデルに考えてしまうと、「デジタル画像」の多形的で流動的なデータのありようを捉えきれないとして批判を加えています。

門林さんが言及された「ポストメディアの美学」という論考は、主に前者の発想に基づいたものです。その論考で彼は、二〇世紀的なメディウム・スペシフィシティの議論とは手を切って、すべてをデータ、ないし情報の流れとしてとらえることを提唱しています。文化の分析とは、いまやコンピュータに一元化された「情報の振る舞い」を追跡することと同義なんだ、というわけです。マノヴィッチが「情報美学（info-aesthetics）」とも呼ぶこうした発想には、確かに、デジタル化を経た文化の状況に即応している面もあるでしょう。また、彼が率いる「カルチュラル・アナリティクス」と称するプロジェクトでは、例えばある特定の時期の絵画にどういう特徴があるかとか、ある時期の映画作品のショット数がどうなっているのかといったことを、膨大な量のデータをコンピュータで解析することで定量的に分析しようとするわけですが、これもまたデータ一元論的な発想に基づいていると言えるでしょう。

このように、マノヴィッチは確かに、すべてがデジタル・データに収斂して、過去の諸々のメディウムが文字通り雲散霧消するといった極端な「ポストメディア」の風景も提示しているのですが、かといってすべてをデータに還元して事足れりとしているわけでもありません。とりわけ、二〇一三年の『ソフトウェアが指揮を執る（Software Takes Command）』（Bloomsbury）という新著で提唱されている「ハイブリッド・メディア」という概念は注目に値すると思います。ニューメディアにおいては、過去のさまざまなメディアの慣習が、メタ・メディウムとしてのコンピュータ上でソフトウェア的にシミュレートできるようになる。そうすると、かつてないような仕方で、過去のメディウムの慣習をヴァーチャルに組み合わせることもできるようになる。その結果、コンピュータ上ではじめて出現するような、いまだ発明されていない新種の「ハイブリッド・メディア」が誕生する、という論理です。マノヴィッチはその好例として、写真、ヴィデオ、GPS、3D仮想空間を組み合わせた藤幡正樹の「フィールド・ワーク@アルザス」などを挙げていますが、『ニューメディアの言語』で、多くの要素のひとつとしてライヴ・アクションのフッテージを用いるアニメーションの特殊なケースであると定義される「デジタル映画」も「ハイブリッド・メディア」の一種と言えるでしょう。こうした考え方は、表面的にではあれ、クラウスのメディウムの再発明の話ともリンクしうると思います。

次にベルールに関して言えば、フランスの映像研究の文脈では、やはりベルールが一番早くから複数のメディウムの交差という事態を考えていたと思うんですね。『諸々のイメージのあいだ（L'Entre-images）』（La Différence）というなんとも訳しにくいタイトルの著作が一九九〇年に出て——ようやく二〇一三年に刊行された英訳では「Between-the-Images」というタイトルになっています——、これはだいたい一九八〇年代の事例を扱っているんですけど、基本的には二つのプロブレマティックがあって、一つは映画とヴィデオアートの関係性、もう一つは映画と写真の関係性で、これは映画のなかに写真がどういうふうに表れてくるかという話でもあるし、もっと抽象的な運動と不動の関係性の話でもあるんですけど、両者が混じり合って「諸々のイメージのあいだ」とも言うべき、ある種の厚みを帯びた空間を形成しているという着想が根本にあります。これは概念というより、ある程度広がりのある領域を指し示す言葉なんですけど、この「諸々のイメージのあいだ」という発想で、複数のメディウムを行き来するような映像のあり方を捉えようとしてきたんですね。リピットさんが先の学会のシンポジウムで提案していた「無メディウム（immedium）」という発想も、映画でも芸術でもない、そのあいだを漂流しているような「映像アート（moving image art）」を捉えるための概念ですから、ベルールの着想と響き合うところもあるように思います。

ベルールは同じ一九九〇年に、ポンピドゥー・センターで「イメージの通過（Passages de l'image）」展を、カトリーヌ・ダヴィッドとクリスティーヌ・ヴァナッシュと共同で開催しています。この展覧会は、フィルム、ヴィデオ、インスタレーション、写真、合成画像といった一九九〇年の段階におけるありとあらゆるイメージの様態を一堂に会させたもので、「諸々のイメージのあいだ」という理論的な着想の実践論とも言える。この時点で、ヴィデオアートに加えて、ベルールの重要な準拠枠になっていたのは、ともに映画を中心としつつも、映画を越え出るような映像作品を積極的に手がけていたジャン＝リュック・ゴダールとクリス・マルケルだったのではないかと思います。

ベルールは映画記号学の推進者として、特に一九七〇年代には構造主義的な映画研究の礎を築いた人ですが、その彼がこのように早くから映像メディアの横断性に着目してきたことには、デジタル時代に入って例えば動画像と静止画像の境界が曖昧化するという事態が起こっているいま、あらためて注目が集まっているように思います。キム・ジフンが『スクリーン』誌に寄せた論考（Ji-Hoon Kim, "The post-medium condition and the explosion of cinema," *Screen* 50: 1 Spring 2009, 114-123）でも、クラウスのやや限定された視野と対比するかたちで、より広範な現象を包摂できるベルールの「イメージの通過」などの術語が持ち上げられています。

ただ、そのベルール自身が筋金入りのシネフィルであり続けていて、二〇〇九年には『映画の身体（Le corps du cinéma）』（P.O.L）という、フランスの映画理論をアップデートするような浩瀚な書物を上梓してもいることは忘れてはならないでしょう。ある意味では、ベルールの仕事は「ポスト－」の論理とは異なる仕方で作動しているようにも思えます。ベルールは二〇一二年に『諸々のイメージのあいだ』の第三巻にあたる『装置間の争い（La querelle des dispositifs）』（P.O.L）という本を出しました。この「装置間の争い」という言葉は、基本的には、「映画」という装置と美術館やギャラリーで動画像を展開する無数の装置のあいだの争いのことを指すんですが、そういう言い方で両者の差異を規定し直そうとしています。その過程で、ベルールは「映画」という呼称を、映画館の暗闇における集合的なプロジェクションの体験に限る必要があると言っています。これは保守反動に聞こえるのですが、デジタル時代以降の映像をめぐる言説に対する批評的な介入でもあると思います。つまり、一方で、デジタルによる「映画の死」という言説に対して、いや、映画は存続しているということが力強く訴えられているとともに、他方で、一九九〇年代以降、映画を見る形態も多様化し（DVD、インターネット、携帯電話、タブレット……）、また美術館やギャラリーでも映像インスタレーション作品が増殖している事態を前に、「映画」はかつてなく多様化し、至るところに存在していると主張するタイプの言説がある。フランスでは「映画と現代美術」という枠組みを少し前から展開しているフィリップ・デュボワがそうした言説を主導しているのですが、ベルールはそのように「映画」という言葉を現代美術の領域に希釈して広めることに激しい批判を加えています。

もうひとつ、ベルールが明示的に議論しているわけではないんですが、彼の議論には、マノヴィッチ流のデジタル・データへの還元という考え方に対する反撥もあると思います。そもそも、ベルールが言う意味での「映画」の観客としての情動的な体験は、決してデータに還元することはできない。今回訳出した「三十五年後――「見出せないテクスト」再考」でも、美術館における映像インスタレーション作品の装置に注目して、それらの「見出せないテクスト」としての性質が強調されているわけです。これはやはり、すべてがデジタル・データに還元されるという考え方に対する強い批判にもなっていると思うんですね。装置があるディスポジションで組まれて、ある場で展開されて、鑑賞者がそれを体験するという事態はどうしたってデジタル・データには還元できないわけですから。

門林　ちなみに、『装置間の争い』の「装置（dispositif）」ですけど、映画理論におけるいわゆる装置理論に対する目配せがあったりするんでしょうか。「装置理論」は英語では「apparatus theory」なので、違う言葉になりますけれど。

堀　フランス語ではどちらの装置も基本的には dispositif です。英語の apparatus に相当する appareil という言葉も使われますが、より限定的な機器（カメラなどの）といったニュアンスです。映画装置論の発端にあるジャン゠ルイ・ボドリーの装置論でも、映画作品の生産から上映までのあらゆる段階における機構をひっくるめて「基本装置（appareil de base）」と呼んでいるのに対して、観客という主体が関与する上映の局面には特に「装置（dispositif）」という言葉を当てています。『装置間の争い』のベルールも、作品のテクストだけでなく、インスタレーションにおいてどのようにプロジェクターやスクリーンが配置されているか、さらには観客がその作品をどのように体験する（させられる）かという側面も含めて分析の対象にするという意味では、装置論の発想を受け継いでいると思います。

門林　さらにたくさんのポストメディウムないしポストメディアの理解が出てきたと思うんですが、シンポジウムに登壇していただいたリピット水田堯さんへの言及があったので少し補足しておくと、六月のシンポジウムでリピットさんは、クラウスの「ポストメディウム」概念の向こうを張るようなかたちで「無メディウム」という概念を提示しました。このシンポジウムの趣旨に刺激を受けてくれたのか、リピットさんはその後、二〇一三年秋に京都国立近代美術館で開催していた「映画をめぐる美術――マルセル・ブロータースから始める」という展覧会のカタログに「無メディウム――映像アート」という短いエッセイを寄せているんですね。この展覧会は、『表象』のこの号が本屋に並ぶ頃にちょうど東京国立近代美術館に巡回しているはずですが、タイトルの通り、クラウスの「ポストメディウム」概念にとって非常に重要な参照点になっているマルセル・ブロータースを出発点として、美術における映像の位置を再考するような企画です。

　リピットさんがカタログに寄せた文章のなかで提起している「無メディウム」という概念を簡単に紹介すると、クラウスが主張するようなポストメディウム的条件が実はポスト・メディウム・スペシフィシティに他ならないとすれば、そのポスト・メディウム・スペシフィシティがもっともあらわになる瞬間というのは、そもそもメディウム・スペシフィシティが消去されるような契機ではないか、という考え方です。つまり、メディウム・スペシフィシティが消去され、脱臼させられ、そのことによってむしろメディウム自身の無媒介性があらわになる瞬間、それを「無メディウム」と呼びたい。そういう無メディウム的な条件こそがもっともラディカルなポストメディウム的条件だ、という主張だったかと思います。かなり高度な思弁ですけれども、もうひとつのポストメディウム理解として補足しておきます。

クラウスの批評戦略

門林　さて、さまざまなポストメディウムの考え方が出たところで、ここで北野さんにバトンを渡したいと思います。

北野　非常に個人的なところからいえば、『映像論序説』を書いたときに、分量としては少ないですけど、クラウスの「ポストメディウム」概念について言及しています。そこが実はその本の全体の強い軸になっているところがあるのはみてのとおりです。技術決定論的なメディウム理解に対して、自己差異化していくものとしてのメディウムという視点を掲げたわけです。ただ、そのときに美術批評の文脈で論じているのか、それとも現代社会、現代映像文化論の文脈で論じているのかというのを曖昧にして書いたようなところがあって、そこはずっと引っかかっているところです。それを踏まえたうえで、大きく言って二点、みなさんのお話を聞いて考えたところがあります。

一点目として、クラウスのポストメディウム・コンディションについてみなさんすごく辛口なので（笑）、せっかく今回翻訳を掲載するということもありますし、少し前向きに考えたいと思います。クラウスの立場は以前から分かりにくかったのですが、今回あらためてポストメディウムをめぐる最近の一連の論考を読んで、少し視界がクリアになったように思っています。どういうことかというと、一九七〇年代半ばに『オクトーバー』が創刊されたときに、それがどういうプロジェクトだったのかということに関わる点でもあるかなと思うんです。状況論的な話にもなりますが、ほぼ同時代にアメリカの美術批評で非常に影響力があったひとりにアーサー・ダントーがいます。著作にまとめたかたちでの出版自体は少し後になりますが、『ありふれたものの変容（The Transfiguration of the Commonplace）』（一九八一年［松尾大訳、慶應義塾大学出版会、二〇一七年］）で「芸術の終わり」という着想を出していますよね。ダントーの議論は「アート・ワールド」という言葉を提示し、芸術文化を支える制度がうまく機能しなくなったというものですが、これは単純にアート・ワールドを支えているコミュニティが崩壊しているというだけではないと思うんです。ダントーは分析哲学の語彙で考えていて、ここでいう制度とは、アート・ワールドのなかで、作品というものがどういうものであるか、また、作品を観るときの観客の経験というものがどういうものであるかをめぐる思惟の制度、さらには、そういう作品の機能と鑑賞者の機能との相互作用を支えているある種の制度的なものの総称のことです。こうした制度に対して、アーサー・ダントーのみならずスタンリー・カヴェルも含め多くの人が危機を感じていたのであり、芸術とはなにかという広い意味での共通の理解が崩壊していくなかで、なにを語ることができるだろうか、ということが当時の大きなプロジェクトとしてあったと思うんです。まあ六〇年代の対抗運動の後、七〇年代の批判的思考の推移においては、対抗する相手そのものが溶解しつつあった光景があったといっておいてもいいかもしれません。もっと踏み込んで言えば、七〇年代以降、クラウスの状況論的参照は、フレドリック・ジェイムソンになることが少なくないわけですが、つまりは、ちょうどそのころより可視的になりつつあった世界資本主義の力学を背景として、芸術なるもの、芸術世界なるものが、どのように具現化するのかを問い直さざるをえなかったということですよね。（日本でストレートに伝わったと思われない事柄として、ジェイムソンによるスーザン・ソンダクへの徹底した批判がありますが、それもコンテクストとしておさえておいた方がよいでしょう。）もっといえば、後期資本主義に対抗しえない芸術世界は積極的に壊し、それと批判的に対峙しうるような思考や感性を刺激するものを、批判の場として捉え返された芸術実践の領域として確保するプロジェクトとして自らを位置づけていたかなと。アカデミズムのなかで、理論的洗練を求めただけのプロジェクトであったとは到底思えない。

そう考えると、一方では、加治屋さんが仰ったように、グリーンバーグからフリード、そして『オクトーバー』というラインがあって、そのなかでメディウムを純化させるというかたちで語られていた芸術学的命題ないし美学を引き受け、それをどう乗り越えるかというベクトルでの理論的作業がある。脱構築の作業といってもいい。それと同時に、けれども、他方では、芸術といったものを語ろうとするときに、昔ながらの芸術世界に関わる、広い意味での制度的支え、それをそのまま前提にして議論をつづけていいのか、という懸念もが強くあったと思うんですよ。脱構築を狙う先の存立基盤そのものは溶解しつつある状況で、まあ、理論的洗練化をしても、狂言回しみたいであって、実効性はまるでない。いいかえれば、一方で、保守的にいえば、芸術なるものの世界をなんとか確保しつつ、しかしながら、その内実を根底的に覆すという作業が必要となるわけです。他方で、同時代状況に批評的に介入する回路の場としてこそ、芸術世界を組み立て直すことが理論的にも実践的にも求められていた、といってもいいかなと思います。

で、クラウスは、例えば、こういう論法になる。現代の写真の作品にはこういう特徴があります、この特徴を中心にいまの言説状況にはこういうかたちで作品の価値なり意義なりを構成していくような力学があるでしょう、ということをまず書く。それで褒めているのかなと思ったら、そうではなくてこれは既存のなにかに絡めとられていくものであって、そうした力学にどういう批判的スタンスをとるのかこそが本当は大切で、そうした状況介入を志向しえている作品こそを積極的に評価する。そんなかたちでクラウスの場合、同時代にありうるかもしれない芸術批評を先読みしつつ、それを織り込んでメタ批判し、そうしたメタ批判が示唆する作品を評価していくような書きぶりとなっている気がします。「指標論」なども僕はそういうふうに読んでいた。でも、今回「メディウムの再発明」を読んでいて、七〇年代以来、写真という個別のメディアがここまでクラウスにとって特権的なものだったのか、とあらためて驚かされました。つまり、いましがた述べたような批評戦略に対して、かなりきめこまやかな理論的ツールが整備されていたのかもしれないと。クラウスはこの論文で写真を三つに分けていますね。第一に前川さんの仰った「理論的対象」、理論的言説のなかで語られていくものとしての写真、第二に従来の美的メディウムの条件を崩していく力をもったハイブリディティを備えた写真、第三に、けれどもそれと同時にすでにメディウムとして古くなっていたものとしての写真、この三つの写真というテーマのあり方です。そこで、なぜ写真がクラウスにとって特権的なものになったのかと思うと、先ほど言っていたような二重の戦略にとって非常に都合がいいというか、一方ではロラン・バルトであれジャン・ボードリヤールであれ、いろんな人間が写真をめぐる哲学的言説を提供してくれている。つまり、非常に面白い言い方だと思いますけど、「理論的対象」としての写真という側面がある。そして、他方では、写真は、従来の芸術作品の諸条件に疑問を付す、本来的にいってハイブリッドなメディウムである、という側面もある。こうした写真の二重性にうまく乗っかることで、クラウスは同時代、芸術が滅んでいくときにいかにして芸術を語るのかという問いへ、斬り込もうとしたのではないかということです。

さらにいえば、三番目の側面、古びていくもののなかに潜んでいるある救済のモチーフに、論文「メディウムの再発明」でクラウスはクローズアップしていき、そこに可能性を見出していく。それがポストメディウム的状況のなかで出てきた批評的潜勢力の契機なのかもしれない。それこそ「メディウムの再発明」という言葉を説明するところで、ちょっと穿った言い方を許してもらえれば、メディウムそのものを「理論的対象」として考えることの批評戦略上の可能性を求めているようなところがある。これは理論的対象としての写真をめぐる七〇年代の一連の論文の繰り返しのようにもみえるんですけど、写真だけじゃなくてメディウム一般を理論的対象として捉え、そこから見えてくる複数性をすくい上げていくことによって、いまのメディア状況に介入していこうと、ヴァージョンアップしているようにもみえる。

これは加治屋さんのおっしゃったコンヴェンションの問題にもつながると思うんですけど、もうひとつのクラウスの論文「ポストメディウム的条件からの二つの契機（Two Moments from the Post-medium Condition）」（2006）の方では、「技術＝技法的支持体（technical support）」という言葉を用いるじゃないですか。この支持体というのはオブジェや物質性といった素朴な物理的基盤のことではなく、下手をするとテクニーク、技法ですよね。だから加治屋さんが指摘した還元主義的なポジティヴィズムとは違う位相がクラウスにおいても浮かび上がってきていて、いろんな作品を分析しながらそうした技法、それも古くなった技法をピックアップしてくる。例えばコールマンのスライドであれば、スライドそのもののベタな記号レヴェルと、スライドをわざわざ用いているというパフォーマティヴなレヴェル、それが二重性をもってそのまま現れてしまっているということを強く言うわけです。おそらくクラウスはこうした部分に、イメージが飽和している状況において批評の可能性を救い出そうとしているのではないか。

これは先ほど門林さんも仰っていた『北海航行』の最後の部分、イメージの飽和の問題をどういうふうに考えるかということにつながってくるのですが、ここでクラウスはフレドリック・ジェイムソンにまた言及している。クラウスは『光学的無意識（The Optical Unconscious）』（The MIT Press, 1994）なども含め、しばしばフレドリック・ジェイムソンを参照するのですが、ここでも彼女は、すべての行為が美的になって、すべての行為がアートになってしまったポストモダン状況において、芸術にはなにができるのかというジェイムソンの考えをひっぱってくる。そして、芸術にできることが残されているとして、それがうまく機能すれば、イメージの飽和という状況を批判できる視点を確保することができる、という論立てになっている気がするんです。その芸術にできることのひとつとして、おそらくメディウムの再発明というものもある。つまり、古くなったメディウムをその二重性において浮かび上がらせることによって、いろんなものを時代遅れにしていく資本主義のシステムに抵抗することができるんじゃないか、という問題提起になっていると僕は読んだんですね。

門林　少し術語について確認しておきたいのですが、クラウスは『北海航行』においては「技術的支持体」という言葉をどちらかというと否定的なニュアンスで使っているように僕は読みました。つまり、グリーンバーグのようなタイプのメディウム・スペシフィシティの理論は、例えば絵画のメディウムとしてのキャンヴァスというように、メディウムを技術的支持体に還元してしまう。ところが、例えば映画というメディウムを考えるにあたっては、それをカメラやフィルム、スクリーンといった技術的支持体にそもそも還元できないのではないかということを言っている。だから、メディウムそのものというのをむしろ、技術的支持体に還元できず、そこから自己差異化していくようなものとして捉える必要がある。そのなかの重要な契機としてコンヴェンションというものがある、という道筋の議論だったと思うんですが。「メディウムの再発明」でも、「技術的支持体」をすぐに「物理的支持体（physical support）」に言い換えています。

加治屋　でも、数年後に書かれた「ポストメディウム的条件からの二つの契機」では、「技術的支持体」を、「物理的実体（physical substance）」に支えられたメディウムと対比させていますよね。伝統的なメディウムが物理的な実体によって支えられているとしたら、技術的支持体はそれとは異なり、自動車やテレビといった現代の商業的な媒体を含んでいると述べて、肯定的に用いています。

北野　メディウムを考えるときに素朴な物理的諸条件とは異なる方向性にもっていくという戦略が、「ポストメディウム的条件からの二つの契機」でより明確になってきたという気がします。

門林　分かりました。つまり、グリーンバーグのようにメディウムを単一の物理的支持体に還元するのではなく、例えば映画に典型的なように、複合的なメディウムの条件の総体をさして「技術的支持体」と呼ぼう、ということですね。

北野　なので僕は「技法的支持体」と訳してしまってもいいと思う。映画ひとつをとっても、技法的支持体という言い方をすると、技法上の原因だとか本当にいろんなものがメディウムのコンディションとして浮かび上がり、理論的対象として考察しうるものとなります。

いずれにせよ、これは二点目になるんですけど、この技法的支持体という概念は、実は素朴に物理的に想定されるようなメディウムのコンディションとの対応関係では規定できない以上、他のメディウムとの関係だとか、あるいは複数メディウムのなかで配置されているときの諸条件とか、いろんなものが関わってきて、布置化されている。なので、先ほどの装置概念も腑分けしておいた方がいいでしょう。映画の装置理論（apparatus theory）といった場合、同じように複数の技術的な要素に分解して、それら総体を相対的に閉じた系としてのアレンジメントとして捉えていく考え方です。けれども、堀さんが紹介したベルールの「装置（dispositif）」という言葉は、直感的な印象になりますが、美術館のなかでいろんなタイプの装置がいろんなタイプの映像を放射している、そのせめぎあいのなかで、鑑賞者の経験のなかでこちらの装置とこちらの装置を差異化するとかいったかたちで、さまざまな映像の輪郭が立ち上がってくるところがあり、そういう状況を指しているのではないか。

ともあれ、いずれにせよ、このように整理したとき、いささか強引ですが、次のようにいえることもあるかなと。論文「ポストメディアの美学」のなかで、マノヴィッチがメディウム理解に関して問い直そうとする方向性は、先ほど述べた、ダントーの「芸術世界」の問い直しと、少なくとも同時代状況への介入の戦略を似たようなかたちでアプローチした問題設定になっている。そのことを鑑みるとき、メディア経験をどのように考えていくべきかという批評的課題に即していうと、クラウスとマノヴィッチは、むろん理論化の方向は全く異なる二人ですが、「芸術」以降の思考方法としては表向きほど異なっているわけでもないようなところがあります。まあ、かなり力技で、クラウスばかりかマノヴィッチをもちあげていることは承知していますが。

加治屋　クラウスもメディウム理論をアップデートするために映画研究における装置理論に言及しますよね。だけど、装置理論は確かに単一のメディウムに還元する議論ではないとは言え、ある種の制度論であることには変わらないですね。そこでは個別の作品が論じられないので、グリーンバーグのメディウム論とあまり変わらないんじゃないかという気がするんですけど。

門林　装置理論自身がそういう問題を抱えているのは、おそらくその通りでしょうね。クラウスにとってみれば、映画という別の領域についての言説だから、そういうことには無頓着に参照しやすかったところはあるんじゃないでしょうか。それは逆もしかりで、最初に言ったことですが、クラウスのポストメディウムの議論自体、加治屋さんが指摘したような問題点があるとしても、あんまりアート・ワールドとは関係のなさそうな映画理論の研究者たちのあいだで映像メディアの理論的練りあげのために流用されて、そこで生産性を発揮するということがある。こうした往復運動のなかで非常に重要な要素として、スタンリー・カヴェルの映画論があると思います。

クラウスは『北海航行』のなかで、装置理論の言っていた「装置」というのは、グリーンバーグのいうような物質的な次元でのメディウムに還元されないというようなかたちで、ポストメディウムの条件を考えるにあたって装置理論を参照していますが、もうひとつ決定的に重要な映画理論への参照としてスタンリー・カヴェルの『眼に映る世界——映画の存在論についての考察』（一九七一年［石原陽一郎訳、法政大学出版局、二〇一二年］）があります。カヴェル自身、この本のなかで、フリードに触発されながら映画のメディウム・スペシフィシティとはなにかという問題を考えていて、それはフィルムやスクリーンのような物理的なメディウムにはなく、そこに世界がすっかり再生産される自動性にあると言う。明らかにクラウスはそれに触発を受けています。

映画理論の研究者がいまクラウスにわりと敏感に反応するひとつの理由として、九〇年代以降のデジタル化の流れのなかで、映画のメディウムがフィルムという物理的メディウムに還元できないような状況に実際になってしまっているということがあります。例えば堀さんも先ほど言及していたメアリー・アン・ドーンの「指標的なものとメディウム・スペシフィシティ概念（The Indexical and the Concept of Medium Specificity）」（2007）という論文は、映画のメディウム・スペシフィシティを考えるにあたってチャールズ・サンダース・パースの「指標」概念を参照するわけですが、それはそもそも、指標概念のひとつの理解、つまり物質的な痕跡のみには映画というメディウムが拠ってかかれない状況が現にあるからですね。こうした脈略のなかで、ドーンはクラウスのポストメディウム論を参照しています。こうした状況をなんとか理論的に捉えようとするなかで、カヴェルの「自動性」概念、つまり、物理的な支持体に還元せずにメディウムの問題を考える道筋が非常にアクチュアルなものになっている。例えばD・N・ロドウィックの『映画のヴァーチャルな生（Virtual Life of Film）』（Harvard University Press, 2007）はほとんどクラウス自身には言及しないのですが、クラウスと並行するかのようにカヴェルの読み直しを通じて、映画というメディアの条件を考察するんですね。

北野　そのあたりは本当に丁寧にみていきたいところです。僕の印象では、フリードに対するカヴェルの影響もありますね。学生でしたし。ロドウィックなんかともつかず離れずのかたちで最近いろいろ活躍をしているマルコム・ターヴィと僕はよくつるんでいたわけですが、彼と一緒に、マイケルソンに直接聞いたのは、ダントーがニーチェをそうしたように、カヴェルはメルロ＝ポンティとハイデッガーを、分析哲学の言葉で語ったというような話でした。このあたりは、自分できちんと考えていかないといけない課題だとは思っています。

メディウム以降の美術

加治屋　メディウム以後の状況について、みなさんに聞いてみたいことがいくつかあるんですが、よろしいでしょうか。まず、今回このように美術、写真、映画のそれぞれにおけるポストメディウムという枠組みで議論していますけれど、美術は写真や映画と一概に比較しにくいところがあると思うんですね。「写真とはなにか」、「映画とはなにか」という問題が繰り返し問われてきたのと異なり、「美術とはなにか」という問いは、七〇年代以降ほとんど出てきません。そのことをどう思うかということをお聞きしたいです。

こうした状況に対して、美術は長い歴史をもつぶん議論の蓄積があるので、「〜に対して美術は」という問いをしなくなってしまったという言い方もできますが、むしろ、メディウムの議論が有効でなくなったというか、メディウムに還元するようなかたちでジャンルを定義することが難しくなったということだと思うんです。しかし、だからこそ、クラウスの大胆な試みを再評価してもいいのかなという気もしています。先ほどは批判的な意見をずいぶん述べてしまいましたが。

第二に、現在、アート・ワールドを作っているのはコレクターであり美術館であって、理論家や批評家の発言がほとんど力を失っているということをどう思うかということです。例えば『アート・レヴュー（Art Review）』というイギリスの雑誌は、毎年「Power 100」という記事でアート・ワールドの重要人物一〇〇人を紹介するんですけど、二〇一二年までは一〇〇人のなかに批評家・理論家が何人かいたんですよ。二〇一三年はボリス・グロイスとスラヴォイ・ジジェクとジャック・ランシエールがいた。ところが二〇一三年は一人もいないんです。ギャラリスト、コレクター、美術館長ばかりです。ポストメディウムと言う前に、そもそも「ポスト理論」とでも言うべき状況になっていることについてどう考えるかということです。

北野　状況論的に言って、それこそフランス現代思想が北米で流通したのが八〇年代から九〇年代始めで、その頃クラウスは、現代思想の国境を越えたサーキュレーションのなかでものを考えていた。その段階では、記号論や構造主義、精神分析を参照することが有効に機能しえた。そのなかで、メディウム・スペシフィシティも、思弁的なレヴェルから捉え返す方向を追求した。とはいえ、いま現在、これがそのままの手だてではなかなか機能しなくなったようなところは確かにあるでしょう。それでいうと、僕なんかは、それこそ素朴かもしれませんが、現在、クラウスのなかに保守性を見出してしまうのは、いまになってなお、語彙が構造主義／ポスト構造主義、精神分析にどうしても偏ってしまうところです。前川さんが先ほど仰ったように、無意識の問題、抜け落ちてしまう残滓みたいなものを精神分析の枠組みのなかで語るんですけど、クラウスは二〇世紀終わりの言説条件のなかに引きずられているかなという感じがある。よくも悪くもですけどね。だけど、そうした語彙のなかでなんとか今日の状況への批判的手立てを確保しようとしている点は、「現代思想」で育った者としては、共感を覚えないわけにはいかないところもあるわけで……。

その方向性でこそ、逆にクラウスのメディウムへのこだわりを評価したいんですよ。例えば、欧米において昨今流行っている「新しい唯物論（New Materialism）」の流れの一部を形成している、ドゥルーズ哲学からの情動論ブームのなかで、どうクラウスの立ち位置をはかるかということには関心があります。「ポストメディウム的条件から二つの契機」の最後の部分で、クラウスは「情動」という言葉を唐突に出しますよね。先ほど、実はクラウスとマノヴィッチがどこか裏側でつながっていると言いましたが、マノヴィッチの「ポストメディアの美学」では後半で、情報論的な一種の転換があったときに人々の行動様式が変わっていく、そういうところをきちんと理論化していかなきゃいけない、と主張する。そのときに情動の問題があるというわけですよ。だから、クラウスの場合、構造主義／ポスト構造主義を煮詰めていって出てくる言葉として情動があり、マノヴィッチの場合、ニューメディアの言語をぎりぎりまで煮詰めて、認知科学のリミットとして情動を出してくるわけです。二人がポストメディウムのことを違う方向から語る際に、最後に「情動」という言葉が出てくるのは、単に同時代状況を生きているがゆえの偶然なのか、理論的な符号なのか。

それから、加治屋さんの二つ目の論点に関してですが、最近ドイツではグローバル・アートという言葉が出てきていますよね。いろんなアートが各地に出てきて、かつそれを簡単に全世界で流通させることができるような段階になったときに、コレクターとキュレーターとギャラリーが三つ巴になって、そのなかで理論的言説が排除されていくというわけです。そのときにポストメディウムの可能性がどこまであるか、と考えることができるかなと。ハンス・ベルティングとジークフリート・ツィーリンスキーは、グローバル・アートの重要なものの多くはメディアを使ったアートである、と少なからず言っているところがある。であるので、僕も、加治屋さんと同じく、そうした広い角度から考えて、メディウムの条件は、いまだ、取り組むべき問題なのかもしれないということですね。ボリス・グロイスは、『アート・パワー（Art Power）』（二〇〇八年［石田圭子ほか訳、現代企画室、二〇一七年］）という本を出していますよね。あれはたぶん、アーサー・ダントーのようにアート・ワールドを構造的・スタティックに理解するのではなくて、アートを力動的な状態としてプロセスのレヴェルで考えていこうとする本だと思います。

加治屋　クラウスはソフィ・カルの作品の読解で情動について触れていますよね。ただ、それはポストメディウム的条件の理論的な方向のひとつという議論ではなかったと思うんですが……。

堀　マノヴィッチも情動の問題の重要性を認識しつつ、自分ではほとんど扱っていませんね。『ニューメディアの言語』のマノヴィッチが身体性や情動をほとんど取り上げていない点が、マーク・B・N・ハンセンによる批判（『ニューメディアのための新しい哲学』）の要諦ですから。

北野　クラウスはもちろん唐突に口にだしているだけだし、マノヴィッチも重要性を指摘しつつもそれに突っ込んでいくところはない。ただ、僕の観測では、問題は、「新しい唯物論」あるいは「ポストヒューマニズム」の標語のもと、ブライアン・マッスミでもジョン・プロテヴィでもいいのですが、情動論ないしそれを引いた身体論が、今日、一大ブームとなっていることは間違いない。その新しい理論的言説の布置のなかで、最近の論考のなかで、「affect」とふと口にしてしまう彼女や彼が、自らの立ち位置をどうとっているのかを計測しておく必要があるだろうということです。とり込めないのか、無視しているのか、対抗しようとしているのか。そうした言説の拮抗関係に興味があるというだけです。

加治屋　先ほどの続きですが、三点目として、メディウム以後の美術言説で盛んに取り上げられるグローバルな動向についても考える必要がありますよね。ジェイムズ・エルキンズに『アート・ヒストリーはグローバルか？（Is Art History Global?）』（Routledge, 2006）という本があります。グローバル化というと日本では肯定か否定かという話になりますが、エルキンズは、もはや避けることのできないプロセスとして考えているので、その前提の上で議論をしていかなければならないと思います。

門林　メディウムというよりは、むしろ流通のプロセスを批判的に語れるような批評が必要なのではないか、ということでしょうか。

北野　両方ですよね、動態的に語っていかないといけないというのは。

門林　あるいは、流通のプロセス自体もひとつのポストメディウム・コンディションというふうに考えることができる、と。

メディウム間の棲み分け

前川　七〇年代に美術とはなにかという問いがなくなったという加治屋さんの話がありましたが、写真の場合はどうだったかと言うと、先ほども言ったようにMoMAの写真部門でキュレーターを勤めたシャーカフスキーは、同時代にグリーンバーグの影響を強く受けたフォーマリストとして活動していた。だから、写真は、芸術としての写真と芸術のなかの写真に分裂しているんですね。例えば、シンディ・シャーマンの作品を写真家たちがどう評価するかというと、「ぜんぜん撮れてないじゃん」と言ってそれで終わりにする。アートのなかでの写真の用いられ方と芸術写真の領域とが分裂していて、現代もそれがまだ続いていると思います。ところが最近になってみると、アーティストのほうでも、写真家のほうでも、複数的なメディアを使い始めているという気はする。デジタル化も影響があると思う。どちらにとってもヴィデオとスチルの区別もあまりなくなって、そういう制作の方法というか撮り方をしている人が出てきて。混ざりあっている状況が、いまようやく出てきたのかなと思います。

加治屋　前から聞きたかったんですけど、「アーティストの写真」と「写真家の写真」というのは、どのように議論されているんでしょうか。アーティストの写真というのは、写真家の写真と同様、かなり昔からありますが、ある時期から、シンディ・シャーマンとか、写真だけを使うアーティストが出てくるじゃないですか。それでも議論としては分かれているんでしょうか。

門林　シャーカフスキーも、グリーンバーグの影響を受けながら写真のメディウム・スペシフィシティみたいな話をするときに念頭においているのは、写真家の撮る写真ということですか？

前川　そうですね。ただ、やはり写真って異種混淆的だから、そこにいろんな猥雑なものが混ざってきて、それらもまとめて入り込んでしまうところが面白いんです。例えば、シャーカフスキーの展覧会カタログ『写真家の眼（Photographer's Eye）』（1966）には撮り人知らずの写真も入っていたりする。これがシャーカフスキーの実は面白いところでもある。以前僕も、こうしたシャーカフスキーに潜んでいるヴァナキュラー写真への志向を論じたこともあるのですが、写真のモダニズムの権化として彼を論じる人たちはあまりそこには向かわない。

門林　シャーカフスキーが写真というメディウムへの純化を追求した挙げ句に、むしろ撮り人知らずのようなものすら、純化されたモダニストの写真として現れてくるという逆説ですね。ところで前川さんは打ち合わせの段階で、クラウスは意外とシャーカフスキーに言及しないとおっしゃっていたのですが、それは意外ということなのか、あるいはよくあるように、意図的に抑圧するということなのでしょうか。

前川　正確に言うと、アビゲイル・ソロモン＝ゴドーが、クラウスの議論を引き受けた『被告席の写真（Photography at the Dock）』（University of Minnesota Press, 1991）という写真論において、シャーカフスキーに言及したりしています。だから、クラウスとシャーカフスキーのあいだには間接的には関係があるが、直接的な接点はあまりないし、交わりあってもなにも生まれないという感じもする。

加治屋　美術史家には、写真家の写真は自分の領域ではないという意識があると思うんですよね。だから、クラウスがシャーカフスキーや彼が考えている写真に言及しないのはわかる気がします。クラウスだけではなく、他の美術史家もだいたいそうだと思いますよ。そういう棲み分けは感じますよね。

前川　うん。その棲み分けが僕はちょっと気に入らない（笑）。どちらも同じ「写真」ではないかと思う。アーティストの写真について、九〇年代ぐらいに日本の写真家から聞いた話だと、彼ら写真家によってはアーティストの写真ってやっぱりねぇ……という感じのようです。つまり。写真家は同じ被写体を数年かけて撮りつづけてスキルを上げていくのであって、そうしたことを前提に考えると、アーティストがちょっと今回写真を使って作品を作りましたといって写真家を名乗るだなんてもってのほかだということなんでしょう。それは分かる。ただし、そうした区別や境界も崩れてきている気がします。それはメディアの複数性というか、メディアの重なり合いというのが現に生じていて、その結果、写真を見る眼自体がそうした重なり合いに浸透されてきていることが大きい。だから、加治屋さんの質問にたいする僕の答えはイエスでありノーであるという感じですね。現象自体は混ざりあってきているんだけれど、言説の領域としては依然として対立的なものである。

北野　棲み分けに関して言うと、メディア・アートの場合、アートの領域のなかでメディア・テクノロジーを使っている人がアートとして語られるんだけれど、工学系の人たちがメディア・テクノロジーを使ってなにか作ったときにはこれは別世界の話になってしまいがちですよね。

門林　大雑把に言うと、ZKM（Zentrum für Kunst und Medientechnologie Karlsruhe）にはアートにバックグラウンドを持つメディア・アーティストが集まり、アルス・エレクトロニカやSIGGRAPHではどちらかというと工学系の人が作品として自分の技術を展示するというような棲み分けは確かにありますね。現状だと、展示の場所でもそういう棲み分けができあがっていて、工学系の出自のメディア・アーティストは、美術史家の目にはたぶん入ってこないという……。その点では写真と同じような状況がいま起きているかもしれない。

堀　その点で言うと、マノヴィッチは両者を架橋する、あるいは両者の対立を無化するような位置にいると言えるかも知れません。まず、彼はどちらかといえば情報工学系の出自ですね。八〇年代半ばにはコンピュータ・グラフィックスのデザイナー、プログラマーとして仕事をしていたわけですから。実際、マノヴィッチ自身のアーティストとしての作品は、純然たるアート作品というよりは、テクノロジーのプレゼンテーションとしての側面の方が強い。例えば、「ソフト・シネマ」という作品は、良くも悪くも「データベース映画」という概念の絵解きのような印象を与える作品です。他方、『ニューメディアの言語』で取り上げられる「ニューメディア」の無数の実例は、コンピュータ・アートからよりハイブラウなメディア・アートまで、さらには大衆的なハリウッド映画やコンピュータ・ゲームにまで及んでいて、そこには既存の言説における棲み分けを意図的に攪乱しようとする戦略も垣間見えると思います。その点では、日本語の「映像」という言葉の持つ不確定さを梃子にして、われわれを取り巻くあらゆる映像を対象とする理論構築を目指した北野さんの『映像論序説』と響き合うところもあるでしょう。

また、多少異なった水準で、映像系のアートと映画のあいだにも分裂があるように思います。もちろん、先にも触れたように、両方にまたがる活動をする人も多い。映画作家のアニエス・ヴァルダやシャンタル・アケルマンやペドロ・コスタはインスタレーションとしても作品を提示しますし、タイのアピチャッポン・ウィーラセタクンのようにいまや美術館でのプレゼンスの方が高い人さえいます。逆に、スティーヴ・マックイーンのように、美術界の出身者が一般公開される映画を撮るようになったケースもありますね。

北野 ものすごいアイロニーだと思ったんですが、確かハルン・ファロッキは映画館で上映してはもう人は見ないので美術館で上映する、と漏らしたと記憶しています（笑）。

堀 しかし、それでもやはり、横断的な活動をする人の方がむしろ例外的で、言説の水準でも両方を見据える人は少数派だと思います。日本の場合、記憶に新しいものとしては、「液晶絵画」展（国立国際美術館、二〇〇八年）、「ヴィデオを待ちながら」展（東京国立近代美術館、二〇〇九年）、「ウィリアム・ケントリッジ」展（京都国立近代美術館、二〇〇九年）、「リフレクション」展（水戸芸術館現代美術ギャラリー、二〇一〇年）など、特に二〇〇〇年代以降、映像作品を中心に据えた多くの展覧会が開かれており、各種のビエンナーレ、トリエンナーレでも多くの映像作品を見られるにもかかわらず、「映画」との実践的・言説的な横断がみられるとは言いがたい状況にあります。

加治屋 「ポストメディウム」という発想が日本で特に必要とされるべきなのは、美術教育の現場だと思っています。日本では絵画、彫刻、デザイン、映像などというように、メディウムごとに美術教育が行われていますが、いまの美術は明らかにメディウムに対応していないですよね。分野横断的な授業を部分的に導入している美術大学もありますが、ポストメディウム的な教育がこれから重要になっていくのではないかと思います。

門林　それこそ映像の問題につながると思うんですけど、さまざまなバックグラウンドで教育を受けてきた作家たちがみんな一様に映像を使いますよね、油絵を学んできた人でも彫刻を学んできた人でも。そうすると現代のさまざまなグループ展などで作品の質を担保しているのは、実は映像の質なのではないかという印象がなんとなくあります。映像が駄目だと本当に駄目な作品という気がしてしまう（笑）。

堀　その点もまた、先ほどから触れている分裂につながっていると思います。あまりにも簡単に映像が撮れるようになったために、映像のクオリティは平均的にみれば落ちる。もちろん、クオリティで勝負するだけが映像の使い方ではないでしょうけれども、そうなると、どうしても映画の側からの関心は引き寄せにくくなるでしょう。原美術館でやっていたペドロ・コスタの映像インスタレーション（「MU［無］――ペドロ・コスタ&ルイ・シャフェス」展、二〇一二～一三年）など、映像の強度という点ではこれ以上ないくらいのもので、これほどのクオリティを出せる人はやはり少ないですからね。

加治屋　いろんなアーティストたちが映像の問題を考えるようになったというのはその通りだと思うんですけど、他方でシネフィルという存在がいますよね。シネフィルはやっぱり美術館の映像作品は見ないですよね。

堀　そうですね、古典的なシネフィルでありつつ、ヴィデオアート以来、映像の新しいあり方にずっと関心を寄せ続けているベルールのような人の方が例外的なのかもしれません。もしかしたらそこには、これだけ「映画の死」などと言われながら、デジタル化を経た現在でも、映画が一種の遺制として強固にかつてとさほど変わらないまま存続し続けているという状況も関係しているかもしれない。つまり、美術の方は新たに映像を取り入れることで活性化していくことがあるのに対して、映画の方は特に美術に目をくれる必要がない、という不均衡がある気もします。とはいえ、これだけあちこちで映像が横断的に使われているのに、映画なら映画、美術なら美術の従来の言説の範囲内でしかそれが論じられないのはやはり不健全だと個人的には思いますね。

門林　シネフィル的な感性自体がもうかなりクリティカルな状況に追い込まれているんじゃないですか、いまの状況だと。

堀　シネフィルという存在は、ある種、歴史的な形成物ですからね。やっぱり自然の産物ではないですよね。

門林　シネフィルというのは映画の誕生とともに誕生したわけではなくて、明らかに戦後フランスに登場したものですよね。

堀　ええ、『カイエ・デュ・シネマ』誌や『ポジティフ』誌での批評活動と結びついたかたちで、とりわけ一九五〇年代に前景化した、ある特殊な様態の映画へのまなざしと言えるでしょうね。スーザン・ソンタグはシネフィリアは映画百周年とともに終わったと言い、アントワーヌ・ド・ベックはもっと限定的に、一九四四年から六八年までの現象ととらえています。もはや古典的な意味でのシネフィリアが成立する状況にないことは明らかですから、それだけに映画の言説がポストメディウム的状況に開かれていくことを望みたいのです。

門林　写真と美術、あるいは映画と美術の棲み分けという話がありましたが、それでいうと美術館なりギャラリーというスペースにおける映像メディウムは、例外的にいろんな出自を持つ人が手を出しているという状況がいまあります。前川さんが仰ったように、写真が七〇年代のクラウスにとって重要だった背景には、同時代にいろんなバックグラウンドを持つ人が写真というメディウムを使い始めて、写真というメディウムの持つ異種混淆性だとか自己差異化のプロセスがあらわになってきたという状況がおそらくあったんだと思うんです。そういう意味では、七〇年代における写真に似たメディウムをいま映像が担っているのかもしれません。

先ほど堀さんがおっしゃったように、北野さんの『映像論序説』も、日本語の「映像」という言葉の曖昧性を戦略的に用いる著作でしたが、最近刊行された古畑百合子さんの『アクチュアリティの映画（Cinema of Actuality: Japanese Avant-garde Filmmaking in the Season of Image Politics）』（Duke University Press, 2013）という著作は、日本語の「映像」という言葉について歴史的に分析しています。古畑さんによれば、もともとは専門的な技術用語であった「影像＝映像」という語は、映画に競合するメディアとしてテレビが社会に登場した一九五〇〜六〇年代頃に、批評家や作家たちによって盛んに論じられるようになるとともに、一様に「映像」という漢字が当てられるようになったというんですね。つまり、そもそも「映像」という言葉は、映画のメディウム・スペシフィシティがテレビによって脅かされていた時代に、異種混淆的で自己差異化するメディウムの状況を考察するために顕在化してきた。映像をめぐるそうした状況は、今日ますます顕在化してきていると言えるのかもしれません。ありがとうございました。

（初出：『表象』八号、二〇一四年）

5 リダンダンシー・ハビトゥス・偶然性――ポストヒューマニズムの余白に

+坂元伝（シンガポール国立大学フェロー、建築家）
+佐藤良明（放送大学教授）
+リピット水田堯（南カリフォルニア大学教授）
+山内志朗（慶応義塾大学教授）

ポストヒューマンとリダンダンシー

北野　先の表象文化論学会の大会で「揺動するユマニテ」というタイトルのシンポジウムを、この五人のメンバーで行いました。発表者であるみなさんから、それぞれ濃密な発表やコメントを伺うことができ、それなりに充実したものであったと思います。ですが、司会の不手際もあり、また時間の関係もあって、十分な討議へと展開することができませんでした。そこで、今回、当日の各々の発表を踏まえた上で改めて色々議論を膨らませ、「ユマニテ＝人間たらしめるもの」をめぐる表象や概念が様々に揺動しているかのような現在の言説状況を検討し直してみたいと思います。

シンポジウムでは、とりわけ「ポストヒューマン」という、近年英米における様々な領域で流通しているフレーズが大きくクローズアップされました。そこでまずはこのフレーズから話を始めたいと思います。

思想史的に問題設定をしてみるなら、たとえば、「近代」のヒューマニズムはヒューマンの時代と言え、ついては「中世」哲学はプレヒューマンの時代になるという言い方も可能なわけですね。いわゆる「暗黒の中世」から「近代」になってそして「ポストモダン」になって、という極めて通俗的な理解の枠組みに頼り、ヒューマニティの変遷を謳ってしまう言い方です。当然のことながら、しかし、中世の時代は本当に「プレ」ヒューマンだったのか？　ヒューマニティは表象されていたのか、表象されていたとすればどういうものであったのか、いくつもの疑問が問えるはずです。実際、山内さんのご発表を伺っていると、プレヒューマンとされなくもないであろう中世の哲学的言説を丁寧に辿り直すと、ヒューマン／ポストヒューマンという対立とは別の、色々なものが見えてくることさえあるかもしれないという気配を強く感じました。そこで山内さんに、まずは中世哲学のコンテクストから、問題提起を頂ければと思うのですが。

山内　それでは何か話の糸口になりそうな話題から始めます。中世は、たしかにプレヒューマン、ヒューマンの近代に対する前段階と捉えることもできるでしょうが、それが妥当な整理かどうかはポストヒューマンを位置づける仕方にも関わっていると思います。ヒューマニズムについても色々な整理がありますが、いわゆるルネサンスにそれを位置づけるのが常套でしょう。そのルネサンスは「人間の発見」あるいは「世界の発見」の時代と言われますが、そこで語られている人間なるものは、無条件的な意味での人間ではありません。その世界にしても、原住民が住んでいたわけですから、それを「発見」するというのはおかしなことです。けれども、ヒューマニズムの時代を前と後ろからサンドイッチ状に挟むようなものとして、ポストヒューマンそして中世について考えられるかもしれないと思います。

そこで今回は、シンポジウムでの坂元さんの発表を手がかりにしてみたい――ポストヒューマニズムの建築のなかで出てきた「偶発性（contingency）」という概念です。意味や秩序、理性といったものがヒューマニズムの建築を特徴づけるとすれば、モノに対して意味を与えたり、意味を創造したりする人が建築家ということになる。しかし坂元さんが提示したのは、ポストヒューマニズムにおいて建築家は偶発性を取り込む、建築家は偶発性の「変換器」であるということでした。建築家は偶発性を変換して建物にする。意味的にはつながっていないような断片的なものを偶然に並べること。坂元さんが挙げられた例ですとドッグ・ランの隣に、たとえば同性愛の人が逢引する場所があるといったようにです。そういったものは、近代的な合理主義からすれば単なる意味の断絶でしょう。ところが、そういう断絶において、ポストヒューマニズムの建築は、もう少し高い次元から統合を行うような空間を「エンボディメント（embodiment：身体化）」しようとしている。それがなぜ統合できるかと言えば、ユーザーがその場所に発見法的な関わり方をして、新しい秩序を見つけるからです。それまでの建築は所定の目的に添って使われるわけですが、ポストヒューマニティにおいて偶発性が重視されるとき、ユーザーはそこに新しい用途を発見し、意味を付与するわけです。そのためには解釈の自由度がなければならない。意味の断絶というのは、ユーザーがより広く意味発見をするための、自由な空間を設定することになるのです。

そういった偶発性に対応するものが中世にあったかというと、それは「リダンダンシー（redundancy：冗長性）」という概念になると思います。リダンダンシーには、クロード・シャノンやノーバート・ウィーナーが言ったような、一つの記号例のなかに余計な情報を加えるようなリダンダンシー、そしてシステム工学や、佐藤さんが訳されたグレゴリー・ベイトソンが述べているような、マルチチャンネル、多元的な次元において成立するリダンダンシーがあります。人間について言えば、感覚が五つあるのも冗長（リダンダント）であるし、言語的コミュニケーション以外にも非言語的コミュニケーションがあって、また非言語的コミュニケーションのなかにも、パラ・ランゲージとキネシクスがあり、それぞれがまた複数のチャンネルを持っている、非常に多元的な回路から構成されている、ということもリダンダンシーとして整理できる。

リダンダンシーには色々な機能があるわけですが、システム工学の観点から見ますと、第一には誤謬の自己訂正、たとえば、書き間違った場合にそれを直せるようにするといった機能があります。安全性の観点から、そういうふうに使われることが多いわけです。また、人間のコミュニケーションの場面においては、たんに情報を伝えるためだけでなく、情緒的なことを伝える非言語的コミュニケーションとしてリダンダンシーが働いている。認知的な面だけでなく、情緒的な面も表す。そうすることで全幅の幅を持ったコミュニケーションが可能になるわけです。こうしたことはよく指摘されていますが、ほかに、『一般修辞学』（佐々木健一、樋口桂子訳、大修館書店、一九八一年）のなかでリダンダンシーを強調したベルギーのグループμ《ミュー》あたりが考えていたのは、「エカール（écart：偏差）」ということの意味でした。エカールというのは、規則通りの結果からの偏差のことですから、一種の誤謬でもありますが、新しい表現が出てきた場合に、その新しい表現は一つのエカールとして登場します。そのエカールが新しいものとして認識され、そこに新しい積極的意味が見出され、人びとのあいだに定着するためにこそリダンダンシーが必要であるというのです。ですからリダンダンシーは、新しいものが新しいものとして登場するために必要なものでもある。そんなふうに考えてくると、ポストヒューマニズムの偶発性の建築において、ユーザーが空間のなかに新しい意味を見出し、使うということは、中世的な存在論の様式であるリダンダンシーと、重なるんじゃないかと思います。誤謬の自己訂正とコミュニケーションの問題との関連は案外指摘されるけれども、リダンダンシーは見逃されやすくて、それがさらに「新しいものが新しいものとして登場するための必要条件」になっているというのは強調すべきところだと思います。

北野　たとえば、現在建築論で流布する「ポストヒューマニズム」の主唱者の一人とも言えるW・J・T・ミッチェルなどもリダンダンシーについて論じているわけですが、山内さんがおっしゃった第一のリダンダンシー、つまり誤謬性を処理し、セキュリティを確保するという意味でのリダンダンシーですね。それは、彼が著書『サイボーグ化する私とネットワーク化する世界（Me++: The Cyborg Self and

The Networked City)』(The MIT Press, 2003)で展開した主張に近いものだとも言える。けれども、山内さんがいま強調されたのはそういった意味でのリダンダンシーではなくて、もっと厚みのある、マルチチャンネルなリダンダンシー、マルチセンサリーなリダンダンシーですね。それはズレや揺らぎといったことを孕んでいて、効率性や合理性とは違った、新しい何かを生み出す可能性を持っている。

山内　そう整理して頂くと話が広がりますね。単一の記号列におけるリダンダンシーと、複数のチャンネルにまたがったリダンダンシーですね。後者について、エカール、新しさを生み出す母体として意義を挙げましたが、まあビジネスの話をするまでもないでしょうけれど、それは、会社のなかで新しいアイデアが、大きなものになって人を巻き込んでいって、それを理解する人が増えていくといった「ナレッジ・スパイラル」にも関わっていると思います。それはフィードバックというよりも「フィードフォワード」で、新しいことがらを現実化するための有力な方法だと考えられています。このフィードフォワードというのは、現れてきた出力・結果を踏まえて入力を制御するのではなくて、出力を予め予想して、その予測に基づいて入力を制御することですね。身体の運動制御でも、経済政策でも、結果が出てから入力に制御をかけるんでは後手後手になってしまいます。もちろんあんまり使うとバブルになるから危ないんですが（笑）、適宜フィードバックをかけながらやればいいわけです。そこで話を戻すと、リダンダンシーというのは、そういうフィードフォワードを成立させるための必要条件と考えることもできるわけです。先日坂元さんが言っていた、ユーザーが発見法的に空間に関わることによって新しい用途を見出すということは、現代思想とか建築とかに限定されたことではなくて、こうした大きい潮流のなかで考えるべきことなのかもしれないと思います。

佐藤　とても面白く拝聴しました。合理主義の立場からすると「くどい」とされる冗長なものが、いかに慈悲深く（?）われわれを包んでいるのか——。ベイトソンに「Redundancy and Coding」という論文（一九六八年）があります。そこで問われていたのは、ナチュラルな世界、オーガニズムの世界のなかに、どのようにして「意味」というものが生じていくのか、その前段階にはリダンダンシーが卓越していくプロセスがあって、そこから人間の言語構造のようなものがどのように誕生していったのかということでした。その議論のなかでベイトソンは、色々なコーディングのかたちを考えるわけです。たとえば「現れた暗雲」は大きな確率で「雨」を意味しますが、この自然現象をメッセージ伝達という面から見ると、この雲は雨が降るぞ降るぞとしつこく言い続けた上で雨を降らせるという、かなり冗長なやつなんですね。この種の冗長性が表れるとき、動物にとって、環境世界に「意味」が生じる。そして「雲」が「雨」の記号になるわけですが、そこで起こるのは、「降雨現象の一部である雲」をもって「雨」を表す、つまり、部分をもって全体をコーディングするということがなされている。「脅し」というのもそうですよね、怒りの表情や威嚇の行動というものは、すでに攻撃の一部ですから、これも部分に全体を込めるコーディングに依る伝達行動です。脅しと攻撃との間に、段階の違いがあることは、さっきの雲と違って、威嚇行動をより純粋な記号にしているところですが。このときにも、いきなり攻撃がなされるのではなく、「するぞするぞ」と言ったあとでなされる。つまり意思伝達行動はおしなべて観察される世界の冗長性を増やすものであるわけです。

ここで話を変えますと、人間にとっての伝達行動も、より動物的・身体的なレベルでは、リダンダンシーが卓越したものになっている。たとえば、音楽的伝達は、リダンダンシーが軸になるわけで、そのなかで時々、予測を裏切る音程やリズムを繰り出すというものです。ヴァーバルな言葉も、そういう身体のリズムへ回収されるときがあって、それが韻文と呼ばれるものです。「韻文」のほうがある意味で散文に先行するとすれば、われわれの古い生のモードは、やはりこのリダンダンシーの上に安定して乗っかってきた。だとすれば、「新しさ」に有用性を見出した近代のヒューマンは、情報がまず第一義的で、それがダブることがリダンダンシーだと発想するわけですが、その近代の人間が「暗黒の世界」に住んでいたと言う中世の人間にとっては――私の老いた母親にしてもそうですけど（笑）――、この情報っていうのは邪魔者であって、リダンダンシーこそが、第一義的であった。それが、人間性よりも神聖さのほうが第一義的であった世界、ということに関わってくるのではないかと思うのです。ですからポストモダニティを論じるにあたって、リダンダンシーの再卓越について語るのも意味あることではないか。クラシック音楽で、あまり単純なパターンが繰り返されるのは音楽的に「なってない」といった言い方がされるわけですが、それがロックンロール以降のポップスになると、非常にリダンダンシーが卓越してくる。ヒップホップとかね、単純反復の世界ですね。私がシンポジウムで言っていた、映画体験のなかでわれわれの動物性が最大化されるような体験をするってことも、その反復、リダンダンシーということと絡んでいる現象であって、結局そこが、居心地がよいとともに、今の経済のなかでは、利潤を生むような商品作りのあり方になっているということです。だから人間がディ・ヒューマナイズされるというか、エクス・ヒューマンになっている世界をというのを、情報とリダンダンシーとの関係で見ていくことは、すごく魅力的な説だとぼくは思いますよ。

北野　佐藤さんがいま話されたコーディングのお話は、山内さんがおっしゃった二番目のリダンダンシーと重なっていて面白いですね。不要な誤解を避けておくためにあえて確認しておきますが、佐藤さんがここで言われているコーディングは、いわゆる素朴な記号論者や構造主義者が言うような、人間中心的に機能する意味作用のメカニズムを前提とした、コーディング――端的に言えば、「ディコーディング」を対立項として持ったコーディング――ではない、コーディングですね。犬も自分を取り巻く世界に対してリアクションやレスポンスをするわけですが、そのときに、一見、無駄を孕んだようなコーディングを様々に行っている。そういうコーディングのパターンが折り重なり増えていくわけですが、そこではズレやら偏差やらも生じてくるだろう、とそんなイメージのなかでのコーディングになるかと思います。それは、山内さんの言った第二の「リダンダンシー」と響き合うように聞こえます。また、そこから、佐藤さんが言われたように、情報なる考え方と、ヒューマニティとの間のつながりみたいなものを歴史的に照射し直す切り口も探り出すことができるかもしれませんし、さらには、プレヒューマン、ヒューマン、ポストヒューマンといった言説群を洗い直す視角を探り出していくことができるかもしれません。

接頭辞「ポスト」の行方

北野　リピットさんには、シンポジウムにおいて、コメンテーターとしての役割をお引き受け頂いたわけですが、そこで「ポストヒューマン」の「post」という接頭辞を様々に読み拡げられながら、非常に刺激的な論点をいくつも提供なされたと思います。あの接頭辞「post」をめぐるお話から、マルチセンサリーなリダンダンシーという発想について、もう一度コメントを頂ければと思いますが、いかがでしょうか。できうるならば、近年、メディア・テクノロジーと人間の意識形態の関係を扱う仕事もなさっているわけですが、それも踏まえた上でお話を伺えるとありがたいのですが……。

リピット　僕にとってリダンダンシーという言葉はなじみのないもので、非常に新鮮に聞こえて、もしかしたら記号論、ソシュールなどのいう反復との関係がどのように考えられるかといったことも気になりますが、自分の本能的なレスポンスとしては、やはり「ポスト」が接頭辞として付くものに対しては、ちょっと違和感を感じます。なぜかというと、もちろん「ポスト」と言った段階で、ヒューマンというものがすでにでき上がっていないといけない。ヒューマンというものがすでに完成されているとすれば、プレヒューマンっていうものもどこかに存在しなきゃいけないわけですよね。それを色々なケースに当てはめていくと、何らかのかたちでナラティヴができあがってしまう。とくにニューメディア論などでは、そういったナラティヴ、物語作りが速すぎるような気がします。けれどもこうした議論のなかで、色々なかたちでそのナラティヴが複雑になっていくのが僕にとって非常に新鮮に聞こえて、とても興味深いです。

ポストヒューマンという概念こそ大きなリダンダンシーかもしれません。もちろん単純に考えればヒューマンがあってポストヒューマンが可能になる。しかしヒューマンという構造自体が可能になるのはもうすでにそれ以後、またはそれ以外のノンヒューマンが可能であるからです。そうであればヒューマンとして一つの存在が想像された段階でそれと同時にポストヒューマンが一種の影として誕生する。ヒューマンとポストヒューマンが同時に可能となる、同時に現れ、また同時に並ぶことこそ冗長性ではないでしょうか。ヒューマンから引き続くポストではなくヒューマンとしてのポストヒューマン。ヒューマンのなかに潜む外面としてのポストヒューマン。ヒューマンの痕跡として現れるポストヒューマンは当然としても、ポストヒューマンの痕跡として誕生するヒューマンは冗長性の論理によって初めて見える、と理解できるかもしれません。

さてポストヒューマンをエクスヒューマン（ex-human）と捉えるなら、それは元・ヒューマンでもあるし、アウトサイド・ヒューマンとも考えられる。とくに情報と身体という枠組みを考えた場合、ポストヒューマンというものは、ノンヒューマンでもある。しかしもちろん、サイボーグなどを考えていくときには、純粋なノンヒューマンが問題になっているわけでもない。ポストヒューマンは必ずしもノンヒューマンではない。でもどこかで、ヒューマン／ノンヒューマンの区別ができることによって、ヒューマンとポストヒューマン、プレヒューマンとこう、色々分けることができるわけです。そう考えると、たとえば「魔女狩り」というものが気になってくる。そこには、人間／非人間の違いをどのように測り、確認して、またどのように処罰するかということが、色々と入っている。それから、動物をプレヒューマンと考えるのもおかしいという指摘もあります。動物という一つ、いや多くの存在のなかに、すでにテクノロジーが働いているのであって、動物がノンテクノロジカルという考え方をすること自体が、ちょっとナイーヴであるというわけです。一種のノスタルジアが生み出した妄想かもしれません。

ところで、ヒューマンとノンヒューマンに関係するもう一つの言葉として、インヒューマン（inhuman）というものがある。英語でそう言うと、「残酷」という意味になります。インヒューマンとノンヒューマンは言葉としては似たようなものですが、ニュアンスが違う。ノンヒューマンは、ニュートラルに「ヒューマンと以外のもの」を指しますが、インヒューマンには残酷さがある。つまりノンヒューマンは存在そのものに触れ、インヒューマンは行動、体質、性格などを現します。そこで、ヒューマンとノンヒューマンを区別することで、インヒューマニティというものが、多くのケースで表れてくる。アドルノなども語っていますが、魔女狩りじゃないですけど、ナチスの場合は非常に厄介です。ヒトラーとか、ゲッベルスとか、動物好きだったのは有名ですし、ベジタリアンも多かった。動物は大切にしなくちゃいけないけど、ユダヤ人は動物でさえないノンヒューマンであったわけです。レヴィナスも、収容所のなかで自分を人間として認めてくれたのは犬だけだったと言っています。「ボビー」と名付けた犬です。ヒューマン／ノンヒューマンの区別にこだわることで生まれるインヒューマニティというものがあるわけです。

そこで先ほどのご質問、情報テクノロジーとヴィジュアル・テクノロジーですが、その二つのあいだにおいて「身体はどうなるのか」という問題が非常に重要になってくると思います。以前のヴィジュアル・テクノロジー、つまり写真、写真をベースとしたもの、レントゲン写真、映画等々においては、身体、モノがあって映像が可能になる。またデジタル・メディアにおいては、何らかのコードから色々な表現・表象というものが作られるわけですが、実際にないとしても、どこかにレフェランスとしての身体が残っている。幽霊的なレフェランスとして、残るわけです。それで昨日行われた国際会議『ユビキタス・メディア』でのキャサリン・ヘイルズの発表で気になっていたのが、ＲＦＩＤです。ほんとうに小さなトランシーバーみたいなものが、あらゆるところに付けられる。パスポートとか、クレジットカードとか、場合によっては洋服のなかにも埋め込まれる。食べ物のなかに入れてもいいし、粉状にして肺のなかに入れてもいい。身体が一種のラジオ・トランスミッターになる。自分の動き、自分の存在をあらゆるところへブロードキャストするわけです。身体のなかにチップを埋め込むインプラントの例もありますが、昨日へイルズが画像を見せていたけれども、それはレントゲン写真でちゃんと写るようです。さてそうすると、身体がポストヒューマンというよりむしろ「ヒューマン・ポスト」になる。情報を埋め込む、建築的な柱（ポスト）になる。そこで「Post-it」の話に戻りますが、情報を獲得できるものをくっつけるのは、体の外部でも内部でもいいわけです——埋め込んだり、外側につけたり、粉にして出せば皮膚にくっついたりして、人の動きがそれで分かるわけです。そういった状況において、身体はどうなったのか……これはもう「post-it」を貼りながら思いついたんですけれど（笑）、「Post-it」っていうのはテキストにくっつけるものでもありますが、考えてみたら「it」は何なのか？　それはある意味で、ポストヒューマンに対応する、ポスト精神分析的な「it」ではないかと——つまりフロイトの言う「Es」、「It」、「ça」。

北野　非常に刺激的な方向に議論が展開してきたように思えます。素朴な現象学的存在論になってしまうかもしれませんが、そもそも個体としての人間は、つねに間接的な何か、代替イメージなり、身体の刺激なり、他者の身体なりを手がかりにして、己の身体イメージを確保せざるを得ないというところがあります。であるならば、絵画や彫刻の歴史は、そうした間接的な表象実践のなかにおいて、人間が自らを見つめ直す際に、特権的なまでの凝集力を持ったイメージ群の歴史ということにもなります。だけれども、写真や映画は、まったく別種の表象を与えたと言えるわけです。たとえば僕なりのスタンリー・カヴェルの読み方になりますが、一枚の写真は、「僕がそこにいた」っていうことを、顔イメージのレヴェルにしろ、背景状況のレヴェルにしろ、身体様態にしろ、ベロッと映して出してしまったりします。「私」には絶対、直接的な経験として与えられなかった「私の身体」と「私の身体を包み込む状況」を、写真や映画は与えてくれるということです。

加えて、こうした写真・映画のなかの身体のイメージは、「この私の身体」をめぐる表象の磁場にまったく新しい地平を開いた。私に対して、あまりに生々しい（私の／あなたの／彼女の・彼の）身体が立ち上がってしまった。キットラーではないですが、だからこそ、映画的身体と、この私の身体の間に生じたそうした間隙に、無意識なるものが（概念として）創出されてこなくてはならなかったとも言えなくもない。リピットさんの話は、そうした、写真・映画のイメージが誘い込んだ、見える身体の私と見えない無意識の私といった区分からなる現存在の有り様とは異なる地平が立ち現れつつあるということなのでしょうか。「情報が埋め込まれる先」という次元の登場によって、ヒューマン・ポストになってしまった身体の立ち現れる時代となった、というふうなことなのでしょうか。そう考えてよいとすれば、そこに貼り付けられる「it」というのは、映画を前にした不安の「it」――かつては「無意識」とも呼ばれた「it」――と、どんなふうに違うんでしょうか、それは、根本的に新しいフェーズに入った、何か異なるものなのでしょうか。

リピット　どうでしょう……ＲＦＩＤの例を続けますと、それが具体的に何を伝えているのかと考えると、もちろん身体の位置、動き、一日の流れのようなものをトラッキングしていくわけですが、しかし単なるレーダーみたいなトラッキングではなく、どんなものを実際に買ったり、どれくらい使ったりするのかといった情報によって、その身体の、主体性の「it」をイメージ化して、一つの人間像を作るわけです。これは身体が映写する、ポストする潜在意識として考えられます。体の動きによって作られるunconsciousがポストヒューマンの精神構造をうまく描いているのかもしれません。そういう意味では、まだ身体に頼っているわけですけれど、違うかたちでのイメージ、主体性のエロティシズムみたいなものを写していく。そういったことを僕は考える必要があるのかなと思ったんです。

「無意識」以後のit

北野　なるほど。そうした「it」は、山内さんがなされたリダンダンシーをめぐる話題へとつなげ直しておくことができるかもしれませんね。先にあげたミッチェルのリダンダンシー、つまり、誤謬性を最小化するベクトルのリダンダンシーが、情報化社会の監視をめぐる分かりやすい問題系と相性がよく、そういった論も巷間には多いわけですが。でも、総じてそこにはエロティシズムの問題は洗練されたかたちではありませんね。

山内　そうですねえ……たしかに、身体、無意識っていうものをリダンダンシーと結びつけて、どう位置づけるかということですね。「.it」とリダンダンシーを結びつけて考えたことはあまりなかったのですが、リピットさんの話を聞いて感じたのは、これまで「it」をメディアとして捉える視点がなかったのかもしれないということですね。しかしながら私としては、それに代わる概念――機能的な対応物ということですが――があったのかなと思います。それはハビトゥスという概念です。それは日常的な場面での平板な意味での「習慣」というよりも、身体のなかに根ざした反復によって、最初は意識的に行うことがらがほぼ無意識――あくまで下意識的（サブコンシャス）というほどですけれども――にできるようになるということです。スポーツであったり、自転車に乗ることだったり……言葉を話すこと、これも一つのハビトゥスであります。ですからエキスパートになるほど、ほとんど意識しなくてもできるようになると。で、そういったハビトゥスの上に、人間の好みとか価値観とか、ブルデュー的な意味でのハビトゥス、社会的なマナーとか、クラスに対応したようなものもでき上がってくる。

ハビトゥスについては色々語られていますが、それを拡張して、中世から近世を通して現代に至る思想史の流れに置き入れてみると、無意識に見出される自動機械の源流みたいな概念があります。つまり、ハビトゥスという実践的な概念と、無意識を考え合わせた場合に、私も気になっている概念として浮かんでくるものに、「イナーシア（inertia：惰性）」という概念があります。これはライプニッツが、物体の属性を考える場合に、物体の第一質料・第二質料という二層を置きますが、この第一のレベルに設定したのがイナーシアです。ふつう物理学では「惰性」と言うものです。ライプニッツは、これと「不可貫入性（impenetrability）」という二つの側面を、第一質料に見出します。ところで、たんに通り抜けられるだけのメディアとしてだったらイナーシアはなかなか宿りにくい。むしろ、そこにメモリーが蓄積されることで、そこにこだわってしまい、停留するということがイナーシアなのかなと思います。ですから、身体と無意識の関係を考える場合、身体とは、たんに情報が通り抜けるところではなくて、そこに留まって、そこにイナーシアしてしまうところとして考えることが重要なのではないかと思います。

イナーシアっていうのは、たんに動かないだけの不活発なものではなくて、いったん動き出してしまうとずっと持続するような、ある意味ではアクティヴな機能を持っている。ですから、古い伝統的な枠組みではあるんですが、ライプニッツが物質のなかに、身体のなかに見出した機能っていうのは、案外、無意識の側面につながるところもあったのかなと思います。

また、ユビキタス、遍在性ということについても、ライプニッツのモナドロジーは、遍在する「視点」という概念を哲学のなかに取り込んだわけです――各モナドは宇宙を表現する視点であり、宇宙というのは、中心がどこにでもあるけれど、しかし周辺がどこにもないような無限の円として捉えられる。そして、宇宙を表現することの証は、無限性を孕むということで、その無限性はある意味では表象化できないものですから、合理性を超えるものとして、実は、それは沈殿して無意識となっていったということで、無意識の先駆者であるということにもつながってくると思います。ちょっと古い枠組みなんですが、リピットさんの話を聞いていて、構造的にパラレルな感じがしたんです。

佐藤　山内さんがおっしゃられたことをふたたびベイトソン風に言い換えますと、ベイトソンは「意識のエコノミー」っていうことを言います。反復的に生起することには意識をさく必要がないから、それを無意識のところに落としていい――というか、そうすることで、貴重な意識を別のことに振り向ける余裕が生まれる。このしくみが、環境のリダンダンシーを前提として、それに対して本能という装置で生きる動物よりも、より繊細な、人間の生き方を規定している。意識っていうものの優秀なところは、そのデジタル性にあって、世界を意識によってデジタルに捉え直すところで魔法のような変化を生み出すことができる。ギターの練習をするときに、「Am」（エー・マイナー）っていうコードを押さえるには、まさにデジタルに、指一本一本で押さえることを覚えると、あとはイナーシアにうまくさらわれていく練習をするだけで、優美なギタープレイができるようになっていくわけです。

リピット　小さなコメントですが、コーディングっていうのは、また別のレトリックでは、プロファイリングとも呼べるように思います。つまり「Amazon.com」を開いたときに、自分の購買履歴から、色々なものを推薦されるわけですが、ときどきぱっとサイトを開けると、なんでこれが映っているのかと不思議に思うことがある。この映画を買ったから、こういうのが出てくるんだなと気づくわけですが。そこで、イナーシアとハビトゥス、そしてセクシュアリティと欲望に関して、一時期ちょっと話題になった、ジャーナリストが書いた記事があります。「TiVo」というデジタル・ヴィデオ・レコーダが一時期アメリカで流行りましたが、自分がふだん見る番組とか、録っておきたいものをセットすると、そこからプロファイルが作られ、自動的に番組が選ばれ録画される。まさにイナーシアですよね。自分の選び方に合わせたプロファイルが作られている。で、そのジャーナリストが書いたエッセイには、「My TiVo thinks I'm gay」という発言が含まれていて、選んだ番組によって自分の「TiVo」が「この人はゲイだ」って決めつけちゃったという例が扱われています。朝起きてみると、ゲイのコミュニティのあいだで人気があるような番組が沢山録画されている。

佐藤　試供品まで送ってきたりして。

リピット　（笑）「TiVo」が作り上げたプロフィールをどう変えるかが彼のプロジェクトになり、「男らしい」番組、たとえば戦争映画などを予約したら今度はナチズムに関するものばかりが録画されていた。彼のプロフィールは同性愛者からネオナチへ変わって行ったわけです。コーディング、ハビトゥス、イナーシアによって、自分のアイデンティティが、ユビキタス・メディアによってどんどん作られていくわけですよね。自分の欲望、自分のセクシュアル・アイデンティティみたいなものが作られてしまう。

北野　「Post-it」っておっしゃられたときの、その「it」は何か、そのかつての「it」の輪郭が手探りながら少しずつ見えてきたような気がします。……先ほど山内さん、佐藤さんがおっしゃったある種のハビトゥスというのは、メルロ＝ポンティの用語で言えば、身体図式の束に近いという具合に考えることができるようなものでしょうか？　そういうハビトゥスのなかに、ある種のイナーシアがあると。そうした理論的な土台の上で考えるとして、一方で意識からこぼれ落ちるものを映画の時代に「無意識」として一般化しえていたのだとするならば、現在の、つまりは「Post-it」の時代における「it」は、どうズレてきていると言えるのか。それはフロイト的な精神分析の「it」とどこがどう違うのでしょうか。やはり、僕にはそこが興味深いところです。たとえば、「TiVo」の例で言うと、「it」っていうのは、僕にとっては可視化されていない意識、つまり可視化されていないイナーシアなのかもしれないけれど、情報ネットワーク、検索システム、プロファイリング・システムの側からみれば、ほかの全員にとっては可視化されているということになります。フロイト精神分析の「it」だったら、僕の無意識も、わざわざ分析家が分析をして、見えないものを解釈し、可視化していくという作業がなされなければならなかったわけです。今の状況というのは、知らないのは僕だけで、ほかの人はみんな知っているっていう、そういうタイプの「it」となりつつあるということでしょうかね。

佐藤　自分の外側で形成される「it」ね。「Post-it」は、そういう意味で「ex-it」でもある。で、この状況に exit はあるのかしら？

創発性の建築空間

北野　少し視角を変えてみましょう。建築という具体性のなかで考えてみるのも悪くないように思えます。

第一のリダンダンシーを基盤にしてポストヒューマンな状況の到来という論点を打ち出し、ミッチェルなどは建築理論を展開しています。自分が目の前にしている知覚世界そして生活世界がどんどんと情報化され、検索可能になっていく、しかも情報化はやむことなく、ますます重層的になっていくという状況を摘出し、そこから来るべき建築とは何かを考えようとするわけですね。だけれども、そういうときにどんな建築を建てるのかという具体的な問いを前に、ミッチェルには輪郭を持ったイメージが出てこないということがあります。わたしたちのこれまでの議論では、リダンダンシー自体をまったく別の位相で捉え直さなくてはならないし、ハビトゥスの次元まで広く視野をとって考えなくてはならないということになってきているわけですが、坂元さんは、そのあたりをどのように整理なさっていますか？

坂元　ミッチェルは建築の分野から情報空間を論じていますが、そこで感じるのはある種のディレンマのようなものです。『シティ・オブ・ビット（City of Bits）』（The MIT Press, 1996）に見られるように、彼は情報空間を近代初期の公共建築の延長として考えている。例えば建物としての図書館とヴァーチャル・ライブラリー、または、銀行とインターネット・バンキングは同じプログラム的構造を持つので、ユーザーは同じような手順を踏みながらそれらを体験する。このような意味で彼がいう情報化された知覚世界は非常に建築的かつ合理的だと言えます。でもその合理的な空間はヴァーチャルな世界のなかでしか展開しない。つまり、図書館も仕事場も全てネットワークとインターフェースに還元され、その閉じた世界で成立してしまう。だから実体とヴァーチャルな空間の関係はほとんど無くなるわけです。そこで取り残される実体としての空間について、ミッチェルは確かに言及しているのですが、それもヴァーチャル空間とのインターフェースとしてしか語られない。住宅と仕事場の例をとって言えば、端末を使って家で仕事をするようになることは十分理解できるのだけれど、そのことで、家という建築がどのように変容していくか理解することはできない。このような思考の方向性——実体からヴァーチャルへ、建築空間からヴァーチャル空間へといった明確な方向性が逆に建築デザインを難しくさせているように感じるわけです。
　では建築デザインはどうなのかというと、もともと実体とヴァーチャル空間を行き来するような性質をもっているように思うんです。例えば、実体としての環境や材料を把握し、それらを図面化（ヴァーチャル化）する。またその反対に、施工の時には、図面に描かれたものを実際の材料に置き換えていく。つまり、建築にとって実体とヴァーチャル空間の往復は必要不可欠で、延々と繰り返される作業なんです。さらにこの往復を考えてみると、山内さんがおっしゃられたハビトゥスにたどりつくような気がするのですが。というのは、建築がア・プリオリな合理性で決まっていくようなものでないとしたら、設計に関わる人やもののハビトゥスやイナーシアの相互関係から生まれてくるのではないかと思うからです。その相互関係は即興的かつ流動的で、一貫性があるとしても、一回一回作られていくようなものではないでしょうか。最初に出てきたリダンダンシーの話を聞いて思ったのですが、建築デザインの実践はある意味でリダンダンシーそのものではないかと。トレーシング・ペーパーを重ねながら何度も繰り返し描いていく作業（CADで言えばレイヤーですが）はまさにデザインを生むためのリダンダンシーではないかと思います。繰り返しによってできてくる図面はあらゆる情報を一つのスクリーンに重ね合わせながら投影したもの、つまり相互関係の縮図として考えられる。でもそれが表現するものは意図的に描かれたものだけではなくて、重ね合わせや繰り返しによって起こる偶発的なものをも含む。もしかするとそこではリピットさんがおっしゃる「it」は建物よりもむしろ図面に現れてくるのかもしれません。このような偶発性を意識的に取り込んだり、または建築の機能をある程度偶発性に任せたりする試みが九〇年代以降、建築分野でだんだんと広がってきているように思います。「インデキシカル（indexical）」という言葉が一つキーワードになると思いますが。
北野　それはどういうことでしょうか。「インデキシカル」というのは？
坂元　「インデキシカル」というのは、「アイコニック（iconic）」と対置するかたちで捉えることができると思います。アイコニックが主に形態的な表象（representation）に対応するのに対して、インデキシカルは類似させること（resemblance）に対応する。さらに、インデキシカルな類似は形を真似るというよりは、内部の性格や機構などを真似るといったほうがいい。そういう意味で、この類似はそのものの最終的な形ではなくて、条件を表現するものだということもできるでしょう。建築のドローイングはインデキシカルな類似とアイコニックな表象のどちらをも含んでいます。普通、平面図や配置図などは建物の動線や部屋の配置などを記号的に示すので、地図や楽譜同様、インデキシカルな性格を持つ。しかしファサードを示す立面図や概観パースペクティヴなどはむしろ絵画に近く、アイコニックだと言える。ドローイングに見られるこれらの異なる性質を都市的な側面から捉えようとするなら、一九六〇年代にロバート・ヴェンチューリが提示した「アヒル（duck）」と「装飾された小屋（decorated shed）」という建築形態の分類に言及することができるでしょう。動物やキャラクターなどの対象を真似て作ったキッチュな建物「アヒル」は純粋にアイコニックで、建物の表面に装飾を貼り付けたもの「装飾された小屋」は、アイコニックではあるのだけど、幾つもの異なる記号が、それと機能的なつながりをもたない建物と重ね合わされているという点で、インデキシカルに近い。さらに、ヴェンチューリが、「装飾された小屋」には「多様性と対立性（complexity and contradiction）」が起こり、それこそが現代の都市や建築を表現している、と論じるとき、彼は都市をインデキシカルに見ているのではないかと思うわけです。九〇年代以降「インデキシカル」という言葉を使うのは主にピーター・アイゼンマンですが、その他にもレム・コールハース、そしてその次の世代の建築家の作品をその文脈で理解することができると思います。それらの特徴として言えるのは、最終的な形を提示するのではなく、ダイアグラム的に建築を示すということです。どのように空間が操作され、使われ、変わっていくか、またはシステムが、どう展開していくかを半分予想して半分放っておくような方法を提案するわけです。

北野　デザインをするときに、完成体を示すのではなく、どういう方向に行くのか分からないけれども、プロセスとして提示する。かつ、そうしたデザインが、いくつかのポイント、つまりは、インデックスにおいて、そのプロセスのなかで自在に展開していくことを目論む。そうした方法は先ほど山内さんがおっしゃられた、フィードフォワードに近いものでしょうか？

坂元　究極的にはそのようなものだと思います。

北野　そうしたベクトルでの具体的なデザイン例も出てきているということですか？

坂元　インデキシカルな建築は「ランドスケープ・アーバニズム」という概念のもとで発展してきているように思います。アメリカやイギリスで二〇〇〇年前後から論じられるようになった概念ですが、複雑な動植物の生成発育過程やエコロジーなどを扱うランドスケープ・デザインの知識を建築や都市計画に取り入れていこうとする概念で、デザインは大きな敷地を持つ公園や都市の計画案として出されています。そのなかでも、都市型の公園を意図した「トロント・ダウンズビュー・パーク・デザイン・コンペティション」の招待作品で、スタン・アレンとランドスケープ・デザイナーのジェームス・コーナーの共同案「イマージェント・エコロジー」にインデキシカリティがよく現れていると思います。アレン／ジェームスは基本的に回遊路と排水路をデザインしただけですが、そこでは将来にわたってどのような植物が生長し、イベントやプログラムが生まれ、動物たちが現れるかが年代順に詳細に表されています。しかし、同時にそれらが対応する建築形態、造園形態は曖昧なまま、パースペクティヴとコラージュの組み合わせによって表現されているに過ぎません。彼らの設計は「種（seed）」に過ぎず、そこから自己組織化（self-organization）が始まり、順応、淘汰が繰り返されていくことを意図している。つまり、彼らの提案はオープンエンドなシステムを提示していると言えます。ここで分かるのは、デザイナー自身が理想の形を予想したり、提示するのではなく、むしろ形がどう生まれ、変化していくかを見ていこうとする態度だと思います。

北野　理想というのは、意味と秩序ということですね。

佐藤　デザインといっても、神の視点から秩序をあらしめるということではない。むしろ進化する動物の視点から、プロセスに効果的な杭を打ち込むこと……というとつまり、建築家の仕事は、プロセスの引き金を引いて、それを（半ば）導くということですか？

坂元　引き金というのは的を射ていると思います。実作にしてもコンペティションにしても敷地やプログラム的な要求、それに周りとの兼ね合い、経済的なことがらなど、あらゆる条件が既にあるわけで、設計を始める前からプロセスが始まっていると考えたほうがいいのではないかと思います。建築家はその途中に介入するということでしょう。先ほど述べたパースペクティヴとコラージュの組み合わせは何が最初で何が最終的な形か分からないような一時性や流動性を表現するための道具として働いていると言えますが、それだけではないような気がします。ＣＡＤのおかげで今日パースペクティヴを作ることは容易になっているし、イメージを切り抜いてコラージュすることもごく簡単にできる。どちらもシステムの処理に任されているわけです。でもその二つを素朴に組み合わせると、スケールが違うものどうしがお互いのパースペクティヴを歪ませる。普通デザイナーは目と手（マウス）を使って修正するんだけど、ここでは放っておかれている、またはそれを楽しんでいるような気がするんです。そこから現れてくる違和感のようなものは、確かに、システムによって生み出されるんだけど、システムの法則を逸脱し、感覚に訴えるようなものではないかと感じるし、そういう意味でエンボディメントと関係してくるような気がします。

北野　とても面白いですね。プロセスにおけるそれ自身の自在な展開可能性といっても、数理的に理解されたシステム内における逸脱への期待値においてではなく、むしろ、パースペクティヴそれ自体、コラージュそれ自体にもともと孕まれている様々な潜在力の遭遇、交渉、軋轢のなかで生じてくるものへのといってよいでしょうか。そう考えると、ときに情報技術論内部でいわゆる「複雑系」の議論と絡めて論じられているような「インデキシング」というシステム内部における仕掛け作りといった発想とは異なるものだと言えそうですね。

坂元　そのとおりだと思います。

佐藤　インデックスみたいなものの相互作用から、どのようなイマージェント（創発的）なものが出てくるかということでしょうかね。

坂元　そうだと思います。そこには必ず矛盾があるんですが。本当にイマージェントで予想不可能であれば、ドローイングに描けるはずがないのですが、それを描くことによって矛盾する事柄を包括していくようなことだと思います。

北野　こうした尋ね方は、問いの立て方自体がおかしく、答えがストレートにならないことかもしれないんですけれども、見通しをより明確にしておきたいので、お尋ねします。さきほどのアレンとコーナーのプロジェクトは、ポスト・ヒューマンとエンボディメントというとりあえずの対立項のどちらにより近いものと言えるのでしょう。あるいは、この対立事項自体の有効性を脱構築するようなもの、と言っておいた方が適切なものなのでしょうか。

坂元　後者だと思います。というのは確かに対立項だけれども、同じ起源を持っているのではないかと思うからです。「イマージェント・エコロジー」はむしろその関係を問うているような気がします。例えば「ランドスケープ・アーバニズム」の由来とも言われている一九八〇年代のレム・コールハースの「パーク・ド・ラ・ヴィレット」案（二等案）は敷地を同じ幅のストライプで区切り、そのなかに変換可能なプログラムをあてはめたものです。プログラムどうしの関係性や建築的な空間性を調整したり、調和させたりしない、とてもインデキシカルで均質的な作品です。でもインデキシカルで均質であるからこそ、思わぬ結合や対立が生れてくる。それが重なり合うことで、あらかじめ理論化され、予想され、理解された「ボディ」ではなく、共時的で現実的な「エンボディメント」が生成するのではないでしょうか。

北野　そういえば、「イマージェント・エコロジー」の「エコロジー」という話は、少なからず閉鎖的なトーンを持った「システム」や「環境」といった語と違って、外部との旺盛な交換や交通が前提となっている「生態系」といった訳語がより近いものですよね。興味深いのは、ＣＡＤなどのテクノロジーを積極的に導入した上での企みである点ですが、そのほかのテクノロジー、たとえば、写真とか動画といった映像をめぐるテクノロジーについてはどのようにお考えですか。

坂元　写真といえば、これは適当かどうか分からないんですが、ヴァルター・ベンヤミンは『写真小史』でアジェの写真が「写真」というディシプリンをアウラから開放した、と言っています。建築もネットワークやシステムを得てその本来の使い方を探っているような状況ではないか、と感じるわけです。「写真」もカメラという機械を使う限り意識しないものまで写りこむ。コンピュータ・システムもそういうところがある。一般的に言って、コンピュータで作成されたドローイングの多くが、かつてのパースペクティヴやペンで描いていた図面をより洗練することや、平凡な構造の強度を計算することに用いられている。それは写真がポートレートとして修整されていた時とオーバーラップするのではないかと思います。こうして考えると、インデキシカルな建築は、システムに忠実であろうとする一方で、そこに起こるシステムから外れた何かを見ようとしているのではないかと思います。

エンボディメント（身体化）とは何か

北野　すでに話題に上っていますが、「ポストヒューマン」という語とまるで対でもあるかのように、「エンボディメント」という語が昨今知的言説空間を席巻しています。ここで、この語についても少し踏み込んで考えておくのはどうでしょうか。むろん、北米のコンテクストにおいては、情報テクノロジーが加速度的に発展するなか、極端なユートピア論あるいはディストピア論でしかなかなか論を構えることができず、そうした大ぶりな言説ではなんら理論的な展望がみえないときに「ポストヒューマン」

なる言葉が一つのキャッチフレーズとなった。だけれどもそれはそれであまりに声高に叫ばれたから、そうした趨勢に対するある種のリアクションとして、「エンボディメント」という論点が出来したという流れがあろうかと思います。とはいえ、わたしたちのここまでの議論を踏まえるならば、つまりは、山内さんがおっしゃった第二のリダンダンシー、あるいは佐藤さんのおっしゃったベイトソン的なリダンダンシー、あるいは「Post-it」なり、ハビトゥスなりという論点を踏まえるならば、この「エンボディメント」という分析視角ももう少し掘り下げておくことができるのではないかと思うのですが、いかがでしょうか?

山内　坂元さんのお話を聞いていて思い出したんですけれど、デカルト的な空間、ユニフォームな空間に対して、ライプニッツが採った空間というのは、そのデカルト・ニュートン的な絶対空間ではなく相対的空間であって、相対性理論の先駆とかいう位置づけが与えられることがありますが、そうしたユニフォームなものではない空間とハビトゥスとの関係を考えてみたいと思います。ちょっと実存主義的な、というかむしろ現象学的な空間論、身体論になるわけですが、ハビトゥスといった場合には、この住まわれた、住み慣れた空間の問題になりますので、近さというものが意味を持つ。わたしたちは実際、生理学的にものを見る場合だって、四角く升目で描かれるような遠近法的な仕方で見ているわけではありませんし、つまり、均質な空間を認識しているように見える視覚ですら、じつは均質空間を認識しているわけじゃない。ましてや音も、触覚もそうですが、それが捉える空間は非常に限定されているし、まったく均質ではなく、「強度」を持った空間なのかなといった気がします。たとえばコップの隣に鉛筆があって、その隣に食べ物があっていいわけで、その人の住まわれた習慣のなかで、「コップでコーヒー飲んだあとにものを書くので鉛筆を置いておいた」と——そういうことは合理的な連関ではなくとも、本人の習慣のなかでは非常に一貫した、コンシステントな流れなのかもしれないわけです。ですから先ほどのインデクシカリティの問題は、並べかえの可能性として理解できる。ここは友達と会う場所、ここは寝る場所、ここは食事を食べる場所というゆるやかなインデックスをつけますが、その使い方にも色々とあるでしょうし、場合によってはインデックスそのものを並べ替えて、玄関のところにすぐに食堂を持ってきてもいいし、まあ寝室を持ってきてもいいと。一見すると論理的な整合性とは違うようなことが、ハビトゥスのなかでは、ぜんぜん居心地良さを損なわないで成り立っている。そういうところでハビトゥスとインデクシカリティの話がくっつくのではないかと思いましたけれども。

佐藤　面白いですね。建築家の作業は、住人のハビトゥスにかたちを合わせていくことなのか、それとも攪乱することなのか。攪乱されることで、住空間に新鮮さなり軽さなりが生まれることもあるだろうし、それがふたたび、ハビトゥスに回収されて可視性・可触性を弱めることにもなっていくだろう……そのあたりのことについては、だいぶ前に難波和彦さんが『建築的無意識――テクノロジーと身体感覚』（住まいの図書館出版局、一九九一年）という本を書いてますが、モダンな建築は目に斬新であるところに価値が置かれていたんだけれども、慣れると見えなくなったときのことを含めてデザインするというのは重要な視座だと思いますね。

北野　図式的にいうと、近代的な均質化された空間に対して、前衛としては二つのベクトルからの介入がこれまで可能であったわけですね。一方では、均質な空間ではなく住まわれた空間、現象学的な空間に軸足を置いた（荒川修作などの作品もそうかもしれません）建築デザインがあり、他方では、均質なり合理的な空間に対して「錯乱するニューヨーク」というコールハース的な発想があった。つまり、現象学的な身体空間からの介入と、均質空間をかきまわしちゃえっていう発想があったわけですね。そこで、先ほどのインデクックスというのは、ややミスリードする危うさもあるかもしれませんが、山内さんの言葉に頼りつつ敷衍すると、イナーシアになっている部分、空間性と対応関係にあるハビトゥス、そのどこかをリチャンネリングする・並べかえる・変換するというふうに読み込むことができるわけで、そういった意味では、現象学的アプローチあるいは攪乱のアプローチ双方と異なる方法論として位置づけることができるのかもしれません。
　リダンダンシーやインデックスを踏まえたとして、そこでは、何を起点として何が並べ替えられるのか、そこにはいかなる種類の来るべき何かがあるのか。並べ替えられていくのを成り行きに任せるにしても、です。そこに何らかの期待の地平を求めようとする理論的ヴィジョンをめぐって問いかけること自体はやはり問題含みなのでしょうか。でも、だとしたら、それはやはり錯乱とか攪乱といった術策と同じになってしまうのではないか。そのあたり、いかがでしょう?

坂元　変換とか並べ替えが、全体のなかで決められることもあれば、局部的に決められることもある。また、起点も流れのなかの一断面だと考えると、インデキシカルな建築を、それとつながるようなかたちで変わっていくようなものとして考えたほうがいいかもしれない。でも、これは確かではありませんが、建築家は大抵コントロール・フリークですから、そこで成り行き任せにするようなことはしない。条件を微妙に「変換」させ、何かを作り出そうとしているのだと思います。しかしその何かは、ある具体的な空間のイメージではなく、物、人間、動物、プログラムなどの関係のなかにあるものではないかと思うんです。九〇年代中ごろ、都築響一さんが東京にあるアパートや戸建住宅の写真をひたすら撮った『TOKYO STYLE』という写真集がありますが、家のなかにCDが山にようにあったり、本棚がトイレまであったり、異常な光景を見ることができる。それは個人的なハビトゥスの結果なんだけど、そこで異常だと思えるのは、平凡なアパートや住宅というコンテクストとの関係があるからであって、そのどちらもが背景にならずに共存しているからではないかと思います。

佐藤　建築を「住まい」として、つまり動詞「住まう」の名詞形として捉え直すということですよね。でも、生をエンボディするソフトな器としてのハビトゥス的建築において、偶発性はどう関わってくるんでしょう。生命の比喩を呼び込むと、ランダムではないパターンの増殖みたいなイメージが出てきてしまうんですが。そこに偶発性というものがどう関わってくるのか、というのは微妙な問題ですね……。

山内　言語レベルのものもハビトゥスだし、手の動かし方であるとか、体の動かし方であるとか、色んなハビトゥスがあって、一般的には身体的なものが一番代表的なんでしょうけれど、精神的なハビトゥスも色々あると思います。ハビトゥス全体が整合的にできているのかと考えると、これまた微妙なわけですけれど、さっき私が言ったのは、一つの、一連のハビトゥスであっても、食事のあとに道具をどうするのか、コーヒーを飲んだあとペンをとるという、一つのハビトゥスのなかにも、じつは命題化した場合にはそのつながりが見えにくいような系列があるのかなということです。いま坂元さんがおっしゃったことは、均質空間のなかに無理やり、入り込まないものを両立させるというジャクスタポジション（並置）の話ですよね。ハビトゥスを私なりに言うと、それはまさに規則通りに拡張していく形式というより、事実的にというか、偶発的に与えられるものをジャクスタポジションすること、そしてそこから規則を生成させる、しかもその規則を身体に根付かせるという仕方で成立すると思います。ハビトゥスには偶発性の内在化ということもありそうです。ですから、ジャクスタポジションという論点は、ハビトゥスには顕在的には含まれていない論点を発展させて頂いたように思えます。

坂元　ハビトゥス自体も、おそらくもとにあるものを必要としているというのか、何がしか実際の空間があって、そのなかでハビトゥスが生まれるというべきか、そしてその関係のなかに建築の価値を見出すというか、そのような感じがします。

佐藤　北野さんの研究室に以前お邪魔したとき、すごいハビトゥスを感じました（笑）。

北野　そういうバッド・イグザンプルは有効ではないです（笑）。

佐藤　暮らす、「棲息」するというときに、「棲」むという字がありますが、それはハビトゥスに関わってますよね。このあたりのことには、カルチャーの違いもたぶんあって、たとえば、自然なハビトゥスのエンボディメントに任せるのをすごく嫌がるドイツカルチャーというのがあって……お店に入って売り物を手に取ろうとすると、モノが動くから嫌がられるみたいな（笑）。ところが日本人はやはり、せつかくきちんとモダンな部屋を作ってあげてもモダンに住まないようなところが今もあって、そんな文化論もハビトゥスの形態ということで絡んでくるかしら。

北野　そうですね、それは逆向きの問いかけをすると、どこまで均質空間なるものを実践において追求してきたのか、ということでもあると思います。たとえば、建築家であれば、遠近法を徹頭徹尾、純粋なかたちで用いている実践例というのはあまりないのではないか。デザイン作業のなかでアクソノメトリックを用いることは少なくないし、それから模型を作り、それを逆に遠近法のなかに押さえ込んでいったりもします。他方では、ペンを使うにせよソフトウェアを使うにせよ、デザインを描くとき太い線、細い線を使い分けたり、陰影を施したりします。そうした具体的な実践をみてみると、実のところ、純粋な均質空間というのは、近代の建築実践のなかでも避けられてきたようなところがありますよね。建築家はつねに均質空間というのを避けてきたのではないかといえば言い過ぎかもしれませんが。

坂元　建築が用いる全ての図法に共通して言えるのは、ヒエラルキーの操作ということだと思います。例えば、パースペクティヴを用いると、奥行き、始点の位置、焦点などが強調されるし、太い線と細い線を使い分ければ、太いほうが前面に浮き出して見える。同じように影をつければ、その部分だけ、他のところよりも立体的に見えてくる。逆に全て同じ太さで描いたりアクソノメトリックを使うと、形にもよりますが、均質に見えてくる。近代建築家のミース・ファン・デル・ローエの戦後アメリカでのデザインは非常に均質的だけど、同時に一九世紀のフリードリッヒ・シンケルのような象徴性が備わっている。そう考えると、近代は均質空間を避けていたと言えるのかもしれない。逆に、ポストモダン以降、一つ一つの建物がアイデンティティを主張しだすと、都市全体で見た場合、妙に均質的に見えたりする。一つ一つの砂粒の形や大きさが違うのに、ビーチは均質に見えるのと一緒かもしれません。

佐藤　勝手気ままな運動がマクロなレベルでの斉一化をつくる、というのはまさに、エントロピーの法則ですね。

「自由」というファンタジー

北野　「エンボディメント」をさらに読み広げておきましょう。この言葉を、リピットさんのおっしゃる「Post-it」の議論から眺め直すと、かつて「欲望」と名付けられていた力線の話も避けて通れません。近年、映画をはじめ様々な文化事象を語るときに、「情動」という訳語になるのでしょうか、エモーションあるいはアフェクトといった言葉が盛んに用いられたりします。そのあたり、いかがでしょうか。

佐藤　その前に単純なことを確認したいんですが、embody に相当する動詞を持っていない日本語で、エンボディメントの概念を移入しようとすると、それが一時的だというニュアンスが抜け落ちてしまいがちな気がして。つまり、本来は disembody というプロセスがペアになるわけです。この用語には、マインドとボディの二元論においてマインドが最初にあるといった、キリスト教的精神性が絡んでいるはずですが、それは、発想の構造として受け入れていいんですよね？　ボディをもたないものがエンボディして、それがある条件のもとでまた崩れていって、そして行き場を失った情報性のゴーストみたいなものがどこかで re-embody される。リエンボディされるときには、されるもの自体が違っているのかもしれない——私はそのくらいの理解なんですけど。

北野　僕の理解の仕方も基本同じだと思います。結局、ディスエンボディメントとエンボディメントを素朴に対立させてしまうと、いつの世にもある身体のロマンティシズムというか、生の身体とか、生の肉体への仮託にさらわれてしまう可能性があるわけです。けれども、ハビトゥスやイナーシア、あるいはリダンダンシーといった視点は、ある意味、そうした、身体のロマンティシズムを回避するという向きもあるのではないでしょうか。そうした、生活世界のなかで沈殿している、あるいは層を成しているような何かに対して、ロマンティシズムに陥らない仕方で思考を開くにはどうしたらいいかという戦略と言ってもいいかもしれません。別のインデクシカリティを提示するとか、別のハビトゥスに向けて並べ替えしていくとか、そういうことかなと理解しているんですけれども。

佐藤　ロマンティシズムというと、僕にはエンボディメントという発想自体がロマンティックだなと思うふしもあります。エンボディメントという言い方は、六〇年代から繰り返されてきた「われわれは自由なんだ」というイデオロギー、「新しいカルチャーを作ることができるんだ」、「新しいボディを作ることができるんだ」といった、そういう流れのなかにありますよね。

北野　あるいはまた、そうした「自由」のイデオロギーと接続しながら、八〇年代くらいから流通し始めた、サイバーバンクに典型的に表れるような、ある種の肉体の消滅、完全にヴァーチャル・リアリティのなかへ入ってしまうことへのロマンティシズムもありますよね。それもまた繰り返されてきたロマンティシズムです。生の身体に対するロマンティシズムと、身体が消え去ってしまうことへのロマンティシズム、それらのあいだのところで、ハビトゥスを並べ替えるとか、ハビトゥスに対してある種のインデクシカリティを提示するとか、そういうことを探っていくしかない、という辺りにわたしたちの共通理解があると言っていいのではと思っているのですが……。

リピット　いま佐藤さんがおっしゃった「自由」というファンタジーは非常に重要だと思います。自分なりのハビトゥスを作り上げる自由こそが最大の自由かもしれません。しかしそういった自由とは本当に可能でしょうか。最近ラジオで経済ニュースを聴いていましたら、車の生産、デザインの話になり、業界での大きな秘密は年寄りの方の希望に従って車が造られることだ、とのコメントがでました。一番車を買う人は年輩の人だからです。でも、それを表に出せば、車が売れなくなってしまう。たとえ年寄りでも年寄り向けの車は誰もほしくない。いくら便利で快適でも、ハビトゥスとしての車のファンタジーが全部崩れてしまう。スポーツカーを買って、自由に自分なりの生き方をおくるファンタジーの裏には、まったく違う人のために作られたハビトゥスが受け継がれており、それがそのファンタジーを持続させるわけです。

そこでアフェクト（情動）の話に戻ると、アフェクトをとりあげて精神分析を批判するドゥルーズ主義者がいますよね。とくにアメリカの場合は『〈帝国〉』のマイケル・ハートです。ドゥルーズ自身もフロイト批判をしていますが、まったく精神分析を認めないわけじゃない。しかし一部のドゥルーズ主義者はかなりハードな立場で、いつかマイケル・ハートと会話をしたことがありますが、そのとき、どこまで彼が精神分析を認めていないかに気付いてびっくりしたことがあります。「僕にはトラウマがない」って彼は言うんです。でもトラウマって、基本的に自分にそれがあるかないか分からないからトラウマなのであって、どうしてそれが言えるかと訊いたら、「自分には無意識がない」と、自信を持って言います。じゃあフロイトは本当にアフェクト、情動性というものを考えていないのかというと、まったく逆でもある。フロイトの精神分析がずっと抱えてきた問題というのは、アフェクトは表象できないものである、ということです。精神分析という言説のなかでは、自分の感情とか情動などは、何かと結び付けなければならない。言葉、記号、色、匂い、音など、そこにアフェクトがくっつくというかたちで、表象されるわけです。まさにPost-itのエコノミーです。何よりも重要なアフェクトに、身体はないのです。すでに具体化したものにくっついて身体化する。これはPost-itの論理でもあり、リダンダンシーでもあります。そうするとアフェクトには身体がまったくないからアフェクトが表現されるときには、エンボディメントとしてしか現れる可能性がない。こうした意味で、エンボディメントとアフェクトは、精神分析では親密な関係を持つわけです。そこに、先ほど佐藤さんがおっしゃった、一時性という問題がある。ユング的な無意識の世界は、文化的に決めつけられていますが、フロイトの場合はあくまでも個人的であって、自分がくっつけたアフェクトは、永遠に続くものでもない。一生それを抱えている場合もあれば、エンボディされたアフェクトが剝がれ、違うものにくっついていくこともあるわけです。これはまさに佐藤さんが先ほどおっしゃった「Ex-it」の問題です。「Ex-it」としてのアフェクトであり、この場合は「No Ex-it」としても考えられます。無表現なアフェクトは次々と形を変えながら永遠に残るわけです。これはとてもドゥルーズ的な精神分析だと思いますが、そもそもフロイトからそうだったのです。

北野　こうした点は、脳科学の近年の言説とも積極的かつ批判的に接近、接続、交渉しうるところもあり、さらなる展開ものぞめるかもしれません。流行りではありますが。アントニオ・ダマシオやジョセフ・ルドゥーの議論ですね。むろん、彼らの議論のなかで見え隠れする生物学主義には慎重であらねばなりませんが。

たとえば、ダマシオにおいては、情動と称されるような一次レヴェルの生体反応、たとえば血流が速くなる、動悸が速くなるといった、以前であればよくて自律神経系の機能の話として済まされてしまっていたこと、酷い場合は理性的な人間の脳の働きに関する考察からは抹消されていた生体反応をチェックできる内部システム（「身体による身体のための統治」）が、人間の身体には設定されていると説明されます。こうした心身反応が身体や意識（前意識）の層に何らかのかたちで登録され――彼を一躍有名にした「ソマティック・マーカー」仮説ですね――それが新たな経験の際に、感情（feelings）として再出されたり、何らかの表象にともなって現れたりするという考え方をとります。それらがのちに、何らかの認知作業のなか、意識において何らかの表象において再浮上したとき、エモーションとなる。この沈殿化されたアフェクト（さらには浮上したもののまた沈殿されてしまったエモーション）は、こっちへ行ったりあっちへ行ったり、あるところにずっと留まったりといったことがあって――ハビトゥスのなかにアフェクトやエモーションが棲んでいるというか、住居を定めているようなものですね。そして、そうしたことは個人個人で、いろんなかたちの住まい方になってもいる。ある特定の部屋に入れないとか、ある種のイスに座ると非常に気分が悪くなるとか、そういった色々なことが個人の経験のなか立ち現れたりする。まあ、個人的な位相だけでは捉えきることはできないのはもちろんのことで、それらの間の交差とか接続性みたいな視野も必要なわけですが、さらに言えば、ルドゥーにいたっては、より鮮明に、そうした情動が、進化において――つまりは、様々な動物たちの生態的特性を織り込みつつ展開してきた――脳システムや身体システムのなかで発現しているということになります。

そろそろ時間ですね。色々刺激的な論点が提出されたと思いますし、まだまだ話足りないところも多くありますので、まとめておく必要などはないとも思うのですが、一応、強引にまとめじみたものを試みておきますと、リダンダンシーを、効率性だけで見ないで、もっと身体やエロティシズム、アフェクトのレヴェル、あるいはもっと猥雑なもの、排泄なども含めて広く考えなくてはいけないということになりますでしょうか。だけれども、身体の消去とか、身体のゼロ地点とか、あるいは身体なるものはすっきりと区画整理されて合理性へ向かうのだとか、逆に極端な過剰において身体が攪乱され飛び散ってしまう日を迎えるのだとか、そういうロマンティシズムの方向が色々あるわけですが、それらに対してはどこまでも抗いつつ、リダンダンシーを解析していく可能性を探るということが、ポストヒューマンととりあえずは呼ばれたりしている二一世紀初頭の知的状況を考えるための一つの方向であろう、そういうことなのかもしれませんね。

佐藤　そうですね。われわれの生物としての身体というのは、非常に長い進化の時間を通じて変化してきた、それだけに一番安定したエンボディメントの姿であるわけですが、そうした、百万年のイナーシアを抱えて今日なお、きわめて冗長に動いている身体が、ポストヒューマニスティックなファンタジーのなかで、一〇年や二〇年のスパンで組み換えられるという言説が活性化している。これは、ちょっと軽弾みです。テクノロジーの進化を内包しつつ〈時〉を前に進めているわれわれの変容ないし揺動を語ろうとするのであれば、できるだけ「重い弾み」というか、今日の議論に出てきたような、様々な分析視角を浮かび上がせた上で人間存在の揺れ動きをみていくというやり方をとらないと、空回りするだけでしょう。

（初出：『表象』二号、二〇〇八年）

6　映画をめぐる新しい思考のために

＋宇野邦一（立教大学教授）
＋リピット水田堯（南カリフォルニア大学教授）

北野　今日は、日本でフランス哲学を軸にしながら厚みのある思索を展開されるとともに、それに加えて映画をめぐる挑発的な言葉を紡がれる素晴らしいお仕事もなさってきている宇野邦一先生と、アメリカでジャック・デリダをはじめとするヨーロッパの哲学的思考を映画をめぐる言葉につなげる刺激的な仕事をなさっているリピット水田堯さんをお迎えして、この日本という場所で映画について考える方法、映画を語る言葉について、新しい道筋、少なくともそうした道筋に向けてのアイデアや手がかりを探ることができるとうれしいと思っています。

このように、ちょっと不遜にも啖呵のような言葉を吐いてしまいたい気持ちになるのは、いくつかの理由があります。まず卑近なところですが、今日の日本の映画研究に少しばかり危惧をもっている点からお話ししたく思います。ここ一〇年か二〇年のあいだに、日本のアカデミズムに英米系の映画理論が急速に導入・紹介され、咀嚼されていったわけですが、そうした「英米系」と呼ばれる方向の中で出てきた映画研究において、今日、似通った言葉、似通った方法論、似通った研究成果が大きく目につくようになってきたと思われる状況があります。もう少し具体的に言えば、これらの理論は、フランスで開花した構造主義、ポスト構造主義、あるいはそれらと接続した精神分析や批判哲学といったものが英米でフォーマット化されたものと言っていいわけですが、日本でそれらの理論がいっそうマニュアル化されるとともに、その応用篇として日本映画が題材とされた映画研究がかなり大勢を占めるようになったという印象をもっているわけです。もっと言えば、そうした理論が半ば当然視されるかのように理論を批判的に吟味していこうとするベクトルが縮減しつつあり、「手堅い」とされるタイプの、関連資料をしっかりと収集した実証主義的な日本映画研究があたりを埋め尽くしている感があります。

むろん、フランスで取り組まれている映画をめぐる濃密な思考も紹介され続けていて、必ずしも今触れた「理論」とその公式化した適用とは一致しない論考も多数見受けられます。また、日本の固有の文脈で醸成されてきた批評の言葉も十分に現前していますし、加えて六〇年代の再検証の動きとも絡んで、戦後日本の映画的思考の可能性を見直そうとする動きが活発になってきていることも確かです。ではあるのですが、ことアカデミックな場での映画研究に限っては、いっときのカルチュラル・スタディーズへの熱狂も含め、映画研究は「英米系」のスタイルをもつものが大きな部分となり、それを下敷にした日本映画の研究論文がやたらに目につく状況だと言って間違いないと思います。もっと言えば、映画をめぐるこのようないくつかの言説群が棲み分けしているかのごとく、互いに没干渉のまま事態が推移している。私自身、こうした「英米系」に属し、下手をするとその推進役のような役回りを演じてきたようなところがあるわけですが、やや無責任な印象を与えなくもない言い方をすると、やはり定着という名の停滞よりは、混乱であっても活性化したほうがいいだろうという判断もあり、ここへ来て、映画を語る言葉はもっと自由に開かれていいんじゃないか、という思いを強くし始めているわけです。

逆に、ではアメリカやイギリス自体はどうなっているのかと眺め直してみると、そこにもまた同じような光景が広がっている感があります。もちろん、異なる事情、異なるコンテクストがあることは間違いないのですが、似たりよったりの収縮感を認めざるをえない。つまり、七〇年代から八〇年代、そして九〇年代はじめに跋扈した「理論」の隆盛のあと、現在、実証主義的な歴史研究が主たる動きとなっているわけです。良くも悪くも関連資料をきちんと渉猟した上で穏当と思われる程度の分析を施す映画研究が強いモードとなっている、もっと言えば、アメリカ映画研究、ありていに言えばハリウッド映画研究が中心になってきているようです——逆から言えば、フランス映画やドイツ映画や日本映画は、映画研究の研究分野の中で周辺に追いやられ、ひどい場合は地域研究の中でようやくその活動の場所を見出している、といった様子さえ窺えます。あえて辛口を気取れば、そうであるがゆえに、いっとき日米アカデミズムを席捲した「ナショナリズム批判」という方向での映画研究・視覚文化研究も、実のところ、日本研究という制度化された地域研究の中で、日本という国の一つの文化現象としてのナショナルなベクトルの摘出といった、地政学的に言ってかなり際どい取り組みになりつつある、ということでもあります。文化ナショナリズム批判は、その初期には知的インパクトをもっていたにせよ、ナショナルな文化傾向を日本という「国民性（national）」の特性分析として扱う制度的なフォーマットの中で馴致され推移し始めているようなきらいもなくはないということです。

それぞれの磁場にはそれぞれのコンテクストが作用しているにせよ、いわば良くも悪くも日米はよく似た相をたたえている。もちろん、ここでまた「理論」の輸入などという愚行を繰り返すわけにはいかない状況だと思います。言い換えれば、英米系の映画理論を日本のコンテクストにおいて見直す時期に来ている。だからといって、日本独自の理論を探り出すというのも——それはそれである程度の生産的な側面を否定できないものの——、やはりいつかどこかで見たことの繰り返しでしょう。むしろ、英米系の映画理論そのものの輪郭と成り立ちを検証し直すことからスタートするのが一つの道筋ではないかと思うのです。

今回、この『思想』の特集で、三〇年ほども前にアメリカとフランスで出版され、その後の欧米での日本映画理解に決定的な影響を与え続けてきていると言えるノエル・バーチの『遥かなる観察者のために（To the Distant Obserber: Form and Meaning in Japanese Cinema）』（University of California Press, 1979）

の元となった論文――日本でも昨今注目を集めているラディカル派の芸術批評誌『オクトーバー』の創刊号（一九七六年）に掲載されたものです――を訳出し、検証し直そうと企んだのも、そのためです。日本の外側でどのような日本映画理解があったのか、それを真正面から見つめ直し、海外の知的営為との接続を計り直す、というのがそのまずもっての動機です。この論文、そしてそれを元にした同名の著作、それに続いて、日本でもすでに紹介されているデイヴィッド・ボードウェルの小津安二郎論がものされ、欧米における日本映画理解の骨格が形作られていったことを急いで付け加えておきましょう。また、「理論」なるものが全盛の頃、それこそ最も先鋭的で最も代表的な論考として現れたこの論文を再検証することで、「理論」なるものの歴史性、その可能性と限界を探る一つのきっかけになるのではないかと考えたのも、意図の一つです。当然のことながら、このかなり昔に書かれた、しかも映画研究というディシプリンが確立される前夜に書かれた論文には、実証主義的な見地からすれば緩い部分も相当あり、他方では、ある国で制作された映画にその国の文化の型を接続しようとした嚆矢でもあるので、ナショナリズム批判の観点から許し難いものがあるのは否定し難いのですが、そうした狭隘なポジションからネガティヴな面をあげつらっても、あまり意味があるとは思えません。そうではなく、映画研究確立前夜における「理論」のもっていた軌道や力線を救い出すことが重要だと思います。『オクトーバー』創刊号には、ミシェル・フーコーの「これはパイプではない」をはじめ、ニューヨークのダウンタウンのラディカル派の中心の一つを形成していたアーティスト、劇作家でもあり演出家でもあったリチャード・フォアマンの論考、さらには若き日のジャン＝クロード・レーベンシュタインの刺激的な評論が掲載されています。これらと並んで、論文「遥かなる観察者のために」が掲載されている。その事実からだけでも、この日本映画論がどのような批評空間の中で登場したのかをうかがい知ることができます。狭い意味での映画研究に閉じこもる論文ではないわけです。

他方、このテクストが二一世紀になってミシガン大学日本研究センターのサイトでデジタル化されてアップされる際、日本思想史研究者のハリー・ハルトゥニアンが解説論文を寄せており、それも併せてこの特集では訳出することになっています。それもまた、論文「遥かなる観察者のために」をより大きな思想史、しかも二〇世紀の大きな政治的思考のうねりの中で批判的に照射し直しながら可能性を探ろうという意図があってのことです。

こうした、少し漠然とした輪郭ではあるものの、であるからこそ映画をめぐる言説状況を活性化させたいという野蛮な企みの下、この座談会でも、そのような「理論」なるものの見直しをその出発点にまで遡りながら、いや、もっと言えば、映画とはそもそも何なのか、という問いがもつ、二〇世紀における思考活動全体に与えたインパクトも視野に収めながら、お二人に現在映画について考えていらっしゃることをいろいろ聞いてみたい、というのが私の目論見です。地政学的な意味合いでも、アカデミックな意味合いでも、境界線を軽々とまたぎながらお仕事をなさっているお二人は、偶然にもそのお仕事でバーチに言及されることも少なくなく、それも含め、もしかすると今現在、日本という場だからこそできるかもしれない――むろん日本というコンテクストに固有な知性の土壌を想定して、というよりも、さまざまな思考の交渉が行われている東アジアの一国という意味ですが――映画をめぐる思考の練磨を行ってみたい、それが、いささか大げさではありますが、狙いの中心です。先ほど述べたような閉塞状況にあって、それを「理論」と呼ぶべきものかどうかはさておくとしても、原理的な問いまで立ち返り、映画をめぐる思考を一から考え直す機会になれば、と思います。

フレームとは何か

北野　状況論的な話が過ぎたかもしれません。大きな視点からの概括論で終始していては、ミスリードしやすい。むしろ、もっとミクロな、原理的な、と言っていいかもしれない水準までまなざしを遡らせて問いを立てていくことが賢明なように思えます。

例えば、フレームなるものについても再考する余地が十分にあると思います。宇野先生のご著書『映像身体論』（みすず書房、二〇〇八年）の「フレームという恐ろしいもの」という論文にとても刺激的な論点が提出されているように思えたからです。改めて、フレームとは何なのか、ということを考えさせられるよい機会でした。例えば、ボードウェルが書いた『フィルム・アート』（二〇〇四年〔飯岡詩朗・板倉史明・北野圭介・北村洋・笹川慶子訳、名古屋大学出版会、二〇〇七年〕）という映画研究・映画制作のスタンダードな教科書になっている本がありますけれども、そこでは映画の単位が基本的には「ショット」になっています。ショットの中に何が映っているのかという観点でミザンセン、ショットをどのように撮るのかということで撮影、ショットとショットをどうつなげるのかが編集、ショットにどのような音が加えられるかということでサウンド……そうした具合いに映画を捉える観点が整理されているわけです。そこで、フレームかショットか、映画の基本単位をどちらにもってくるか、という素朴な出発も、もう一度改めて考え直しておくべき問題なのかもしれないと感じられ始めた。

他方、フランスの映画をめぐる思考の系譜には、スタンダードな映画論の参考書でもあるジャック・オーモンの『映画理論講義』（一九八三年〔武田潔訳、勁草書房、二〇〇〇年〕）も、やはりフレームから始まっていて、ショット概念は怪しい、という留保がつけられたりしていますし、ジル・ドゥルーズの『シネマ1』（一九八三年）もフレームから話が始まっています。当然のことながら、フランスとアメリカのアカデミズムの違いなのだと言ったところで何の意味もありません。むしろ、映画を語る時のいちばんミクロなところで、何が画面に映し出され、何をわれわれが見ているか、そうした出発点さえ、いまだ厄介な問題を孕んでいるのだと、まずは捉え直したほうがいいと思います。

そこで、いささか強引ではありますが、リピットさんは、『原子の光（影の光学）』（二〇〇五年〔門林岳史、明知準二訳、月曜社、二〇一三年〕）において、X線と映画と精神分析を並行的に扱いながら、見えていなかったものが視界に浮上してくる、という一九世紀末から二〇世紀はじめの大きな知と感性と認識をめぐる構造の地殻変動について論じられていますが、それがフレームへの問いとペアにすべきもう一つの問いを作るものとなるかもしれない。表象媒体史的なアプローチと言っていいのかどうか分かりませんが、この刺激的な論考から、実は、映画の映像は、見えていたものを映し直したのか、見えていなかったものを映し出そうとした結果なのか、容易に整理し難い、映画が映し出すものについての扱いにくさに改めて気づかされたからです。

つまり、映画に私たちはそもそも何を見ているのか、というかなり原理論的な問いかけを改めて整備し直すという課題がお二人から突きつけられたように思えたんです。日本とアメリカで宇野先生とリピットさんのお仕事に交差する点を感じた、とちょっと確信犯を気取って議論の起点としたく思います。お二人に「画面とは何か」と改めて問いかけてみたいのですが、いかがでしょうか。

リピット　フレームが基本的な単位だと言った人はドゥルーズ以前にも、オーモン以前にもいます。それをポリティクスにしたのが一九五〇年代、六〇年代の実験映画作者です。ショットが基本的な単位だと言われたのもボードウェル以前で、これはセルゲイ・エイゼンシュテイン（一八九八—一九四八年）からです。ただ、フレーム自体はふつうの映写機を通した時には見えるものじゃないんですよ。いくつかのフレームが続くことによって映像、動画が初めて見えてくるわけです。エイゼンシュテインの場合、ミニマムな単位と単位のぶつかり合いではなく、一つの意味をもつ単位と、もう一つの意味をもつ単位がつながる、またはぶつかり合うことによって違う意味が登場するわけです。でも、実験映画を中心にして特にフレームにこだわっていたトニー・コンラッド（一九四〇年—）、ピーター・クベルカ（一九三四年—）、ポール・シュルツ（一九四三—九三年）といった人たちは、見えないものがどのように画面に映るか、見えないものがぶつかり合って画面にあたった時に何が見えるかに惹かれていたと思います。例えば、トニー・コンラッド監督の『フリッカー』（一九六六年）という映画には、実際に見ている観客の身体が反応を起こして癲癇の症状を表してしまう危険性がある、という注意が出てきます。つまり、最低限の単位、フレームとフレームがぶつかり合うことによって、見えないものが見えてくるだけでなく、身体がそれを感じることによって恐ろしい反応を起こしてしまう危険性が描かれているわけです。それから、クベルカは最近、フレームとフレームがぶつかり合うことによって世界は終わってまた始まってしまう、と言っています。

宇野　「ぶつかり合う」というのは、具体的にどういうことですか？

リピット　二つのフレームがモンタージュというか編集されることによって、あるいは見えるはずのない二四分の一の一コマがもう一つの一コマとつなげられることによって瞬間的に爆発が起きる。

宇野　サブリミナルと言われるようなものですね。

リピット　サブリミナルなものでもありますし、実際に起こすのがフラッシュ現象ですね。

宇野　「ピカチュウ」の現象みたいなものですね。

リピット　ええ。その事件は映画人のあいだではかなり関心をもたれて、まさに六〇年代の実験映画の復活として受け入れられました。フラッシュ現象に関しては、クベルカは自分の映画を音楽として作っていたわけですね。作曲として、違う形のフレームを八単位で並べていく。そのフレームを画面と考えますと、見えないものを見えるようにするだけでなく、見えないものを見えないものとして見させる。それも映画の範疇の一つだと思っています。

また、三つの画面現象が一八九五年に起きます。リュミエール兄弟のグラン・カフェでの上映会があったのは、一八九五年一二月二八日です。それと同じ年、ウィルヘルム・コンラッド・レントゲンが一一月八日にX線を発見するのですが、そのレポートが掲載されたジャーナルが発行されるのが、一二月二八日。まったく同じ日です。そのレポートには写真も含まれていた。そして、同じ一八九五年の三月には、フロイトとヨーゼフ・ブロイアーが『ヒステリー研究』を出していたわけです。この偶然は、三つの現象がつながっていたことを意味しているような気がします。そこで示されたのは、内部を見つめることだけではない。内部をヴィジュアルなものとして示したのが精神分析だと思います。内部は必ずしもヴィジュアリティとは結びつけられなくてもいいわけですし、ドゥルーズはむしろそちらの方向に動いたのかもしれない。でも、フロイトの精神分析は、ヴィジュアリティに近い関係を示している。それから、ハンガリーの画家ラズロ・モホリ＝ナギー（一八九五―一九四六年）が語っていますが、レントゲン写真は身体の内部だけでなく、外部と内部を同時に写します。それこそ新しいヴィジュアリティとして考える必要があると思います。

その枠組みで考えた場合、映画もふだん見られるものが映っているだけではない。画面に映写され、画面にぶつかることによって日常が――これはジークフリート・クラカウアー（一八八九―一九六六年）につながる問題ですが――映像化されて初めて、ふだん見るものが見えるものとして再提示される、というパラドキシカルな現象が起きる。だから、見えなかったものが見られるようになったとは限らない。見えたかもしれない。見えなかったかもしれない。でも、それを見えないものとして見させられた。ドゥルーズが『感覚の論理』（一九八一年）で、フランシス・ベーコンの絵について、パウル・クレーから引用する部分があって、絵画はインヴィジブルなものをヴィジブルにするのではなく、ヴィジブルなもののヴィジビリティを表現する、という言い方をします。同じように、画面というのは、何かを見せる役目をもっていながら、見えないものを見えるようにするだけではないと思います。

北野　画面の中に見えるのは一つのタイプのものではなくて、見えないものが示されることもあるだろうし、見えていたものが見えるものとして改めて（ヴィジビリティも折り込み）差し出されることもあるだろうし、われわれの「見える」という経験には多彩なものがある。宇野先生はドゥルーズの『シネマ1』で言われる「画面外」に注目しながら、フレームについて非常に刺激的な論を書いていらっしゃいます。画面には何が侵入してきているのか、何が発生しているのかということについて、どうお考えになっていらっしゃいますか？

宇野　映画について語ろうとするたびに、それにしてもなぜ映画なのか、と考えるのですが、やはりいつも頭の中では絵画が横にあるんですね。絵画にもフレームはあって、視野を切断する働きと集中する働きがある。それから絵画には額縁もあって、額縁もまた作品と密接に関係するものとして展示されることが多いわけです。どこまで、という度合いの問題もありますが、絵画のフレームは、はたして写真や映画のように明確に視野を切断するものなのか。絵画は紙やキャンヴァスのサイズをほとんどフレームと感じないまま、その空間を満たしていく。キリスト教絵画のように、天国から地獄までを一枚の画面に描き込んでいくこともできる。セザンヌのように、一枚のタブローを終わりなきものとして描き続けることができる。日本の絵巻物も、限りなく長いスペースに切れ目なくイメージを展開することができる。だから、絵画ではフレームの意味がまったく違うと思うんです。それから、フレームかショットか、という問題については、ショットを原理とする考え方は、基本的にベルクソンの——ドゥルーズにもそれは入っていますけれども——感覚運動的な原理に基づいた被写体の運動と切り離せないと思うんですね。ですから、僕の解釈では、フレームという問題を出すことで、もうすでに運動的な原理に属さない別の問題提起をすることになるのかな、ということが一つです。

それから、これはドゥルーズにおいて、運動イメージと時間イメージの連結の仕方とはどうなっているかということにも関わってくるのですが、非合理的な切断によるイメージの構成ということが時間イメージの一貫したテーマで、まさにこの非合理性がいろいろな次元にわたるわけですけれども、運動イメージの中にも、ところどころに、いわば非合理的な、ある種の陥没が出現するんです。フレームといえば、まずイメージの内と外を切断するのですけれども、それと同時に、内と外のあいだに非論理的な、非合理的な関係が生み出される。そこにはすでに、見えるもの／見えないものという、まさに現象学的な分割とは異なる関係が問いとして浮上しています。まさにそういう問題をドゥルーズの映画論は出したと考えています。そのあとにすぐ「つなぎ間違い」という有名な小津安二郎の切り返しの問題にも関わることが出てくるんだけれども、つなぎ間違いということに重ねて、画面のフレームの内と外の非合理的な関係ということ、こうした切断や離接を映画の理論の最初にもってきたのがドゥルーズの発想で、もし彼が運動イメージだけの次元で書いていたら、この切断は、決してはっきり見えてこなかったんです。ですから、ショットのほうを重んずる考え方は、運動イメージというか、感覚運動的な脈絡を重視した視点から出てくるのかな、と思ったのがもう一つです。

それからもう一つ、リピットさんが、光の問題、それからドゥルーズの言う「見えるもの」についておっしゃいましたが、レントゲンと映画、それから無意識の問題のあいだには明らかに類比的関係があると思いますね。一九世紀には、光と思考、あるいは光と意識がどういう形で展開していったのか。ジョナサン・クレーリーは、暗箱（ブラック・ボックス）の中にある孤立した主体が、孤立することによって世界を静かに眺めることができた、という図式を提出しましたが、そのように世界と分離した主体が、すなわち遠近法的な主体であり――ここにもやはり「切断」の問題が出てくるのですけれども――、そういうふうに構成された光学的配置が、やがて出現する生理学的な次元によって大きく変わっていく、という議論をしています。クレーリーは、こうして生理学的な光の生産行為について、光の効果自体を生み出す不透明な身体の行為について語っているわけです。暗箱の遠近法的構造の中では身体の問題がいっさい捨象されていましたが、クレーリーがフェヒナーやショーペンハウエルを引用して語っている生理学的な主体というものが存在する。これはとても印象に残る指摘でした。

知覚は受動性のように見えることがあるが、知覚それ自体は生産である。マルクスの「五感は全歴史の成果である」という言葉は今も大変衝撃的な言葉だと思うのですけれども、クレーリーは生産という側面をあまり強調していないように思うんです。そこで、知覚の問題を、むしろマルクス的な文脈まで拡張して見られないかと思うんです。知覚の生産において、自然光を受け取りながら、人間はもう一つの光を作り出す。例えば、それが印象主義のような形で、光の意識として現れてくる。そういう新たな光の意識、光の次元が現れる頃、世界には写真が現れ、やがて映画が現れて、もう一度、知覚の生産行為が攪乱され、再編成される。それと並行して、新しいテクノロジーがもたらした光と、それと連動する意識、無意識の次元の変動ということまで考えると、これはかなり図式化が難しくなる。クレーリーの指摘はとても斬新でしたが、彼はまだ古典的なテクノロジーや遠近法の世界を基準にしていたので、その後の知覚の歴史あるいは知覚の生産の歴史を再考するという課題が、今なおあるに違いないと思います。

「見えないもの」とリピットさんはおっしゃいましたが、ドゥルーズは、絵画は見えるものをもう一度与え、見えるものを再現するのではなく、「見えない力を見えるようにする」と、はっきり言っています。つまり、「見えないもの」とは、やはり力なんですね。ドゥルーズは「知覚されないものの知覚」と繰り返し言っていますが、見えない力が見えるようになるには、これに応じて視覚の体制自体にも大きな変化が起こらなければならない。問題は力を知覚するということであって、単に視覚において、見えないものを見えるものに翻訳することではないということが、とても大きいと思います。それはたぶんX線をめぐっても現れたことで、光をめぐって「知覚されないものの知覚」という次元に関わるテクノロジーが生まれるということは、視覚そのものの性格が大きく変わっていくということでもある。

それから、視覚と他の知覚との関係を考えた場合、「共通感覚」と言われるものもあるわけですが、ドゥルーズがベーコン論で強調したのは「触覚的視覚」でしたね。視覚自体に大きな変化が起こる、視覚と身体の関係にも変化が起こる、と指摘していました。そういう変化に早くから非常に敏感だったのが、まさにベンヤミンだと思います。そういう意味で、どこかで結びついているとは思うのですけれども、フレームという問題の系列と、一九世紀末に連鎖反応のようにして起こった視覚の体制の大きな変更という、二つの問題があるように思いました。

リピット　映画の場合、「フレーム」というと何となく一コマというふうに考える。絵画の場合は「フレーム」という絵の枠という意味ですね。両方のメディアムにフレームが現れます。その関係というのは非常に面白いと思いました。絵画のフレームは内部と外部を分ける役目を果たします。フレームの中にあるものが絵で、その外にあるのは壁であったり世界であったりする。そうすると、絵を見る側としては、自分が外部にいることがフレームによってはっきり定義される。一九世紀の光をめぐる知識と視覚的テクノロジーという枠組みで考えますと、一九世紀の終わりに誕生した映画、X線、精神分析では、見る側の立場がはっきりしなくなってしまう。つまり、フレームが働かなくなってしまう現象があったと言えるのではないかと思います。特に映画の場合、初期の画面はガーゼのように透き通っていて、暗くしたグラン・カフェで画面の向こう側と映写機側の両方に人が座って眺めていた。向こう側の人も画面を通して見えたわけです。画面を見ているだけではなく、画面を通して向こう側も見ていたわけです。

これは映画だけでなく、レントゲン写真でも、ある程度は精神分析でもそうだと思いますが、見るための空間が作られているのに、自分が何を見ているのか、はっきり分からない。何が映っているのか、何を見ればいいのか、ということが、いろいろな形で大きな悩みを生み出したと思います。一八九六年にリュミエール兄弟が一〇〇人のカメラマンを雇って全世界を回らせ、エジプトのピラミッドや浅草の雷門など、いろいろなところを撮影してきたけれども、そういうものに観客が惹かれたとは限らない。日常的なものでもよかったわけです。映画館のすぐ外で撮影した日常のシーンでもよかった。だから、内容が問題だったわけではなくて、見る側は枠の外から見るのではなく、自分もその光を浴びながら見る。自分もスペクタクルの一部になっていく。精神分析でも自分が参加しなければならないわけです。レントゲン写真の場合も、最初だとされている写真はレントゲンの妻ベルテの手です。その写真を見ると、彼女の手の骨とはめていた結婚指輪が両方写りました。写真の中で内部と外部が同じ価値をもつ。彼女は「自分の死を見つめた」と言って、恐怖感をあらわにしている。そこに写った自分の内部は最も身近な自分の身体の内部だというのに、自分というものがその瞬間に確認できない。自分を囲む枠組み、フレームがレントゲン光線によって破壊された。

そういう意味では、一九世紀から二〇世紀にかけて、光そのものの形が視覚を変えることによって生まれた大きな問題の一つがまさに「フレーム」ということになります。自分がどこにいればいいのか、自分がこのスペクタクルのどこに向かっていけばいいのか。ヴァーチュアリティのようなものを作り上げたと言えるかもしれない。そこでフレームの内部と外部が混乱してしまう現実も起きたと思います。宇野さんがおっしゃっていたドゥルーズのベーコン論では、それは「力」と表現されています。フレームと力の関係がそこに現れているような気がしますけれども、いかがでしょうか?

宇野　自分がどこにいるか分からない、というのは、見る人の知覚のフレームみたいなことにも関わってくるんでしょうね。僕も繰り返し引用していますけれども、遠近法の理論家であるエルヴィン・パノフスキー（一八九二―一九六八年）が、映画というのはカメラ・ワークによって、見ている人を運動させる、これはまったく画期的なことだ、と言っている。つまり、文字どおり、静止した一点からの透視による遠近法の空間が破れてしまったこと、視点を自在に動かし、操作していけることが映画の特徴である、と。見ている対象との距離、見ている人の位置の取り方、あるいは動きながら見るといった映画の特性についてきちんと書いている。視点が固定して動かず、しかも外界から切断された観察者がいることが遠近法の原理だとすると、パノフスキーはまさに映画によって遠近法空間が破壊されてしまったと言っていると思うんです。

クレショフ効果のように、映像が知覚にどんな心理学的効果をもたらすかが早くから問われていたし、クラカウアーはナチズムと映像という難しい問題に踏み込んで、かなり早い時期に大衆社会の社会学と映画学を同時に展開するような観点を生み出しました。しかし、映画について語ることの根本的な難しさは、見る人が動かされている、ということから来たと思うんですね。そのため、いろいろなものが見えているんだけれども、実は見ること自体が見えていない。
映画というのは近くの対象としてはまったく過剰なもので、見ている人が選べないほど、ついていけないほど、絶えず過剰にデータがやって来る。これはまったく面白いことでもあり、暴力的なことでもあると思うんです。そうやって見る主体を動かすけれども、その主体が動かされていること自体は見えない。そういう不可視の部分をどんどん作っていくので、世界を俯瞰し固定して見ようとする遠近法的な思想にとっては最も苦手な相手だった。だからこそ、知覚の隙間のところに、瞬く間に、強烈に浸透していく映画の作用があったのだと思います。ですから、そういうふうに知覚そのものの配置が大きく転換してしまったところで映画を的確に語るには、ものすごく時間がかかったと思うんです。見えすぎたり、見えなかったりする場にどういう力が作用しているかを読み取るという課題が今でもあると思います。

北野　ここで教科書的に映画をめぐる研究の流れを概括しておいてもいいかもしれません。簡単に整理しますと、一九六〇年代後半から七〇年代、構造主義やポスト構造主義の脈絡で記号論が映画研究に導入されて、作品や映画というのは記号の束あるいは構造であり、映画作品を見る行為はそういった記号を経験することだとされました。これに接続する形で、ラカン派の精神分析を映画経験に導入する流れがあって、つまり、鏡像段階を擬似的に繰り返すようなイメージ経験として、それについて語るという映画へのアプローチも出てきたわけです。映画を装置という側面から捉え直すという動きの始まりでもあります。さらに、映画という装置はどういうものなのかを考えるアプローチから、映画あるいは視覚といった問題系を形作る言説構造を分析するという方向が模索されたりもした。ジョナサン・クレーリーがその代表と言っていいでしょう。宇野先生がおっしゃられたように、カメラ・オブスキュラとデカルト的な主体、あるいはデカルト的な主体が経験する一様なイメージの中で配分される世界のイメージといった、近代の始まりに立ち上がったエピステーメーは、クレイリーが言うところでは、一九世紀の前半から生理学などの知の構造が変わっていく中で、残像現象みたいなものが特権化され、残像に託さざるをえないような相対的な視覚経験に移行していく。そして、映画なども装置としてそうした大きな知の変容の中で捉え直されたわけです。ただ、これは、全体的な装置も哲学的言説も生理学的言説も、知の総体自体がスタティックな構造として動いた結果、映画ができました、みたいなお話になっているきらいもなくはありません。先ほどのマルクスの「五感は全歴史の成果である」ということを踏まえると、そんなに分かりやすいものではないだろう、という危惧も出てきます。

フレームには絵画と違った切断があるだろう。ショットという方向から考えても、例えばエイゼンシュテインは「エレメント（要素）」という言葉が嫌いで「セル（細胞）」という言葉を使うわけですが、これは何か予測し難いものを孕んでいることに注意を向けざるをえなかったということを示していますし、まったく逆の美学的ベクトルであるものの、アンドレ・バザンが彼のリアリズム映画論の中で映画の画面が胚胎する「曖昧さ」の重要性にこだわったのも、映画の映し出すもののもつ潜在的な厚みへのまなざしからのものだと言って大きく間違いはないでしょう。

そう考えると、構造主義的記号論が措定したテクストとしての映画という位置づけはもちろんのこと、そこに精神分析を導入し、再定式化された鏡像段階の擬似的反復としての映画鑑賞、といった位置づけも、やはり相当還元化されたものであると言えますし、さらには、クレーリーの言説構造の中で布置化された映画的視覚の形態にせよ、あるいは認知主義的な知見を導入することで理論化されたボードウェルの「ショット」も、両者ともに、それぞれいくばくかはイメージ経験のダイナミズムを斟酌しようとする面がないわけではないとはいえ、やはり、いまだかなりの程度スタティックな理解であると言わざるをえない。いわば「見えてしまう」ということに惹きつけられた分析単位ではないか、と思うわけです。

だけれども、一九世紀末から二〇世紀はじめに出てきた大きな知の変動の中で、映画や精神分析を横断する形で、非合理的なもの、過剰なもの、ヴァーチュアリティ、一時期日本ではデリダの脈絡で「痕跡」という表現もよく使われましたし、リピットさんの本には「ファンタズム」という言葉もよく出てきますが、そうした大きな変動が起きたとして、そこではいったい何がどう変わったのか、それをもっと考えたい。それら非合理的なもの、ヴァーチュアルなもの、過剰なもの、さまざまな仕方で呼ばれてきた位相の問題も含め、あるいは身体をも巻き込んだポジションの溶解と距離の再設定というところで話を整理できたら、と思います。

映画における過剰なもの

北野　宇野先生はご本の中で、小林秀雄が『オリンピア』（レニ・リーフェンシュタール監督、一九三八年）を見た時に書きつけた「観察不可能なもの」という言葉を何度も引いていらっしゃいます。花田清輝も二〇世紀アヴァンギャルドについて書く時に「無意識」や「具象性の非合理性」という表現を使っていますし、六〇年代の松本俊夫の「外部的現実と内部的現実の弁証法」にしても、映画の中に過剰なものが見えてしまうという点について語っており、見えないものが見えないにせよ差し出されてしまうという契機に関して、日本の論者もそれなりにトレースしてきたと言えるのではないかと思います。そこで、そうした映像の中の過剰なものについて、もう少しお話をうかがえれば、と思うのですが。

リピット　北野さんは、ボードウェルについて「見えてしまう」という表現を使っていましたね。僕はそこにこだわりたいと思います。映画は一種の装置と考えられます。画面があって、暗い部屋で、観客を画面に向かって、身体を動かさず、前を向いて座って見るわけです。これは、見えるから見えるわけではないと思います。目で見るのと実際に見られるものとのギャップが一種のヴァーチュアリティだと僕は言いたいのです。つまり、そこに映っている、そして確かにそこに映っているものを見ているにもかかわらず、何を見ているか分からないということが、同じ「見る」という範囲に入るのか、そこを疑いたい。ボードウェルの視点または方法、映像論、それはそれでいいと思います。ただ、エイゼンシュテインも同じ考えをもっていましたが、フレームではなくショットから始めることは、見えるものから始めることです。映画が見えたということから、映画を見えるものとして扱い、それをどう社会的に、または政治的に作っていくか、分析していくか、という問題に入っていくわけです。映画には見えるもの以前も存在します。

フランシス・ベーコンにしても、ベーコンの絵には何が写っているのか。抽象画の世界で生きていたベーコンは、フィギュアに戻り、具体的に身体などを描くわけです。でも、フィギュアがあれば簡単に見られるわけではありません。ドゥルーズがベーコンに惹かれる一つの理由は、目の前に何かがあるのにきちんと見えていない、その不安です。確かに、宇野さんがおっしゃるように、絵画は見えないものを見えるようにする。でもヴィジビリティの力は最終的には見えないものとして残ります。ヴィジビリティの力そのものは見えないものです。見えないものをどのように可視化するか、どのように見せるのか、という問題は一〇〇年以上経っても映画には残ってしまいました。

それは確かにフレームの問題です。フレームというのは、一秒二四枚。ヨーロッパでは二五分の一秒で映って消えてしまうわけです。一フレームが映る間、見えないものが映ってしまう。それをつなげて映画という違うものが作られるわけです。そこに映ったもの、見たものがどういう形で見られているのかは、まだ分析されていない。ボードウェルたちがやっているのは、テクストとして映画を分析することだと思います。それはそれでいい。ただ、身体や視覚の問題を映画に結びつけると、また違う問題が出てくると思います。

映画における身体という問題は画面に結びつけられていると思います。画面とは、いったい何なのか。それは映画館の中に物理的に置かれています。でも、その画面をどう扱うかによって、まったく違う身体論が登場するわけです。「世界への窓」というイデオロジカルな見方もあれば、空間のリミットでもあるし、装置論で言えば母親の胸です。画面という空間の構造自体が精神的なもの、身体化すると同時に精神化する空間として扱われるわけです。ですから、身体には必ず向かっていくと思いますが、北野さんが取り上げたような空間を通り抜けていかなければいけないと思います。

北野 今のリピットさんのお話にもつながるところだと思うのですが、ボートウェルの『フィルム・アート』には、カール・ドライヤー（一八八九―一九六八年）の『裁かるるジャンヌ』（一九二八年）の分析があります。そこでは、ショットがあって、そこにいろいろなアスペクトがあるけれども、ショットを見る時には、まず「セッティング（配置）」というアスペクトから見ましょう、と述べられています。そのとき、フラットで一様な単色に近い背景があって、顔が浮かび上がっていると、われわれは顔に注意を焦点化してしまう、というアプローチの仕方になっているんですね。あるいは「深さ」というアスペクトで考えた場合、形態であったり、陰影であったり、少しばかり顔を動かしたりする時の頭部の動きによって「ヴォリューム」というものが認知されるだろう、という話になる。もちろん、これは入門書ですし、画面に対する感覚・知覚を研ぎすましていくにはこういうチャンネルがある、ということを示唆する本であることは踏まえないといけないのですけれども、宇野先生のお仕事だけではなく、『裁かるるジャンヌ』に聖性、聖なるものを見続けてきた鑑賞経験が綿々とあることも確かなわけです。あるいは、そこまで思弁的にならずとも、一定の持続の中で展開されるクロース・アップの中に過剰なものをみてしまう経験や、およそスタティックなものではない、ショットの中に映し出されているものの中にある汗や細部の動きに引き込まれたりする経験は大変たくさんの人がするものでしょう。先ほどから「ヴィジビリティの力」が話題になっていますが、見えてくるから見えているのではないか、見えるものが迫ってくる、といったことを救い出す言葉、道具立てや構えみたいなものを建て直しておく必要があるのではないかと思うわけです。

宇野 ずいぶん複雑になってきましたね（笑）。ロベール・ブレッソン［一九〇一―一九九九年］やドライヤーのように、キリスト教信仰と堅固に結びついた映画の系譜がありますね。そういう系譜には注意を払う必要があると思っているんです。新しいテクノロジーがほとんど信仰証明として機能したというのは、どういうことだろう、と。ここで、さっきのX線の話も連想されてくるんですね。身体を貫通してしまう光がある、死後の自分を見るといったように、そんなふうに身体の生を透過するものとして精神の光が出現する。そういう意味で、X線は新しい見えない力の次元を表す。映画の光にも、やはり何かしら、そういう異様な力がそなわっていたのでしょう。その力が信仰と結びつき、その信仰がクロース・アップした顔と結びつく。キリストであれ、マリアであれ、絵画ではこんな顔は一度も見たことがないというような顔を『裁かるるジャンヌ』では見ることができる。教会はああいうジャンヌ・ダルクの映像を見せたくなかったわけです。映画と信仰のそういう結びつきの中には、知覚されないヴァーチユアルなものが、いろいろな層にわたって現れていると思うんです。

『映像身体論』を書いたとき、はからずも僕は「深淵」という言葉を使いました。こんな言葉はよしておこうかなと思ったんだけれども、まさに「深淵」と言っているんですね。(笑)、中井正一(一九〇〇―五二年)が映画について語りながら、「深淵の上にぶらさがったカット」みたいな美しい言い方なんだけれども、これがとても印象に残った。ある時期から「表層」ということが大きなテーマになって、映画に関しても同じことが問題になっていたと思うんです。映画には見えているものしかない、というのは蓮實重彦さんの重要な問題提起だったと思うのですけれど、とにかく見えているものがすべてだ、という言い方がされた。それに対してあえて「深淵」という言葉を使ったのは、それに対する抵抗が自分の中にずっとあったからかもしれない。その深淵とは、「五感は全歴史の成果である」という意味での知覚の深さに関わります。例えばキュビズムを思い浮かべてもいい。キュビズムの示唆していた断層と深層と表層の交錯というものがあるでしょう。あの奥行きの中でふわっと表面に浮かんでくるものだけが、ふだんわれわれが見ているものだけれども、まさにその奥行きとねじれの中で視覚は成立しているわけですね。映画もその仕組みを使っている。つまり、表面に集中しようとする知覚を操る装置であると同時に、知覚の深みを学習させていく装置でもあったわけです。ベンヤミンは非常に早くから知覚の学習という問題を提起していました。近代文明・現代文明の中で分裂した知覚を新たに統合するという課題についても語っていましたが、この学習には非常に危ういところもあって、ベンヤミンは、いみじくも、すぐにファシズムの問題を同時に提起しています。分裂した知覚の統合という課題について語っているけれど、統合は危険なものだという警戒も怠ることができない。

だから、映像の「深淵」に何が結びついているかというと、まず知覚の構成、そして知覚のベースとしての身体の「深淵」がある。それは、単なる有機的な知覚される身体ではない、大きなふくらみや振動を抱えた知覚されない身体まで含む。見えない力という次元まで拡張されていく身体があるけれども、その力は直に権力に結びつき、そこには同時に権力という「深淵」があるんだと思うんです。身体とはまさにキュビズム的であって、それを取り巻く力、権力が身体に浸透して、その深淵に映画のカットというものはぶら下がっている。そういうふうに映画を見ていくことで、映画は、そして過去のあらゆる映像はもう一度甦るのではないか。そんな感じが僕の中にあって、「深淵」という曖昧な言い方になったわけです。

北野　表層は表層なのかもしれないが、ただ単に見えるから見えるという次元の話では終わらない、というお話ですよね。ヴィジビリティの力というのは、見えてきたり見えてこなかったりとか、おっしゃるように、いろいろな層をなしているという視点が重要ではないかという気がします。

身体の還元不可能性

北野　リピットさん、宇野先生それぞれから「身体」という言葉が出ましたので、そちらに話題を移したいと思います。これは、ヴィジビリティの力、あるいは深淵、過剰、ヴァーチュアリティをどう捉えるかということの別の面からのアプローチでもあると思うんです。映画を撮るという行為、あるいは映画を見るという行為、おそらくは編集するという行為もそうなんでしょうけれども、それらの行為はどこかに独立してあるのではなく、ある知覚‐存在論的な世界から何かを切り出し、それを編集のテーブルの上でつなぎ合わせて何かを引き出す行為空間のようなものの中で生成するものと言える。それを見る観客というのもまた、映画館という新たに作られた時空間の中で鑑賞という行為空間の中にある。それらの局面の折り重なりとして、身体あるいは身体行為の問題が映像の制作から鑑賞に至るまで常につきまとっているように思います。

ノエル・バーチが『セオリー・オブ・フィルム・プラクティス（Theory of Film Practice）』（Praeger, 1973）で、ショットには二種類あると言っています。撮影の時に切り出してくるショットと、テーブルの上で編集したら隣のフレームとのあいだにはさまっているものとしてのショットはまったく違う、と言っていたりするわけです。そこには異なる身体が関与している、と。二一世紀を迎えた今現在では、パソコンにDVDを入れて、クリックを繰り返しながら映画を丹念に見ることは可能です。ですが、他方では、そこで見えてくる映像がフレームの流れの中のものなのかどうかさえ判然としないまま映像を受けとめているという面もある。そうした点を捨象して、パソコンのモニター上の映画のイメージが流れていくのを静止画で止めた上で、仔細を書きとめていくのが映像をよく見ることだ、というような素振りが時に見受けられたりすることもあります。私はシネフィルではないので、映画のスクリーンへの郷愁にノスタルジックに固執する気はないわけですけれども、そこには、美学‐論理的な構えの問題という以前に、理論的な問題として、安易な同一視があるのではないかと思います。例えば、私が最初に映画研究を始めた頃は、一六ミリの映画のフィルムを卓上の装置の上で簡単なモーターを使ってぐるぐる回しながらワン・フレームごとに見ていく「ショット・バイ・ショット分析」という仕方で画面や編集の分析をしていた。何秒間に何フレームがあるかなどを自分なりのスピードで手触りで感知しながら見ていく。そうすると、自分の身体の運動と直結した形で動く映像が迫ってきたり、見えていなかったものが迫ってきたりする。どちらがより妥当なのかということではなく、現在パソコンのモニター上で映し出されるものをクリックで操作し、まなざす身体と異なった身体がそこにあったという水準の話です。

宇野　ゴダールは『映画史』（一九八九―九八年）でそれをやっていますね。編集途上のテーブルの上を流れる映像を執拗に見せていました。

北野　そうですね。そこでは映像への身体の関与の問題が浮上してこざるをえないだろうと思うんです。まったく別の次元の話かもしれませんが、例えば、ドゥルーズに倣って「ベルクソンの言う持続を体現しているクリント・イーストウッドの身体がイーストウッドの映画のこの場面に体現されている」といったような文章も時にありますし、「映像を見たときに情動がかき立てられる」というタイプの身体論もあります。このあたりの水準の問題を、もう少し踏み込んで、あるいは理論的に整理して、ヴィジビリティの力の問題や、デカルト的時空間がどのようにして溶解してきたのか、画面の中にはどういった過剰なものや「深淵」のいくつもの層があるのか、ということを考えた場合、身体の問題はもっと複雑に入り組んでいるという側面が一気に浮上する気がするんです。そこで、お二人に映像経験における身体というトピックについてもお話をうかがえれば、と思うのですけれども。

宇野　これがいちばん難しいんです（笑）。まず、なぜ身体に問題が移ってきたのかということ自体に大きな問題があります。精神より身体が大事だという見方は、いったいどんなふうにして浮上してきたんでしょう。精神として捉えた存在の差異というものが、もうこの世界では飽和したのかもしれないんですよ。精神も、そして言語も飽和したのかもしれない。一九世紀から二〇世紀にかけての文学作品を見れば、ランボーやマラルメやジョイスでは――そこには無意識という問題もありますが――身体のほうに確かに重心が移動していった。これには、宗教的な世界の崩壊とか、資本主義がどう変質したかとか、それにともなう西洋の脱領土化の現象とか、いくつも理由があったと思うんです。

もう一つ、身体の還元不可能性という問題がある。生きる身体という、何かしら絶対に不透明な実体がX線にさらされ、器官が透視されると、必然的にそこには器官以上のものが見えてくる。身体の輪郭そのものがX線にさらされ、可視性の場に開かれる。ドゥルーズ&ガタリの「器官なき身体」のようなイメージは、それとも切り離せない。もちろん「器官なき身体」はもともとアントナン・アルトーの体験だったわけですけれども、この言葉にはとても触発されました。身体の還元不可能性ということの意味がもう一度問われることになる。身体の場が、力の問題、権力の問題、歴史の問題に開かれていって、あらゆる事象がここに浸透してきますよね。身体の有機性を貫通するような光や振動に照らして、なおかつ身体が他のものに還元できないようなことを考える、という課題があります。

ドゥルーズの映画論には、こういう問題がすべて入っていました。その意味では、学問的な整合性や実証性が安定的に保証されるタイプの言説はいっさい入る余地がない。留学生時代に、文学研究・文学批評はいったい何をするのかという問いにぶつかっていた時期がありました。ロラン・バルトが批評と学問の関係について、あるいは記号学の問題について、一見体系的な姿勢を続けた末の結論として、突然「テクストの快楽」なんていう野放図なことを言い始めた（笑）。そうして記号論的な一貫性を捨て、ほとんどアマチュアのようになって『明るい部屋』（一九八〇年）のような思索に移っていきますよね。批評の厳密性という問題を考えあぐねて、むしろ開かれた散文として批評の文体を考えようとすれば、これは必然的にぶつからざるをえない問題です。初期のウンベルト・エーコは「開かれた作品」と言いましたけれども、その後のエーコは、むしろほとんど西洋的教養の中に閉じたかのような思考空間を作ってしまった。

ドゥルーズは、映画論の中で、「記号学（セミオロジー）」ではなく「記号論（セミオティック）」だ、とあえて強調していますね。「記号学」というのは、ナラトロジーのように、構造主義的に形式化された、物語の構造分析を指しています。ドゥルーズはクリスチャン・メッツをその例として少し取り上げて、それとはまったく違う方向の分析を提示しました。あえて「記号論」と「記号学」を区別して、むしろパゾリーニが持ち出したような、物そのものにほかならないような記号を取り上げる。物そのものでないことが記号の特徴である以上、物そのものにほかならない記号というようなことを言えば、まさに純粋な「記号学」の次元は崩壊してしまう。自分の映画論は「記号論」であると言って、ほとんどカオス的な問題をドゥルーズは立てたと言えます。しかも、身体は還元不可能であるという問題に直面しながら、身体の重層的構成に密接に関わる記号論を試みた。

ただ、僕はこれもある種のアカデミズムだと思うんです。つまり、創造的なアカデミズムというものがあるに違いない。還元不可能な身体というものにぶつかったとき、実証的とは言えないとしても、論証も不可能だとしても、まだ多様なものに関する一様性の論理がここには生まれている。そういう試みとして、僕にとっては、ドゥルーズの映画論は、映画論ということを越えて面白いんです。時には映画の内容を間違えて記憶していたりもしていますけど、それが致命的になる分析ではない。還元不可能な身体に向かうための一つの方法が与えられた、というのかな。

リピット　宇野さんがおっしゃったように、バルトはあるとき完全にアマチュア化してしまう。それは彼のセンチメンタリズムでもあると思いますが、と同時に『明るい部屋』では、何も分からない状態で写真を見た時に「ストゥディウム」と「プンクトゥム」を区別する。プンクトゥムというラテン語は「突っつかれる」という意味ですね。言葉にできない何か、自分の身体で実感する突っつかれる現象です。その上でバルトは、写真にはディスコースがない、と言う。つまり写真には言語がない。可能なのは指を指すだけだ。その指した指に突っつかれる。アンドレ・バザンも似たことを言っています。写真に最も重要なのは写真家の指だ、と。写真を見た時に突っつかれるのがプンクトゥムです。これは情動の問題でも感情の問題でもない。身体が実際にどこか痛むような、一種の怪我です。

もちろん、写真から映画に移るには大きな動きが必要ですけれども、身体について考える場合、身体は映画の中のどこにあるか。撮影された身体が痕跡として残ることも確かですし、そこから亡霊論みたいなものが作り上げられる。装置論では、映画を見に行った観客が退行を経験する。自分が少しずつ自分の身体から抜けていくのではなく、自分の身体を動かす力をちょっとずつ引いていくわけです。これはマーシャル・マクルーハンで言えば、一種のホット・メディアですね。自分の身体がミニマイズされた状態で映像が関係している。映画論では、リンダ・ウィリアムズなどのフェミニストが、そういう状態に置かれた身体に何が起きるかを、メロドラマ、ホラー映画、ポルノグラフィなどに関して面白く語っています。彼女はその三つのジャンルを「ボディ・ジャンル」と呼んでいます。

先ほど宇野さんがおっしゃっていた「器官なき身体」というのは、分裂病（統合失調症）を経験する身体とは違うわけです。もちろん分裂病は精神状態ですけれども、彼らの中では身体がそれを経験する。バラバラになっていくけれども、それは壊れていく、破壊されていく、分裂されていくという意味ではないわけですね。つまり、一つの有機的なものになりきれない状態です。ドゥルーズ&ガタリのカフカ論で言えば「機械状態」ですね。結びつかないものから組み立てられている身体。自然性のないものからアセンブルされた機械的なものです。それを「器官なき身体」として考えてもいいのではないかと思います。そうだとすると、カフカの短篇小説にせよ、マイナー文学にせよ、システムとして働く器官というのは限られています。それが、もう動かなくなったと時に、どんどん分裂していく。分裂されたものは違うシステムに入り込み、違う形で、違うところでマシニック・アセンブラージュを作っていくわけです。「分裂」というフランス語が「démontage（デモンタージュ＝モンタージュを逆回しする）」であるように、それは映画的表現である。デモンタージュ、つまり、不自然につなげられたものをまた破壊していく。破壊していくというのは、何かが壊れるだけではありません。瞬間的な必要性が過ぎて、今度はまた違う形で、違うところでつながっていく。これはドゥルーズ&ガタリの身体論でもあります。

身体は有機的な統一したものではないし、基本的には身体には自然性がないわけです。作り上げられ、組み立てられる。つながらないものが組み立てられて身体が成り立っている。それが緩くなっていくと、アルトーみたいに身体が透けていきます。身体の中に隙間が開いてしまって、どんどん光が通り抜ける。

宇野　穴だらけの身体というのが彼のデッサンのテーマですね。

リピット　そうですね。それをデリダに結びつけると、デリダとドゥルーズのあいだにある映像論というのは可能だと思います。デリダがこだわるメタファーの一つ「亡霊」も、ある意味で「映画論以前の映画論」だと思います。デリダは映画論に興味がなかったかもしれないけれど、もし書かれたとしたら、おそらく亡霊と盲目性の関係から現れてくると思います。

デリダが描く亡霊は、ただ去ってしまった身体ではない。以前ここにいて現在不在の、死んでしまった、消えてしまった身体が亡霊ではない。デリダが考える亡霊は、具体的なものであり、一種のマテリアリティをもっている。ただ、それは亡霊化したマテリアリティでもあるし、亡霊が具体化したものでもある。そこにあるものと不在のもののあいだに入る。この考えは、映画における身体を考えるのにとてもふさわしい。デリダは亡霊をいろいろな形で定義していますが、亡霊は自分を見つめるけれども亡霊はみえない、と彼は語っています。亡霊は自分を見つめる、でも自分は見返すことができない。そのエコノミーが生み出す盲目性が亡霊現象です。亡霊性が映画文化・映像文化の中にあることは、写真の時代からいろいろな形で現れていますが、そこで扱われる亡霊は、すでに消えてしまったもの、亡くなったものとして、本当に「幽霊」として扱われていると思います。もちろん、デリダが最初に言ったわけでもないし、ベンヤミンも似たような表現をしていますし、バルトも写真論で同じようなことを言っています。彼が引用するスーザン・ソンタグ（一九三三―二〇〇四年）の星の光の話と一緒ですけれども、自分のほうへ向かってくる光は何万光年もかかって自分へ流れ、いずれ自分にたどりつくが、それまでのあいだ、その光の流れは動き終わらない。レフェラントはとっくに消えてしまった、身体そのものは消えてしまったけれども、その身体を反映している光は動いている。その光を映画として考えられるのではないかと思います。

そうであるとすれば、自分は映画を、または映像を見ることができると考えるのは大きな間違いかもしれません。先ほどの話に戻りますと、ボードウェルにせよ、エイゼンシュテインにせよ、映画は見えるものから始まる。それでフォルマリズムが可能になるわけです。でも、そこには何かが映っているけれども、自分が何を見ているか分からない。なぜ見えるかも分からない。見るということ自体を疑う状況に置かれる。その場合、記号学（セミオロジー）やナラトロジーは不可能になってしまうわけです。

この問題は、身体や画面、亡霊性や盲目性、ヴァーチュアリティ、それから「器官なき身体」に戻ると思います。身体というものがあるようで、どこにあるかが分からない状態というのは、映画における装置でもあると思います。それを乗り越えるには、映画を作品化・テクスト化しなければならない。読めるものにしてしまわなければならない。読めないという不安が入ってきたら、そのプロジェクトは壊されてしまいます。その意味で、ドゥルーズもデリダも破壊するニヒリズムではないわけです。やはりヒントはフランシス・ベーコン論やカフカ論にある。「カフカ」は必ずしも読めるものではない、と言われた段階で、また違う形で、マイナーな文学、動物的・機械的なアッサンブラージュというものが見えてくる。そのドゥルーズ&ガタリにおけるアッサンブラージュ、そしてデリダの亡霊論は、映画と身体に関係があると思います。

宇野　映像の中に映った身体、カメラを通じて映す側の身体、それから観客の身体という三つ巴の身体があって、それぞれが形のある、有機的な、知覚する身体なんだけれども、それぞれが実はまったく流動的な場に置かれている。クロース・アップにおいて、すでにもう顔は顔でなく、肉も単なる肉ではない。そういう効果がそれぞれのレベルで身体の中に起こっていく。だから、「映像身体論」と言うとき、そういう無形の身体が少なくとも三項にわたって現れる。ベケットじゃないけれども、名づけ難いものがそこに現れる。

『アンチ・オイディプス』（一九七二年）には「卵」という比喩があります。『差異と反復』（一九六八年）には「器官なき身体」という表現はないけれども、この発想はもうはっきりあって、いわゆる発生段階・形態発生における生命は——やっぱり卵、胎生ですね——甚だしい変形を遂げていく、成長した生命には耐え難いはずの激しい変形が起こる、と言われる。しかし、「器官なき身体」は、卵という有機的なモデルから無機的なモデルに移っていきます。無機性の代表は、まさに映画について言われた「結晶イメージ」ですが、その端的なモデルが「現在と過去の識別不可能性」ということで、ドゥルーズはここでベルクソンの記憶の概念を、映画における「器官なき身体」に結びつけています。その「結晶イメージ」が資本主義における貨幣の問題など、さらにいろいろな次元に移っていきます。そういう無機物・有機物の次元、それから分裂症の次元、さらに映画の次元にも、それぞれに独自の「器官なき身体」の問題があり、さらにそれらを貫くコエランス（一貫性）というか、プラン・ド・コンシスタンス（存立平面）があるということが、いろいろなヴァリエーションによって描かれてきたと思うんです。亡霊という問題も、もちろん死の問題に関わることですが、死に何か肯定的なものがあるとしたら、そこにも「器官なき身体」の次元があるんでしょうね。フロイトの言う「死の欲動」につながっていくけれども、まさにそのような、身体を襲う凄まじい力の次元と、にもかかわらず慎ましい還元不可能な身体を見据えるという振幅の中に映画もある、と考えてみたいと思っています。

「見者」の身体

北野　撮っている身体、映っている身体、見ている身体、それぞれがそれぞれのプランを形成し、それらが「器官なき身体」として接続されていくところで、デリダとつなげて「亡霊」の話が出ました。その接続をかなり根源的な水準まで掘り下げて論じていただいたわけですけれども、具体的なレベルで映画や映像において何が起きるのかということを、ちょっと考えてみたいと思います。

ドゥルーズの『記号と事件』（一九九〇年）に収められたインタヴュー「『運動イメージ』について」には、「ネオ・レアリズモは「見者」の映画なのです。ロブ＝グリエの言葉を借りるなら、描写が事物にとってかわったということになります。ところが、純粋に光学的かつ音声的な状況に身を置くと、行動が崩壊し、したがって物語が崩壊するだけでなく、さらには知覚と情動の質も変化していく」（河出文庫一〇九頁）という文章があって、「現代の映画は常識ではとても考えられないような空間をつくっていますが、それは感覚運動的な記号が「光記号」と「音記号」に席をあけわたしたからです」（同頁）と述べられています。戦前の「運動イメージ」から戦後の「時間イメージ」への移行に関して、大きな分水嶺を設定しているわけです。「光学音声的なテクストになる」という言い回しも出てきます。そこで注目したい一つの点は、ネオレアリスモについて、子供の身体が戦後の状況を見るということにアクセントを置いて論を展開しているところがあります。イメージの中で何かを見ている身体があって、それを観客がもう一度見る、誰かの身体が見たものをもう一度見る、ということがイタリア・ネオレアリスモで起きている、というイメージ構成にドゥルーズは注意を引いている。確かに、ロベルト・ロッセリーニ（一九〇六―七七年）の映画でも、ヴィットリオ・デ・シーカ（一九〇一―七四年）の映画でも、子供が目撃する。目撃する身体がスクリーンに現れて、それをわれわれが見る、ということが頻繁に起きるわけです。映す身体、映される身体、見る身体の三つがそうやって接続していくとき、戦後、目撃する身体が一つの軸になって光学音声的テクストが出来上がっていくのかな、と私は読んだんです。その中であって初めて時間イメージが立ち現れる。

もう少し言うと、かなり暴力的な単純化になりますが、戦前の運動イメージは、アフェクション・イメージ、アクション・イメージ、パーセプション（知覚）・イメージという三つのアスペクトから捉えられるわけですが、その時の運動イメージというのは、裏を返せば、ある意味で構造化され、平面化したと言えなくもない。見者の映画としてのネオレアリスモとは違うタイプの映画ではないか。見る者が見る者として純粋に光学音声的状況に身を置くわけではない映画が戦前にあった、ということではないか。とりあえずそう問題を設定し直すだけでも、映像と身体について見えてくるものが多いのではないか、と思うのですが。運動性、あるいは運動イメージ、もっと言えば、アフェクション・イメージのアフェクション、パーセプション・イメージのパーセプション、アクション・イメージの布置の中で生成されるアクションを考えていかないといけないのではないかと思ったりするわけですが、これはアプローチとしておかしいんでしょうか？

宇野　運動イメージにおいても見者が存在する、ということですか？

北野　そうですね。運動イメージにおける見者と時間イメージにおける見者というのは……。

宇野　運動イメージにおける見者というと、どういう映画が浮かんできますか？

北野　戦前期にある、古典的ハリウッド映画のようなものが浮かんできやすいわけですけれども、例えばエイゼンシュテインも、映像は弾丸で観客の中に入ってくる、と言う。あるいは、ジャン・エプスタン（一八九七―一九五三年）にせよ、ルイ・デリュック（一八九〇―一九二四年）にせよ、ジェルメーヌ・デュラック（一八八二―一九四二年）にせよ、観客を巻き込んでいくタイプの作品が多く、また観察や論も多いように思うんです。おそらく、古典的ハリウッド映画と呼ばれるものでは、特に戦前のものでアクションを中心に観客が引き込まれていく時には、アクションのイメージに自分の身体を重ね合わせていく作品が多い。ジョセフ・フォン・スタンバーグ（一八九四―一九六九年）の羽毛や霧や足、あるいはその他のギャングものをはじめとする作品の中での車。最も見えやすい例の一つは、バスビー・バークレイが振り付けをしたミュージカルかもしれない。あそこには明らかに、メロドラマあるいはその他の物語に回収されえない、観客を巻き込む過剰な身体性がある。いずれにせよ、観客がまとまっている身体シェーマを揺さぶろうとする企図が前景化している映画が多い。見ている人間の身体性そのものが揺さぶられるという意味で、二次平面にとどまる運動ではなく、二次平面から見ている者のほうへはみ出してくる、突出してくるものも含めたイメージの編成が戦前には多かったのかな、と思ったんです。ヴィジビリティの力がもっと分かりやすい形であったのかな、と。

宇野　『映像身体論』を書いたきっかけはいくつかあるんですけれども、エプスタンの映画論に感銘を受けたことが大きいんですよね。エプスタンの映画論の一つの軸は、フェルナン・レジエの絵を読解したりしながら、彼が引き出した、クリスタルというか、切子ガラスというか、「キュビズム的」と言ってもいいと思うのですが、要するに多視点的な空間です。モンタージュの一つ一つのショットはすべて一つの視点であって、映画にはショットの数だけ視点がある。それが、絵画上の遠近法を爆発させてしまったキュビズムみたいなヴィジョンになるわけです。切子ガラスのような映像が映っている、あるいはその切子面の一つ一つに対応する目があり、視点がある。そういう見方がドゥルーズの『運動イメージ』でエプスタンを引用したところにもあるし、もちろんサイレント映画の段階で、至る所にそういうヴィジョンが見えるんですよ。例えば、アルトーがシナリオを書いた『貝殻と牧師』（一九二七年）は、そういうイメージに満ちています。ガラスの器みたいなものがたびたび出てきて、透明な球体の中に人が現れたり、それが割れたりして、切子ガラス的な視野の散乱が、映画の主題になっていくんです。この頃の映画にも、もちろんいろいろな面があったんだろうけれども、必ずしも見者が一人いるわけではなく無数の目があるという視点が現れていたことが、映画の提出した大きな出来事じゃないかな、と思えてきた。そこから、何か書けるかもしれない、書きたいな、と思ったんです。

それに、ドライヤーの人物たちは甚だしく見者的な人物で、もちろんジャンヌ・ダルクもそうです。誰も見ないものを見ている神のような視線。これは、なぜ映画とキリスト教が結びついたか、という問題にもなるんですけど、映画の視線を神の視線と接続するような発想をもったドライヤーは、かなり例外的な、素晴らしい反動的動作だったと思うんです。

リピット　戦前の映画には、映画における動き、映画的なものをイメージ化する大きなプロジェクトがありました。そこでは、見者の姿を隠して、カメラ自体が一種の身体として世の中を動くわけです。最も印象深いのは、『最後の人』（フリードリヒ・ヴィルヘルム・ムルナウ監督、一九二四年）のオープニングで撮影を担当していたカール・フロイントがカメラを自転車に置いてエレベータから降りていくシーンです。その視点はエレベータに乗っているホテルの客の誰かが見たものであり、映画の中に現れない身体の動きによって空間が作り上げられていると思えます。でも、そこに存在する身体の持ち主は映画の中には映っていない。その動きが一九二〇年代の映画で可能になっていくことは、一種の運動イメージとして考えられると思います。それがあるところまで行き、戦後から時間イメージの必要性と可能性が現れてきた、とドゥルーズは述べる。

　でも、それに反する例もあると思います。先ほど北野さんが取り上げた「目撃者」というのは、戦後、特にヨーロッパの戦後状況で重要なテーマになります。目撃者、それから目撃者の責任というのが大きい。例えば、レニ・リーフェンシュタール（一九〇二―二〇〇三年）のヒットラーの映画『意志の勝利』（一九三四年）は、完璧な運動イメージでもあります。ヒットラーがニュルンベルクで世界を動かす、その力が描かれます。最初のあたりでヒットラーが空から降りてきますね。飛行機で雲の上から地上へ降りてくる。同時に神でもあり天使でもある。映画を通してそういうヒトラー像、ヒットラーの身体像が作られた。彼が車に乗っていて、背中の上からのショットで、まわりのファンが興奮しているシーンがたくさん映ります。その中でヒトラーの肩の上から撮影している。まわりの風景も撮影している。そこにベランダから猫が彼を見つめるシーンも映ります。スヴァスティカ（卍）の旗みたいなものに囲まれた猫がいて、車が通るのを眺める。これは一種の目撃のシーンです。それをどう解釈するかによって、リーフェンシュタール自身の責任もそこに書き込まれていることになる。ヒトラーの力や影響は動物まで説得し、ドイツの猫もファシストになった、とも言える。でも、別の見方をすると、ドイツにいたドイツ人の中に、違う視点から見つめている、違う感覚をもった生き物が含まれていて、見ている観客もその猫を見て、猫が見つめているものも考えなければいけない、というディコンストラクションとして考えることも可能です。そのイメージ、そこに映り、流れてくるシーンは、運動イメージとは違う形のパーセプション・イメージなのか、あるいは外部のイメージなのかを考える必要があるのではないかと思います。

これは、ドゥルーズの解釈やシステムに問題があるかないか、ということではありません。その瞬間に作られた映画の空間の内部に外部が書き込まれている、という問題です。目撃者というのは必ずそういう役を果たすわけです。先ほどの『最後の人』のシーンでは、もうカメラが自然化されているわけです。カメラがこのシーンを作り上げているけれども、カメラの位置はシーンの中に含まれている。シーンの中で、そのホテルの空間の中でカメラが動き回り、その空間を記録しているだけじゃなくて、空間を作り上げている。目撃されることによって空間が成り立つ。けれども、目撃者が映った場合、その目撃者はこの空間の中にいる者として考えるべきなのか、空間の内部に置かれた外部として考えなければいけないのか。これはネオレアリスモだけではなく、例えばブレッソンの『バルタザールどこへ行く』(一九六四年)でも似たような問題が表れます。そこに映るロバは、ある意味で出来事の目撃者です。自分が被害を受けていますが、ある意味では、まとまらず、つながらず、統一されない物語をまとめている存在でもあるんですね。見る観客はバルタザールの目を通して映画 diegesis(ディエゲーシス)を見ますが、その空間、その世の中を経験するとは言えない。そこで何かが止まってしまう。目撃者を見つめることによって先が見えなくなってしまう。そうすると、映画の中に置かれる目撃者は、観客とはまったく違う身体をもつことになる。映画に映る身体、それから目撃者の特別な身体と、観客の身体の関係が、ますます難しい関係になっていくとも言えます。本来、目撃者とは一種の通訳のようなものです。つなげてくれる役を果たしますが、それが子供だったり動物だったりすると、逆にそこで詰まってしまう。流れやエコノミーが止まってしまうのではないかと思います。

「亡霊」に戻りますと、制作の時に撮影され、記録される身体、それから観客があとから見る映された身体の関係は、必ずしも分かれたものではありません。デリダがベルナール・スティグレールと対談した『テレビのエコーグラフィー』（一九九六年〔原宏之役、NTT出版、二〇〇五年〕）で出した例ですが、デリダは『ゴースト・ダンス』（ケン・マクミュラン監督、一九八三年）という映画に出演したことがあって、彼が出演しているシーンで、女優のパスカル・オジェが出てきて、デリダに「あなたは亡霊を信じますか」と尋ねます。そのとき、デリダは「あなたは亡霊にその質問をしている」と答えますね。もうすでに自分は亡霊だ、あなたも亡霊でしょう、と。それで、デリダがその対談で述べますが、撮影していた時に、やはり目線が合うように何度も同じシーンを撮影した、というんですね。

宇野　相手と目線が合うように？

リピット　ええ。完成した映画では直接カメラに向かっていますが。

宇野　モンタージュがあるんだ。

リピット　モンタージュが二人をつなげます。彼らは何度も同じシーンをリハーサルさせられる。見つめ合いながら「あなたは亡霊を信じますか」という質問を何度もする。最後にデリダが「でも、あなたはどうなんですか」と言うと、オジェは「絶対に」と言う。自分は確実に信じる、と。その数年後、彼女は麻薬中毒で死んでしまうんです。デリダが数年後、その映画をどこかの映画祭で見るわけです。そのとき、彼女がカメラに向かって「あなたは亡霊を信じますか」と問う。彼女は画面の向こうから戻る亡霊です。フランス語では“revenant”。その時に初めて彼女の身体性を経験する。リハーサルのとき、何度も同じことを繰り返していたわけです。彼女は何度も同じ質問をし、ディレクターの指示で、お互い目線を合わせてリハーサルをした。でも、身体性を実感する瞬間には、彼女はもう消えてしまっている。彼はその映画の中の身体ではなく、観客側にいるわけです。そのとき自分がそこにいて感じなかった微妙さを、あとから経験するわけです。

それは最終的には個人的な経験です。一種のプンクトゥムです。デリダがたまたま撮影に参加し、いろいろな事情があり、もういなくなった人との思い出が戻ってくる。でも、それを一般的な映画の身体経験として考えられるのではないかと思います。バルトも写真論で似たようなことを言っています。ナポレオンの目を見つめた人が写真に写っている。自分は見つめられている。その目が合うことによって、お互いの存在を実感するわけですが、それは狂気でもある。本人はもういないかもしれない。いや、そこに写っているということは、たとえ生きていても、すでに死んでいる、という言い方をするわけです。そうすると、見る観客と、映画の中に置かれる見者——目撃者——との関係は、また身体の問題に戻ってくるわけです。

北野　書き込まれ、書き込み直されることが潜り込んでいるところがある、ということですね。

宇野　目線を合わせるというのは、とても面白いと思ったんだけれども、小津安二郎の映像は、逆に目線が合わないことで亡霊的に見えるという印象を受ける時があるんですよね。僕は「亡霊」という言葉は使っていませんが、それは亡霊的なものに対応していると言えるかもしれない。

『バルタザール』の話も面白かったんですが、映画における目撃者というのは、たとえばヒッチコックの『裏窓』（一九五四年）が典型的なケースとして浮かんできます。目撃者が怪我をしていて、彼から行動能力を奪うことで、どんなイメージが現れるかといえば、まさにそれによって逆に純粋な運動イメージが展開されると思うんです。そのうちに今度は目撃者が狙われたりしますね。あのような行動しない目撃者を作ったことも、運動イメージの強固な脈絡の中に組み込まれていて、そこにヒッチコック的な徹底性がある。最終的に暗い部分、見えない部分は一つもないようになっていく。『バルタザール』の場合、ロバの視点から物語を組み立てていますが、その配置はたびたび破れるわけです。ロバがただの動物である時があって、最後にもそう見えてしまうわけです。その意味では、ブレッソンは大変知的で、誰が見て、誰が物語を組み立てているのかを考え尽くして、やはりどこかに神の視線がある人だから、結局、映画の中心にあるロバの視線が人間の外部の視線に重なっていく脈絡ができているような気がしますけれどもね。

リーフェンシュタールの問題ですけれども、僕は昔、何度もこれを取り上げているんですが、小林秀雄が『オリンピア』で砲丸を投げる選手の首筋の筋肉が震えているところを見て、言葉もあの砲丸のように投げなければだめだ、観念をただ操っている人間はだめだ、と恫喝するわけです。でも、小林が語っているのは、完全に映像に頼った、映像によって初めて見えるようになった砲丸投げの選手の身体だったわけです。そういう映像を撮ったのがリーフェンシュタールということなんだけれども、その時のリーフェンシュタールの視線は、はたしてナチズムの内部にあったのか、外部にあったのか、それとも境界にあったのか。つまり、ナチズムによるキッチュな健康的身体の礼賛があり、一種のバイオ・ポリティクスがあったわけですが、あれはその境界に現れたイメージだと思うんです。その時の視線はどういう性質のものだったかを考えると、むしろこの視線に、力関係の葛藤が折りたたまれていると思えてきます。あの映像は、そのことの例でもあると思うんです。

リピット　そう考えますと、宇野さんが触れられた『裏窓』とブレッソンの『バルタザール』は、あまり結びつけて考えられないけれども……。

北野　交差しましたね。

リピット　ヒッチコックが理想とする目撃者は身体が故障していなければいけないわけですね。『めまい』（一九五八年）もそうです。動けないから、代わりに誰かを置く。『バルタザール』の場合も、ブレッソンは役者を「マネキン」と呼んでいましたけれども、役者を単なる身体だと思っているわけです。そう考えれば、動物でもいいわけですよね。身体が映画の中の空間で動いていればいい。ただ『バルタザール』の場合、あの映画の中に映る他の人間と比べて、読めない表現がある。悲しそうだったり、つらそうだったりするけれども、それは観客のプロジェクションであり、最終的には分からない。その意味では、リーフェンシュタールにも近いと思いますね。『裏窓』では、最後はグレース・ケリーに行かせるわけです。そのとき、彼女が自分のターゲットになってしまいますね。事件を解決するよりも彼女を危険な場に置く、というヒッチコック的なヴァイオレンスが表現されているわけです。行動が限られたジェームズ・ステュアートの代わりに彼女が入っていこうとすれば、彼は彼女に対するヴァイオレンスを最終的には求めていることになる。

北野　ジェームズ・ステュアートが見ている、バックヤードの向こうの部屋の人たちの演出をヒッチコックはサイレント映画を真似てやっていた。つまり、グレース・ケリーをサイレント映画のスクリーンの中に置くことで暴力を与える。そういう意味で、目撃者の位置づけはややこしいですね。ヴィジビリティの力の中に、見えないままに出てくる見えないものとか、見えているものが揺さぶられるような新たに見えてくるものとか、いろいろあるわけですね。

映画と精神分析

北野　宇野先生の『反歴史論』（せりか書房、二〇〇三年）の中心には「無意識・映画・存在論」という大きな論考がありますし、リピットさんも最初に精神分析の話をしながら論を展開なさっているところがあります。ドゥルーズ&ガタリの『アンチ・オイディプス』は精神分析を切って捨てていると読めなくもないわけですが、はたしてそれが生産的な読み方なのか、という問題もあります。宇野先生は、無意識、意識、意識は記述的概念であるというフロイトの『自我とエス』の個所を引いていらっしゃいますけれども、現在にもつながっている大きな存在論の枠組みの中で精神分析を考え直すことは重要ですね。その問いと、映画とは何か、映画の中でわれわれはいったい何を見るのか、何が映画の中に侵入してしまっているのか、という問いをお二人とも重ね合わせていると思うのですが、精神分析をどう捉えるかということを、一九世紀から二〇世紀はじめにかけての存在論や大きな知の変容に絡めてお伺いしたいと思います。

宇野　さっきから気になり始めていたんですが、身体の問題を考えていると必ず言語の問題がちらつき始めるんです。ドゥルーズは映画論の最後で「言語行為」という言葉を執拗に使っていますが、そもそも結晶イメージについて語り始めたあと、結晶イメージに対応するナレーションという話題に入っていく。それで「偽なるものの力」という章に入っていくんですが、そこからやがて展開されるのは、言語行為であり、またベルクソンの言う作話行為（fabulation）です。どうも、それが『シネマ』の最終概念なんでしょうね。おそらくデリダの「エクリチュール」、そして「痕跡」や「亡霊」とも関係があるのでしょう。映画と身体という問題を、「時間イメージ」という枠組を設けて、深めてきたように見えたドゥルーズが、身体の映画から脳の映画に移って、やがてますます言語、物語行為を問題にしたわけです。ドゥルーズが精神分析にどう向かったか、かなり紆余曲折がありますが、ガタリと一緒に精神分析を激しく批判したのは、無意識の問題というのは実は身体の問題でなければならない、と考えたからでしょう。還元不可能な、実定的な身体に対する感受性が、精神分析からは見えてこない。機械状無意識とは、まさに「器官なき身体」という問題でもあるわけですよね。そして、もう一つ、フロイトの精神分析は対話のアートでもある。それが患者と医者の対話の思想であることにフロイトも気づいていたし、ジャック・ラカンは「無意識は言語のように構造化されている」と言った。精神分析の大きな功績は、言語の新しい次元を、象徴界という、やはり還元不可能なものとして、また対話の場として発見したことに違いない。

そういう意味で、ラカンや構造主義から継承すべきものがあるとすれば、まさに「言語存在（être-langage）」なのです。これはフーコーとドゥルーズを貫く問題でもあります。言語が新たに重要な問題として現れて、これは身体という問題の系列と必ずしも一致しないと思うんです。この問題がドゥルーズのフーコー論の最後でもはっきり表明されていますが、ドゥルーズは映画論の最後でもう一度ここに戻ってくる。精神分析が提案したのは、特に象徴界として言われたものは、新たな形での言語存在という問題だったかもしれない。

ドゥルーズはナレーションというものを一貫して批判したわけですね。ナレーション、物語は否定するけれども、最終的に言語行為が問題になって、それが映画における民衆という問題に重なっていく。そこで引き合いに出されるのは、アフリカで映画を作ったジャン・ルーシュ（一九一七―二〇〇四年）であるとか、ストローブ＝ユイレであるとか、ハリウッド的でない、むしろつましい物語の行為に執着した作家なんです。「作話行為（fabulation）」は「ナレーション」ではないわけですね。言語は、言語行為に向けて開かれていく。ナレーションは、むしろ言語が「行為」であるという側面を抹消するわけです。精神分析は、無意識を通じて、身体問題を新しく提起していたかもしれないけれども、どこかで身体問題をシャット・アウトして、言語存在を新たに提案するという面をもっている。その両方の側面をドゥルーズは映画の中でも問題にしていた、ということだと思うんです。例えばソシュールは、「言語学」をはるかに逸脱して、まさに「言語」を考え続けて、だんだん狂っていくというか、血迷っていったかのように見えるけれども、彼の本当の問題は、もしかしたら「言語行為」だったかもしれない。

最近、池谷薫さんのドキュメンタリー映画『蟻の兵隊』（二〇〇五年）を見ましたが、戦後に中国に残留した日本兵が、根拠のない命令によって蒋介石側について共産党と戦わされてしまった、その補償を求めて活動している人たちを描いたていねいなドキュメンタリーです。ドキュメンタリーというのは「語らせる」ものだから、まさに言語行為が焦点なんですけれども、本当に「言語行為」と言えるものを取り出せたドキュメンタリーはきわめて少ないでしょうね。むしろ人物がしゃべらされていることのほうが多い。ドゥルーズの言い方だと、民衆がみずから物語する瞬間を捉えること。問題の焦点はナレーションではなく言語の行為である、ということが僕はとても気になっているんです。

リピット　北野さんは先ほど精神分析を考え直す必要があるとおっしゃいましたが、僕はまだ考え直すところまでいっていないと思います。つまり、「精神分析以後」とか「精神分析を越えて」という状況には、まだとても置かれていない気がします。ラカンの大きなプロジェクトは「フロイトへ戻る」ということでした。僕も読み始めた頃はそれで納得していたけれども、今読むとラカンというのは全然フロイトに戻っていない。むしろハイデガーに戻っているという感じで、まったくフロイトじゃない気がします。ニュアンスもセンスも感覚もまったく違う。それに、フロイトといっても、何人かのフロイトがいるわけですね。精神分析以前や精神分析初期のフロイトは生物学や進化論を利用していたけれども、ある時から情動のエコノミーに移っていくわけです。まだきちんと読まれていない精神分析を越えることは不可能だと思います。

映画についても同じようなことが言われています。僕はアメリカで「映画の終わり（The end of cinema）」と何度耳にしたか分からない。それはいったい何を言っているのか。三五ミリや一六ミリで撮影しないから「映画の終わり」なのか。それとも、本当にパラダイムが変わることによって「ポスト・シネマ」が誕生したのか。ニューメディアによって映画は殺されたのか。映画についてまだきちんと考えられていない状態で「映画の終わり」とか「ポスト・シネマ」とか「アフター・シネマ」といった表現を聞くと不安になります。終わりを求める、ポストを早く定着したい、という気持ちは映画にも精神分析にもあると思います。ただ、「精神分析のあと」というのは、精神分析自体が不可能にしていると思います。終わらないんです。精神分析から抜け出すのは不可能だし、ドゥルーズ&ガタリの精神分析批判も……。

宇野　ガタリははっきりと、精神分析は終わらないのが特徴だ、と言っていました。ただし、スキゾ分析は終わるし、終わらなくてはいけない、と（笑）。

リピット　確かにそうです。だから、穴を掘って、カフカのモグラみたいに抜け出すしかないわけです。

出口がない状態なわけです。ある意味で映画もそうだと思います。機械が変わったり、テクノロジーが変わったり。デジタル・イメージによって、写真というレフェラントとのつながりがなくなったにしても、映画はそう簡単に終わってしまうものではない。ただ、終わりを考え、終わりを想像したとき、精神分析は「以後」というものをすでに取り上げています。フロイトは「喪とメランコリー」で、通常の過程であれば、誰かが死んでしまったとき、他者が残したものを少しずつ身体の中に吸収していく、と言っている——これも身体論ですね。取り戻す形で乗り越える、と。でも、情動が強すぎたり、ショックが強すぎたりすると、その過程を待ちきれない。通常の過程、通常の時間の流れに耐えられないとき、メランコリーに入ってしまう。そのフロイトのエッセイに戻った二人の精神分析家、ニコラ・アブラハムとマリア・トロークは「喪あるいはメランコリー」という形で考えて、喪が先に来るのではない、と言っている。喪を完成させようとして、それが不可能な時にメランコリーに移っていくのではなく、最初からメランコリーに入っていき、そこから逆に抜け出していく、と言っている。メランコリーに入った状態は、待ちきれないし、時間の管理ができなくなってしまう。情動の激しさに耐えられず、なくしたものを瞬間的に自分の身体の中に飲み込んでしまう。

その時に起きる現象の一つは、言語が意味をもたなくなってしまうということです。言語は残るのだけれども、物になってしまう。本当に物理的な物として。それはアルトーにつながっている。アルトーが創造したように、言葉を身体に差し込むような形で、身体が言葉によって怪我をする。これはドゥルーズも『意味の論理学』(一九六九年)で扱っています。その現象は異常・例外ですが、精神分析のモティーフの一つは、その例外が実は通常である、というものです。神経症は通常の状態なわけです。そうすると、物が去ってしまって、それに耐えられないというメランコリーの状態は、映画と非常に近いのではないか。言語を超えた普遍的な言語として映画を扱うファンタジーとは別の意味で、映画の中では言語は言語として働いていない、と僕は思います。もちろん会話や台詞はありますが、映画はそれに絞れないわけです。先ほど小林秀雄の話で出たように、皮膚が震えているのが映ってしまう。見たくなかったもの、考えてもいなかったものが映ってしまう。リュミエール兄弟の最初のいくつかの作品でも、子供にごはんを与えているとき、後ろで葉っぱが風に震えているところとか、いろいろなものがフレームの中に入ってくる。その中で働いている言語の力は、ふだんコミュニケーションしたり、関係を作ったりする言語以下にミニマイズされていると思います。だから、それは最終的に言語としては扱えない。でも、言語を超えたものでもない。よく初期の無声映画について言われるのは、映画では言葉が必要ではなかったから、ニューヨークでは映画によって移民のコミュニティが可能になった、ということです。僕はその考え方には納得できない。確かに、言語は映画の非常に重要なファクターの一つだと思います。ただ、映画は言語以上のものを作れる。映画の中では言語も具体化、物理化、身体化されていく。そのことをどう考えるかについては、まだ映画研究が必要だし、そこに関係する精神分析の研究も必要だと思います。

宇野　今日は『思想』という雑誌が舞台ということもあって、映画と思想の定義不可能な関係がテーマだったと思うのですけれども、哲学が映画に応用できるというようなことではありませんね。思想と映画の関係そのものが還元不可能だと、リピットさんも言われるんですが……。

北野　意図は別のコンテクストにあるのかもしれませんが、ご著書の中に、irreducible（還元不可能）という語が一頁に何回出てくるのか、というのも気になるところです（笑）。

宇野　身体という還元不可能なものと、言語という還元不可能なもの両方浮かび上がってきて、そういう意味でも映画を哲学に還元することはできないし、その逆もできない。しかし、哲学が映画を開くということがあると同時に、映画が開いてくれるものもたくさんあるわけですよね。映画が他のアートを開くこともあるし、演劇を開くこともある。

ラフカディオ・ハーンは一八九〇年から日本にいましたが、初期のサイレント映画くらいは見たかもしれない。ハーンは一九世紀の物語的世界から徐々に離れていって、フランスの自然主義の影響もあったのですが、物語ではなく、風景を描写し、まさに知覚の状況として世界を見つめるようになった。純粋な視覚・聴覚の状態が文学の主題となる。そういうことが一九世紀末の一部の文学者には起こったような気がします。リピットさんの本に、映画化された「耳なし芳一」の場面が載っているので思い出しましたが、映画が普及する前に、すでに映画的な知覚は確かに存在した。映画の早熟な亡霊と言いましょうか、映画はそういうふうにも存在したと考えたほうが、映画研究の開放性につながるのではないかと思います。

リピット　一九二〇年代にアヴァンギャルドやシュルレアリスムを通して、あるいはマルセル・デュシャン（一八八七―一九六八年）やマン・レイ（一八九〇―一九七六年）を通して大きな影響を与えた戦後の実験映画の中でも、身体というのは制作・表現と並んで一種の映画論を形成していると思います。ドゥルーズが残したたくさんのコメントの一つがとても興味深いです。映画には二つの身体像があり、一つは日常身体、つまりカメラに映る身体、もう一つはセレモニー（儀式）としての身体で、それはパフォーマティヴな身体、出来事としての身体、映画によって誕生する身体です。ドゥルーズはこれを実験映画と結びつけます。儀式として身体を作る行動・動きを実験映画に置くんです。だとすると、映画はただカメラの前に立ってカメラに映る身体の記録としてだけではなく、身体を登場させ、誕生させる力をもったテクノロジーとしても考えられる。それを徹底的にやり続けたのが、映画論としての実験映画です。特に戦後の実験映画は一般の映画論から外され、無視されてきたけれども、そこには重要な映画論が書き込まれていると思います。

北野　冒頭でお話したことに戻ると、今日お二人に討議していただいたテーマの広がりは、日本の映画研究の状況への問題提起という次元にとどまらないものではないかと、少なくない興奮さえ覚えました。映画的な思考、映画をめぐる思考をもっと開いていく、そのことの可能性はいまだ驚くほど豊かであることが実感できたお話でした。
それは、哲学にグランド・セオリーを期待するということではない。大きな知の流れのチャンネルの一つとしての哲学や思想と接続し、交渉しながら、映画的思考を開いていく、あるいは映画を語る言葉を開いていく、映画を開いていくことの大切さを改めて実感した、と言い換えておくこともできます。画面のレベルで、映画に向き合う身体のレベルで、さらには映画自体が大きな役割を担っている知のレベルで、映画をめぐる言葉を開いていく作業を進めていくことが大切でもあるし、今日その大切さはいっそう増してきているだろう。いや、まずもってわくわくさせる課題でもあるだろうと思われます。そのためのいろいろな論点や視角をお二人からたくさん聞けて、大変刺激的だったと思っています。今日は長時間にわたって、ありがとうございました。

（初出：『思想』二〇一一年四月）

Ⅲ　「日本」をめぐって

7 日本哲学のポジショニング

＋檜垣立哉（大阪大学教授）

日本哲学の現代性

北野　今日は先日『日本哲学原論序説――拡散する京都学派』（人文書院、二〇一五年）を刊行された檜垣立哉さんと、京都学派の現在性をめぐってお話できればと考えております。

言うまでもなく、僕は哲学研究者ではなく一介のメディア研究者にすぎません。ですが、現代思想《フレンチ・セオリー》、あるいはアングロサクソン化した構造主義／ポスト構造主義がひと段落した、もっと言えばその限界が見え始めている状況のなかで、分散した思想実践に改めて注目が集まっていて、哲学という領域を超えて京都学派にも国内外で視線が集まっているように思えます。そうしたなかで、檜垣さんの今回の仕事はたいへんに刺激的なものでした。

檜垣　北野さんは『映像論序説――〈デジタル／アナログ〉を越えて』（人文書院、二〇〇九年）、『制御と社会――欲望と権力のテクノロジー』（人文書院、二〇一四年）のなかで、いわゆるコントロール社会の優れた分析をされてきました。そこで、今日のようなポスト・コントロール社会とでも呼びうる状況についてどのようにお考えかを伺い、そのなかで生まれている新しい唯物論や思弁的実在論といった思想的動向と京都学派との接点を見つけられたらと思っています。

北野　ありがとうございます。実は『制御と社会』は檜垣さんの『ヴィータ・テクニカ――生命と技術の哲学』（青土社、二〇一二年）に刺激を受けながら執筆しました。その『ヴィータ・テクニカ』では技術をめぐる思想に取り組まれていた檜垣さんが、今は京都学派を課題にしている。それとなかば共振しているかのように、私がこの間に会ってきたヨーロッパ・アメリカ・アジアといった各地で技術の問題に先端的に取り組んでいるメディア研究者たちのなかでも、京都学派への注目に触れることが少なくない。たとえば、『現代思想』二〇一五年六月号（「特集＊新しい唯物論」）で討議をおこなったアレクサンダー・ザルテンは中井正一を非常に高く評価していますし（本書所収）、ジルベール・シモンドンを介しながら日本のアニメについて語ってきたトマス・ラマールも京都学派への関心を語っています。これはどういうことなのでしょうか。ロンドンでも似たようなことがありました。二〇世紀におけるオリエンタリズムの変奏としての京都学派への注目とどこがどう違うのか。

ともあれ、これまでの広い意味での日本思想への関心を振り返ると、たとえば小林秀雄以来の文芸批評の流れは、一定程度の評価を受けてきましたよね。江藤淳がイエール大学で講義を行ったり。

檜垣　柄谷行人もイエールで教えていましたね。

北野　それに比べると、京都学派は欧米の哲学思想圏の一部（ドイツ語圏）をのぞいて、すれ違いとまではいかなくとも独特なねじれのなかにあり続けてきたような感があります。柳田國男や折口信夫への関心の推移もたいへん興味深いところだと思いますが、それとの対照においても京都学派は独特なねじれのなかにある。

檜垣　日本の民俗学に対する関心は高いですね。

北野　そうですね。ですが、こと広い意味での思想実践の場では、そもそも、「中国には思想があっても哲学はない」と言ったデリダのように、これまでいわゆる西洋哲学の側は、非西洋国に哲学があるかという問題に対して、控えめに言っても「慎重な態度」をとってきたと思います。文芸批評や民俗学は認めても、日本哲学についてはいくぶん懐疑的だったわけです。その日本哲学を、現在のグローバルな循環のなかで、どのように位置づけ直すことができるのか。国の内外で改めて、古くて新しい課題として投げかけられているのではないでしょうか。

『日本哲学原論序説』ではその冒頭で、ここ二〜三〇〇年ほどは英・独・仏の専売特許だとされてきた哲学だが、そもそもは古代ギリシャや中世ラテンからの焼き直しであり、そうしたライン自体が拡散し始めていると書かれています。それを受けて言うならば、ローカルな固有性をひたすら謳うのではなくそれを超え出て普遍性へと向かう哲学的思考というものが、日本にも強度を持って一貫して存在していたということを改めて確認しておくべきであると思います。

とはいえ、確認しておきたいのは、二〇世紀においては、非西洋国の知的営みは、西洋とその残余（the Western and the rest）という括りのなかで推移してきた感が強い。その後半にあっても、西洋哲学の素朴な脱構築のモメントとして捉える向きが強かった。日本哲学もそうした論脈で位置づけられてきたということです。

檜垣　端っこに異質なものをとりあえず入れて、多様性を確保するということですね（笑）。

北野　ええ。しかし現在ではその次の段階に入ってきているという気もしています。先日私は台湾でシンポジウムに参加したのですが、そこでも新しい唯物論が話題になるなかで、グレアム・ハーマンは仏教に興味を持っているとか、スコット・ラッシュがタオイズムに興味をもっているといったことが話される（笑）。もちろんこうした現象は、オリエンタリズムをアジアが内面化することの繰り返しかもしれません。しかし、であるからこそ、再びそういったかたちで抑え込まれてしまわないためにも、西洋から拡散している哲学の可能性を西洋に送り返す作業もまた必要なのではないでしょうか。

西田幾多郎の強度

檜垣　日本の哲学者のなかで最も読まれてきたのは、多くの批判があるにせよ京都学派、なかでも西田幾多郎でした。かつてはもてはやされたが今ではまったく読まれない哲学者が大勢いるなかで、西田だけはなぜか延々と読まれているわけです。もちろん西田が日本においてヨーロッパ哲学のインパクトを最初に受け止めたという特権的な位置にいることは見逃せませんが、それだけにとどまらない側面もあると思います。考えてみるとかなり不思議なことだと言えます。それを前提として、京都学派についての私の関心をまとめると三点になります。

一つには「近代の超克」という問題ですね。これは言うまでもなく、日本の帝国主義的侵略のスローガンであったとして戦後に強烈な批判にさらされてきました。しかし私が思うのは、この言葉は京都学派に突きつけられていた非常にリアルなグローバル化の状況への反応ではなかったかということです。そう考えると、今と非常によく似た状況に置かれていたのではないか。

台湾や韓国に行って驚くのは、学生たちが『現代思想』や『批評空間』、『思想地図』を平然と日本語で読み、なおかつ議論は英語でしているということです。日本人が来れば即座に日本語で対応したりもする。正直言ってこれは敵わない（笑）。日本のように人口が一億以上いれば、日本語で思想をしても読者を得ることができたのでしょうが、人口の少ない韓国や台湾では難しい。だからバイリンガル・トリリンガルにならざるをえない。つまり近代の超克とは、超克したくなくても超克せざるをえないような状況のことなんです。これは日本も例外ではありません。もはや近代的な大学システムは立ちいかなくなっている。やむをえないことだと思います。

こうした状況のなかで、西田のことを考えなければならない。明治維新の後で帝国大学が設立されますが、最初に哲学科の先生になったのはお抱え外国人たちです。ところが二世代目は日本人を使わなければならなくなって、たまたま当時山口高校から学習院大学に移ったばかりの西田が、京都大学に収まることになった。ほんとうに偶然のなりゆきだったと思います。そこで西田が置かれた切迫した状況――日本語で哲学をやらなければならない――と、今の状況とは、類似性があるのではないでしょうか。

実はこうした状況は、日本が長らく経験してこなかったものです。国内に閉じこもって思想を続けてきたのが、そうはできなくなってしまったわけです。

ですから、京都学派でもっとも評価すべき点は、彼らが同時代的、コスモポリタン的であったことです。京都学派に対する大まかなイメージは、いわゆる日本なるものの探究をしたというものでしょう。しかし西田のテクストを本当に読んだのか。彼のテクストは、言わばヨーロッパ哲学の新しい思想のモザイクでできているのです。当時の最先端思想であった、プラグマティズム、ベルクソン、フィヒテ、新カント派、マルクス主義……とても節操がないのですが、その分、世界の同時性のなかで考えなくてはならないという意志を感じます。これは西田の独特の直観力によって可能になったことでもあるでしょうが。

北野　同感ですね。国外に伝達して理解されるものを考えない限りは駄目だということを、西田は繰り返し強調しました。日本に固有のことを語るにせよ、外の世界にリーチできないと意味がないのだと、問題含みかもしれない討論『世界史的立場と日本』（一九四三年）と併せて読まれることも少なくない、時局的ななかでなされた講演「学問的方法」のなかでも言っています。

檜垣さんが言われたように、西田の文章はある意味では、思想のモザイク、ないし貪欲に摂取された英仏独の哲学用語のパッチワークとも見えますが、それは承知の上で、普遍的な思考をめざし圧倒的な強度で何かを考えようとしていた。なので、それを日本文化のなかでのみ理解されうる固有の哲学と位置づけるのはあまりに過小評価であるように思えます。同じことの裏面ですが、近代西洋の哲学的営為をものさしとして、それとの偏差やズレで測定するのも違うでしょう。ハイブリッド／パッチワークな言葉に囲まれながら、非常に強度のある思考実践に挑んでいた。その達成の核を、檜垣さんは「垂直性と水平性」という言葉で見通しよく整理なされようとした。その試みは蒙がひらかれるもので、今現在とても貴重なものだと思います。

檜垣　面白いのは、西田は外国に行ったことがないということです。いろいろなことが言われていますが、外国語もそれほど堪能だったはずはない。これが弟子の時代になると、たとえば九鬼周造はフランスとドイツに長く滞在していますし、田辺元もドイツで暮らしていましたので、当然外国語にも堪能で海外経験も豊富なんですね。それに比べると、西田はずば抜けた直観力でもって、海外の思想をとりこんでいたのだと思います。「全集なんかは要らない。主著だけを読んでおけばいい」といった言葉が残されていますが、これは本質的な話だと思うのです。哲学なんてそういうもので、草稿なんて読まなくてもわからなければならないし（笑）、主著だけ読んで考えればよい。本当の哲学者はそういうところから出てくるのではないか。西田を読んでいるとそんなことを考えさせられます。

もう一つ思うのは、田辺にせよ、三木清や和辻哲郎にせよ、なぜあれほど日本の独自性を語る必要があったのかということです。九鬼の『「いき」の構造』も同じですね。それは自らの思想を目立たせるためという意図もあったのでしょうが、それ以上に、なぜ日本語で哲学をやるのかという問いが最初にあったからでしょう。なぜ日本で哲学をやらなければならないのかという疑問から思考をスタートしているから、日本的なものを語らざるをえない。これは戦後の私たちがほとんど考えなかったことです。でも逆にこれからはそれを考えざるをえない。いわば京都学派をもちろんそのままではないにせよ追体験することが強いられると思います。なぜならもう近代化ではやっていけず、何が近代の後に来るのかを多層的に考えなければならないのですから。

戦後の哲学者たちは、なぜ哲学をするのかということを自らに問わなくなったのではないでしょうか。加えて京都学派に対する反動と言うべきか、ちゃんとした哲学史研究をしなければ駄目だという風潮になった。田中美知太郎が言ったとされるように、「西田みたいに大してギリシア語もできないのに、イデアなんて言っては駄目だ」といった感じの発想で、文献研究からコツコツ積み立てていく。もちろん学問にとって当然必要なことなのですが、そこには京都学派のように語ってしまうことへの警戒心が見え隠れしています。

帝国大学に哲学科ができたころはお抱え外国人教師の言語で講義をしていたわけです。それを、西田の代で日本語に切り替えることになって、なぜ日本語でやらなければいけないのかを考えることになった。他方現在では、良かれ悪しかれ大学の講義をすべて英語でやるべきだといったことが言われるわけですね。こうした意見に対する反発がおこるのは当然ですが、一方では、大学のキャンパスを見ると、日本語話者ではない学生がおおぜいいます。今後労働力確保のために移民を受け入れていくようになれば、こうした流れはさらに加速するでしょう。もちろん日本の大学で学ぶのであれば日本語で講義をしたいのですが、そうするとなぜ日本語でコミュニケーションをしなければならないのかという疑問がすぐに出てきます。考えてみれば、たとえば韓国、台湾、あるいはインドネシアから来た留学生に対して日本語でドゥルーズを教えるというのは、やはり変でしょう。フランス語でドゥルーズを教える、あるいは日本語で西田幾多郎を教えるなら話はわかりますが。

こうしたこれまで私たちがほとんど考えなくて済んだ疑問が生じてくるのは時間の問題です。その意味で、西田たちと私たちは、とても似た状況にある。長くなりましたが、これが私が関心を持つ理由の一点目です。

北野　日本語でドゥルーズの授業をしなくてはいけないというのは面白い。おかしな話に見えるかもしれないものの、もしかしたらそんなにおかしな話ではないからです。言い換えると、そういう段階に入ったのではないでしょうか。他の国の人と話をしていると、「日本でドゥルーズってどうなの？」とか、「日本でのデリダ受容はどうなっているのか？」といった話がよく出る。関心を持っている学生が多くいる。そこには、難解な哲学者の仕事をできるだけ深く把握したいという興味もなくはないものの、むしろ、それがそれぞれの社会と向き合うときに重要なヒントになるという動機が強い。そういう段階に世界の知的状況は入ってきたということです。そうした時代だからこそ、西田を含め、日本語で哲学をなさざるを得なかった京都学派の営為を改めて見直してみる必要があるというのは、おっしゃる通りです。

檜垣 ドゥルーズに関して言えば、アジアでは日本が最初に翻訳をしてしまいましたからね。

北野 そういう先進性もあるのでしょうが、一方では、同時代性もあると思うのです。たとえば台湾でドゥルーズに興味を持った学生は、日本では同時代を考えるに際してドゥルーズをどういうふうに使っているのかということに関心を持っている。そうした関心の持ち方は、二〇世紀とは違うステージに入ったのではないでしょうか。

檜垣 『ドゥルーズ』(道の手帖、河出書房新社、二〇一五年)で小泉義之さんが千葉雅也さんとの対談の冒頭で言っていたように、二一世紀の初めにドゥルーズを読んでいたのと今とでは全然状況が違ってしまっています。まったく新しい哲学でも何でもないものになっている。

北野 共通ツールみたいになってきている。

檜垣 そうですね。二一世紀初頭であればポストモダンの現代思想とは一体いかなるものかという感じで読まれていましたが、今になると、要するに「普通」なんですよね(笑)。映像でもメディアでも建築でも、どんどん展開して使っていけばいい。もちろん八〇年代にもそういうことはあって、悪乗りだとさんざん批判されましたが、今の状況はそれとも違います。アングロサクソンのグローバル化がある意味で浸透しきっており、八〇年代の秘教的な状況とはまったく違って、世界中の人がドゥルーズを英訳で読んでいる。もちろんそれはドゥルーズやガタリが言っていたこととズレを含みます。しかし、そのズレ自体が展開していけばいい、とドゥルーズ本人がこの状況を見ればきっと言うでしょうね。

北野 台湾で、ごく気取らない口調で「日本においてアーカイブの病はどうですか?」と尋ねてきた出版者の人がいました。映像が氾濫する社会での真理の希求の姿勢について日本はどう考えるのかという論脈でした。おそらくは今の台湾や香港の政治状況が背景にあるのでしょう。思想の問いを、生をめぐるハードな状況論のなかでとらえている。そのなかでデリダの思考が使えるツールなのかどうかという関心です。現代思想《フレンチ・セオリー》がアジアの多くの国々でツールとして定着してきている。そうしたなかで、それで日本からは何が言えるのか、ということですね。

ポストモダンと京都学派

檜垣　京都学派への関心の二点目は、七〇年代の日本の思想家たち、たとえば中村雄二郎、木村敏、坂部恵といった人たちが、七〜八〇年代に京都学派に注目していたということです。これをどう考えればよいのか。中村雄二郎はパスカル研究からスタートしながら、西田や三木を取り上げている。坂部恵は私の先生のひとりでしたが、カント学者と言いながらも、カントについての本を書く代わりに、わりと周辺的なフランス哲学をやりつつ、九鬼や和辻についての本を書く。七〇年代というのは、日本にフランスのポストモダン思想が一種の流行として入り込んだ時期ですが、最初から西田の概念を意図的に使って独自の精神医学を形成していた木村は別として——現象学の概念と思われがちですが、木村のノエシスやノエマの概念はまったく西田的です——、そこにも深くかかわっていた人々が、のちにスッと日本哲学に移行したわけです。

そうした移行に対しては、ご存知のように柄谷行人から「ライプニッツ主義」というある意味で包括的な批判もなされたわけです。「何でも多様体と言えばいいのか」といった批判です。もちろんそうした批判があることも理解しますが、それでも、以前は京都の連中だけが小声で語っていた京都学派について、中村や坂部が突然に評価し出したのは、意味がないことではなかったと思います。そもそも京都学派について何か言及するだけで、戦前のファシズム体制を擁護すると捉えられかねなかったわけですからね。

フランスのポストモダン思想の一方で、なぜ日本哲学が取り上げられたのか。おそらく中村や坂部のあいだでは内面的に繋がっていて、親近感があったのだと思います。私自身、ベルクソン研究からスタートしましたが、ベルクソン—西田というラインには非常に親和性があります。これはなぜか。哲学のメジャー・ラインがデカルト—カント—ヘーゲル—フッサール—ハイデガーという意識の哲学だとすると、フランスのポストモダン思想はそれを脱構築で攻撃したわけですよね。一方で日本哲学も、プラグマティズムや新カント派にすごく近くて、独自のエコ・フィロソフィーというか、ドゥルーズ的に言えば「哲学地理学」みたいなものを形成し、当時の主流派であったフッサールやハイデガーに対して攻撃をしています。つまり、ドイツ哲学に対する反発があって、ヨーロッパ的な意識の哲学をどうしたら崩せるかに自分たちの本領を置いていた。

他方で七〇年代の日本人がフランスのポストモダン思想に肩入れした理由は、近代の崩壊について切迫感があり、その後のことについて教えてもらいたいという関心があったからです。消費社会なんてどうせすぐに駄目になると思っていたわけです。

こうした背景があって、中村や坂部はフランスのポストモダン思想と日本哲学とがどこかで通底しているということに鋭敏に気づいていたのだと思います。

北野 八〇年代の西田再評価の動きについてどう読むかは、僕も迷うところです。『思潮』や『批評空間』を読んで育ったところが多い世代ですから。ただ、僕が関心を持ってきたことの一つは、近代日本の知の状況は、二階で欧米哲学、一階で土着の思想という「二階建て構造」であったという二〇世紀初頭のレーヴィットの言葉を受けての稲賀繁美さんの指摘に表されているような現実です。そうした二階建て構造がゆえに孕みえていた可能性もあるわけで、それがポストモダン消費社会のなかでどうなっていくのか、どう設計し直すのかという問いは八〇年代に真摯なものとしてあったでしょう。坂部恵らの京都学派再評価も、柄谷行人の批判も、その水準では共有されたものがあったのではないかとも思います。僕が関心あるのは、そうした二階建て構造それ自体が、いっそう酷い仕方で溶解しつつあるということです。嵐のような大域的（グローバル）リベラリズム――経済的かつ政治的な――が地球を覆いつつあるという状況のなかでです。

他方、僕にとっての『日本哲学原論序説』の白眉は、なんと言っても、廣松渉、大森荘蔵、吉本隆明の思考のなかに、西田以来の京都学派的な思考とパラレルなものを読み込んでいくという後半部分です。たしかに、「事的世界観」をめぐる廣松の論や大森の「物」をめぐる知覚についての論は、西田の純粋経験論とあわせて読むと目をひらかされるところがあるし、廣松の「四肢構造」の論や大森の「立ち現われ」概念などは「行為的直観」とかなり接近しているように見えます。学生時代、大森の著作にあてられた身としては、きわめて斬新な指摘でした。

さらに加えて、思想営為の二一世紀的な大域的拡散のコンテクストに加えて、僕には、そうした主客二分法の超出や、意識の手前の身体に根ざした存在論は、世界了解のフォーマットがデジタル化の再フォーマット化に――わかりやすいデバイスの水準のみならず機能主義的脳科学論から遺伝子工学にいたるまでありとあらゆるものが――さらされている今日的状況においてとても刺激的です。それもまた、意識の哲学を超える視野の必要性が再び活性化しているというコンテクストですね。

哲学と批評の交わらなさ

檜垣　続けて三点目もお話したいと思います。

日本でオリジナルな思想を展開してきたのは誰かというと、小林秀雄や吉本隆明、最近では柄谷行人、東浩紀といった名前が挙がるはずです。特に吉本などは無視できませんし、私自身が多大な影響を受けています。逆に私がまったく触れてこなかったところに丸山眞男の政治学や、柳田國男、宮本常一、網野善彦といった日本の民俗史・常民研究の流れがあります。ところが、今挙げてきたような日本思想と、京都学派の日本哲学とは、わりと噛み合わせが悪いのです。それはどうしてかと考えてみると、京都学派の哲学者たちはものすごくモダンなんですね。つまり、日本語で思考しているように見えてそうでない。西田の文章は日本語で書かれているようで日本語ではない、というように小林秀雄が批判していましたが、その通りなのです。

もちろん、文芸批評の人々も、小林のランボーとボードレール、吉本のランボーとマルクスのように、ヨーロッパの影響を受けていることは事実です。しかしそうした思想と、京都学派の日本哲学とは、何か平行線を辿っていて、噛み合うようで噛み合わない。そこが面白いと思いましたし、いろいろと考えていかなければいけないと感じています。

吉本や丸山について、特に彼らが死んでからはさまざまな読まれ方がなされてきました。しかし、そのほとんどは、擁護するにせよ批判するにせよ、近代主義的な読み方ですし、私はとりわけ吉本について、そうした近代主義的な枠にとらえられがちなことに歯がゆさを感じます。もちろん彼ら、といっても特に丸山でしょうが、自覚的に近代主義者としてふるまったし、政治情勢のなかでも、それを擁護した部分はある。ヨーロッパ型の民主主義を導入しないとどうしようもないと思っていたはずです。丸山が大学闘争の時代にあれほど非難されたのはこの点やむをえない部分もあります。アドルノとよく似ていて、反ファシズムを言うときは絶賛されるのに近代の向こうを模索する動きが出ると突然保守主義者然としてくる。吉本はもちろんこの点、時代の読み方においてずっと鋭敏だったわけです。とはいえ吉本の八〇年代的な消費社会論も、もうそろそろ意味を失ってくるのかなとも思いますが。

しかしそれでも、丸山が『日本の思想』のなかで思考した「なる」や、吉本が『共同幻想論』の執筆中読んでいた記紀や『初期歌謡論』における万葉集のことを、私たちはどう考えればよいのでしょうか。詩人であった吉本にとって、歌の発生はものを書くときの根源でしたから、それらを読むことは当たり前だったかもしれません。しかし六〇年代という時代にそうしたとてつもなく反時代的なことをやり続けて、それが燃え盛るように支持を集めたという現実がある。つまり、両者とも大変な近代主義者でありながら、一方では千数百年前から日本で発生してきている何かを引き受けていた。特に吉本の場合は日本語の音韻などにも敏感で、一〇〇年や二〇〇年の問題ではなく、一〇〇〇年、二〇〇〇年の問題として考えないと話にならないよ、と啖呵を切った。そこが吉本の一番いいところではないでしょうか。そして、このように出てくる「日本」と、京都学派のそれとは、やはりズレてしまうのですが、そのズレとは何なのでしょうか。これも充分に考えなければならない問題かと思います。

京都学派について内在的な話をすると、西田の哲学のポイントは、「場所」論でもなければ「純粋経験」でもなく、「永遠の今」という問題だと考えています。これは木村敏がよく書いていることでもあるのですが、「イントラ・フェストゥム」、すなわち祭りのなかを意味するような今の横溢、今の過剰のようなもので、分裂症的事態です。永遠の今に対する西田の執着は大変なものがあります。時間的な今ということをあそこまで掘り下げ、永劫回帰に結びつけるという論点は、それこそドゥルーズがやったことですが、それは西田より三、四〇年後のことです。そしてその永遠の今という問題設定こそが、ヨーロッパが隠してきたものというか、ヨーロッパの近代が自由・平等・民主主義を掲げて広げてきた水平性を突き抜けてしまうような垂直性を持っています。

それはヨーロッパにおいてニーチェやマラルメが目指したことかもしれません。そう考えると、あれだけリゴリスティックな数理哲学研究者であった田辺元が、晩年にブランショとマラルメに傾倒した理由もわかる。田辺は西田に対してはいわばその神秘主義的な側面は共有し難い――私は種の実在を言うから合理主義的に考えないといけない――科学哲学はそうでないともたないという趣旨のことを言って「絶対無」を批判していたのにもかかわらず、最期はマラルメの「骰子の一振り」に向かった。そうなると、同じようにマラルメについて言及していたドゥルーズのことも考えざるを得ません。

ニーチェもファシズムにさんざん利用され、一時期は批判の対象にしかならなかったのですが、それを打ち破ったのはデリダ、ドゥルーズ、フーコーでした。そこで、自由・平等・博愛という――いままさにイスラームとの対立において問題になっているフレンチ・イデオロギーなのですが――理念だけでは難しいということで彼らがニーチェを考えたことと、西田の「永遠の今」という垂直性の問題とが繋がっていくわけです。デリダであれば、アメリカ的な秩序にもフランス的なそれにもある種の違和感に基づいた批判を提示して「正義」といった概念を出してきたわけですが、イスラームとの付き合い方が問われている現在では、こうした問題の持つ意味はさらに大きくなっているはずです。日本人としては、将来ますます移民として増えていくであろうイスラームの人々から、西洋人でもないのにどうしてフランス人がつくった自由・平等・博愛や民主主義を金科玉条のように掲げているのかと聞かれたときに、何と答えるかを考えなければいけない。グローバル化がそういった次元にまで到達するのは、確かなことでしょう。

北野　そうでしょうね。「永遠の今」は、やはり、肝ですね。私が咀嚼できているかどうかあやしいですが。ただ、画期的な折口論をものされた安藤礼二さんが『日本哲学原論序説』への書評（共同通信）で共感なさっていたところがそのあたりでしょう。小林秀雄の話がありましたが、彼は実は映画や写真についてかなりの文章を書いていて、それが非常に面白いと思っています。

檜垣　私たちが思う小林は『地獄の季節』を翻訳したとか、中原中也とのいざこざがどうとかのイメージですが、想像よりもはるかに長生きしてますからね（笑）。一九八三年まで生きて、文章を書いていた。

北野　ドゥルーズを読んでいたという話もありますしね。私のようなメディア研究者から見れば、小林が文芸のなかに留まって解釈されてきたことは、ある意味で不幸だったのではないか。彼は『近代の超克』などで日本の哲学は日本語になってないと言っていますが、実は相当関心があったのではないでしょうか。つまり、フランス語を翻訳するなかで、翻訳という物質的な行為に対する何かに立ち止まるような経験があったと思うのです。ランボーを訳していても日本人である自分にはランボー的な絶望、パトスのなかに入っていくことはできない。もっと別種のパトスが自分には存在することに気がつくなかで、文字というメディアの物質性／不透明性に気づいていったのではないか。小林が文字にせよ映像にせよメディア現象について語るときには、経験の相における空間性や時間性のラディカルな転換に気づいていたようなふしもあります。もっと言えば、哲学地理学的な発想もそこには張り付いていたし、死のモメントや、ある種の永遠性みたいなものをめぐる問いとも連結させていたりする。

他方、小林から柄谷行人に至るまで、文芸批評のラインには、自らが思考している思考の物質的な基盤について考える、つまり思考している自分自身を思考するという向きがありますが、それを下手に一般化するとまずいことになりかねない。そこが、京都学派との噛み合わなさにつながるようにも思うのです。というのも、こうした一般化された自己批評の身振り、つまり、どうしても日本で考えることの構えが、思考している自分をも批評するという身振りが往々にして内向きになりすぎてしまう、ドメスティックな場の実存的社会状況論へ滑り込んでしまう危うさもあるのではないかとも思うのです。そこは、あくまでローカルなものから出発しつつも、普遍的なものを志向することが勘所にある哲学の営為とは、逆ベクトルになってしまう危うさでもあるかもしれない。日本で独自な仕方で発展した普遍的な思考なのか、それとも、日本の文脈から離れると強度を失ってしまう思考なのか。それらは異なるものでしょう。僕としては、小林に関しては、翻訳をめぐる問いのなかで文字メディアの物質性というものにこだわっていた点にこそ、可能性を見出したい。

そして、この噛み合わなさに良くも悪くもかなりはまり込んでいたのが花田清輝ではないか。つまり花田は右派的な京都学派と距離を置きつつも、批評の起源みたいなものを吉本との論争のなかで見出していくようなところがあった。その意味で、日本哲学と文芸批評との交差点に立っていたように思うのです。

檜垣　吉本は花田のそういうところが嫌いだったのかもしれないですね（笑）。

北野　その吉本や丸山にあった戦後民主主義と国家の古層とのあいだのパラドクスですが、そこでは西洋的な思想と日本の土着的なものの二階建て構造が、戦後社会のなかで絡み合いながら続いてきたのだと思います。一方でデリダ、ドゥルーズ、フーコーも同時期に身体（＝パトス？）的なものを掬い上げ、アングロサクソン的なロゴスにゆさぶりをかけようとしていたのでしょうが、二一世紀に政治＝経済的リベラリズムが席巻するなか、ロゴスとパトスは全面的に混濁し溢れ出てきてしまっています。だからポストモダンなアイデンティティポリティックスを振りかざしても、ＩＳ（イスラム国）の問題に典型的なように、悪循環に陥るだけで先がない――英誌『Economist』二〇一五年新年号ですでに指摘されていましたが。

とりわけ、アングロサクソン的なリベラリズムのなかのマルチ・カルチュラリズムという仕掛けも有効性は疑わしい。このマルチ・カルチュラリズムとは、私自身は九〇年代の演劇や映画関係の国際コンファレンスでよく感じていたことなのですが、「ここはアジア」とか「ここは中東で、ここはラテンアメリカ」、といったスロットがあらかじめ用意されているような仕掛けです。

檜垣　オリンピックみたいな（笑）。とにかくアジア人もアフリカンアメリカンも程よく混ぜておこうと。

北野　ええ、国際見本市かと（笑）。リベラルなグランドデザインがあって、そのなかで「ちゃんと居場所を与えます。声は聴きますよ」というフォーマットがつくられる。これは不快に感じざるをえない。中東の人たちは、下手をするとそのスロットさえ与えられなかったかもしれない。スピヴァクは地理的概念としての中東ではなく、中東はグローバル・サバルタンだと台湾で言ったようです。全世界にイスラームは拡散しているはずです。ですから、二階建て構造、あるいはロゴスとパトスの表裏といった問題を脱構築の起爆剤としていた二〇世紀的な状況が、それらの圧倒的な混濁が進むなか間に合わなくなっている。どこで何が起こるかがわからないようになってきた状況、そもそもどこで人が殺されるかわからない状況のなかに私たちはいる。それは、檜垣さんが最近紹介されているエドゥアルド・ヴィヴェイロス・デ・カストロらの新しい人類学の仕事にも繋がっている。ヒューマン／ノンヒューマンということを考えなければいけないコンテクストのひとつです。

マルチ・ナチュラリズム

檜垣　エドゥアルド・ヴィヴェイロス・デ・カストロはブラジルのリオデジャネイロ博物館で研究をする人類学者で、私と山崎吾郎が共訳した『食人の形而上学――ポスト構造主義的人類学への道』（二〇一四年［洛北出版、二〇一五年］）に加えて、『インディオの気まぐれな魂』（二〇一一年［近藤宏、里見龍樹訳、水声社、二〇一五年］）がこの一〇、一一月に立て続けに刊行されました。今人類学の新展開への関心が高まっていますが、そのなかでもカストロの仕事には多くの人々の興味が注がれています。これはとても面白い状況ではないでしょうか。

どこが面白いのか。きわめて表面的なことを言えば、彼がブラジル人であるということです。彼は母語であるポルトガル語に加えて英語、フランス語に堪能で、『食人の形而上学』も元々はカンタン・メイヤスー、エリー・デューリング、パトリス・マニグリエといった若手の思想家たちが編集しているMetaphysicSという叢書から出版されました。ですから、フランスでの評価は非常に高い。それがフランス哲学の延命なのか拡散なのか、はたまた崩壊なのかはよくわかりませんが（笑）、意表を突くような論点を出してくるということで、フランスでは歓迎されている。カストロ自身はフランスあるいはヨーロッパのポスト・モダン思想に対しては距離をとっているのですが、そうした批判も受け入れられています。いわばフランス思想の一つの貴重な外部として、必要とされているのでしょう。これはイタリア思想への現在の光のあたり方と近い部分があります。もはや哲学科が英独仏で人事をすればいいなどという時代は終わっている。

彼の思想の中心にあるのは、マルチ・ナチュラリズムです。そう言うと必ず反論があって、九〇年代の多文化主義の文化を自然に置き換えただけじゃないか、と。あるいは、唯物論化したとか、ドゥルーズ＝ガタリの多様体概念を導入したとか、パースペクティヴィズムを持ちこんでいるとか言っても、それはかつての翻訳の問題を自然に置き換えただけじゃないか、と。確かにそのように捉えられなくもない。しかし、ヨーロッパの根本的な外側を考えるときに、カストロが描いているアマゾンの人類誌はやはり重要な意味を持つと思うのです。

つまり、アマゾンの人間にとっては、アマゾンの人間こそが人間である、ということですね。だからヨーロッパの人間は人間でない。どこの民族にとっても、自分たちこそが人間であるということです。カストロは、ヨーロッパの現代思想が脱人間化のプロジェクトを進めていったのに対して、アマゾンにおいてはそもそもヨーロッパ人は当たり前のように人間ではないという言説をぶつけているのです。ヨーロッパにおけるポスト・ヒューマンとは、所詮ヨーロッパ的主体だけを人間として考えているだけです。はじめからアマゾンやアジアの人間を人間でないものとしたうえで、自らの人間性が解体されていくことに対する方途を探していたに過ぎない。アマゾンの人間たちからすれば、そんなのは知ったことじゃない、ということです。

北野　とても共感できますね。フランスで、学校教育の場でイスラームのブルカが禁止されたという事件が以前にありましたね。これは多文化主義のなかでの文化は認めるけれども、それ以上は認めないことでした。しかしこうした言説は、抑圧された側からすれば、誰が人間であるかということも含めて、自らのルーツを根こそぎ再フォーマット化してくれと外部から強制されるということに等しい。つまり、ヨーロッパからすれば多文化主義なんだけど、そこで暮らす非ヨーロッパ人からすれば、生世界全体を根こそぎにされるようなものです。これはジジェクも指摘していましたが、彼はそれ以上の理論的展開になるとわかりやすい言語構造主義的ラカン的図式に陥る。

カストロが興味深いのは、ジジェクの批判から一歩踏み出して、人間とは何かという概念そのものがぶつかりあわなければならない段階に入っていることを示しているからです。多文化主義が人間とは何かをヨーロッパがあらかじめ設定したうえで、その世界に非ヨーロッパを参加させることだったとすれば、マルチ・ナチュラリズムは、そもそも世界や自然といった総体を異にする人間がいるというところに踏み込んでいる。

檜垣 その通りですね。私は人類学に対しても違和感を感じ続けてきましたが、それはヨーロッパ人が非ヨーロッパ的世界を記述するという視線しかなかったからです。しかし重要なことは、ヨーロッパの人間がアマゾンに入ってそこの人々を記述しているとき、アマゾンの人間もまたヨーロッパ人を記述していたということです。それは当たり前の話ですね。どちらも記述主体で本質的な差などないということです。

グローバル化以前の世界であれば、それでもお互いの記述が交わることはなかった。しかし現在ではすべてがグローバル化されているわけですから、ブラジルから来た人類学者がヨーロッパを記述し、ヨーロッパ人の自己像にぶつけることになる。そうした人間的主体同士の強烈なコンフリクトが、これから先には次々と生まれることになるでしょう。私自身も古き良き人文学のなかで育った人間ですから（笑）、ゲーテを中心とするヨーロッパの人文学的教養に対する敬意を持ってはいますが、ただこれから先に何が生まれてくるのかという期待を持って見ているのは、圧倒的に非ヨーロッパの地域なわけです。

北野 ここで強引に日本哲学の話に戻しますが（笑）、私は、実は西田はこうした状況まで見通していたのではないかと思うのです。

檜垣 これこそが「近代の超克」が本来持っていた問題ですね。日本はいかなる理由でか植民地化を逃れ、逆に植民地侵略国家として成功したことでヨーロッパ列強のなかにスルッと入ってしまった。しかし西田たちが考えていたのは、そんなにあっさりヨーロッパのなかに入ってしまってよいのかということでした。ヨーロッパ近代を受け入れるということは、植民地化を逃れるために不可避だったのでしょうか。それでも絶対にヨーロッパ人になることはできないのです。ではどうすればよいのかという問題が突きつけられていて、西田たちは真剣に考えていた。一周回って同じところに来ているのではないか。

北野　理論的にはこんなふうにも思っています。西田はその初期において、意識に対して無意識ということを言いますよね。今の言葉で言えば、意識的思考のみならず感覚知覚よりも手前にあるものも指して言う。それを中期では「自覚」、後期では「場所」なり「行為的直観」なりという用語で掘り下げていっている。生物学的に言えば意識化も知覚化もされない身体が世界に対する反応でしょうし、物理学的に言えば、安定した心身論の枠組みを超えるようなモノとの関係です。前者は今西錦司や梅棹忠夫が引き継いだラインです。今西は「生成発展」という言い方までしている（笑）。梅棹が面白いのは、シャノン＝ウィーナーの通信理論などをかなり批判しているところです。情報はあらかじめパケット化されるようなものではなく、個体が環境で出会うときの生理的な反応をこそ出発点とすべきだみたいなことを言っています。それは情報を行為的直観のレヴェルで考えているからでしょう。ちょっと余談になりますが、新しい唯物論のような視点から書かれたアニメーション論が昨今日本でも注目を集めていますが、僕からすると道具立ては新味ではあるものの、枠組み自体は統一的志向のハリウッドとそこから見ると逸脱性を持つ外部という図式が相も変わらずある。対して、京都学派的行動論のトーンが感じられなくもない細馬宏通さんのアニメーション論は断然に繊細で豊かな視線をお持ちです。

つまり西田がやったことは、ヨーロッパの意識の哲学に対して、今の言葉で言えば脳科学の情動論や、数理理論的な物理現象論を対置して、それを超えるところに進もうとしたことではないか。

檜垣　廣松渉は梅棹を批判する本（『生態史観と唯物史観』）を書いていますが、なぜそこまでのことをしたかといえば、やはり痛いところをつかれたからでしょう。マルクス主義の単線的・直線的時間性に対して、空間的・生態的なことを考えなければならないという梅棹の主張は、廣松自身が自ら取り組もうとしていたことなのです。それを右派の梅棹にやられてしまったから、これはいけないと思ったはずです。そのあとでは、廣松も河本英夫からオートポイエーシスを学んだり、『エピステーメー』誌で生命の自己組織化について長大な論考を書いたりしています。マルクス主義に欠落していた生態学的視点をどう取り込むのかを考えていたのでしょう。廣松には『「近代の超克」論』がありますし、小林敏明も、廣松の試みを「近代の超克」として描いている。もちろん廣松は京都系の近代の超克論を批判するのですが、これも梅棹批判と同じで結局自分らマルキストがたっている現場でも同じことが必要になるんだという自覚があるからだと思います。そして廣松以降、つまりマルクス主義革命による「超克」が可能だと誰も思わなくなった今、その主題はさらに重みをましています。

北野　小林敏明さんの仕事は、廣松と西田を結びつけた先駆的なものですね。廣松は現実の社会主義に対しては距離をとっていた点と、廣松の理論的な可能性を上手に結びつけて論じておられた。梅棹、今西に近いところには桑原武夫がいますが、彼らはヨーロッパに調査旅行をしています。ヨーロッパにおける人間とは何か、という視点があったわけです。

檜垣　カストロの発想に近いですよね。日本的主体からヨーロッパを見る。

未来のテクネー論へ

北野　もう一つお話したいのは、アニミズムという概念をどう考えるかということです。和辻が若いころに言っていたことで、ギリシャ美術は人体を理想に近づけていくが、日本美術は神の理念を人体のなかに見るという話があります。形而上学的なものか超越論的なものかはわかりませんが、神的なものがどうやって具体化・物質化されるかについて、西洋と日本ではまったく違う、と。ヨーロッパからすれば日本はアニミズムだということになるのですが、和辻が述べていたのは、人間／自然／神という三角形でおりなされる世界のあり方自体が異なっているということですね。そして、これは京都学派に共通した視点だと思います。もちろんそこから日本固有論へと向かってしまうような危険はあったわけですが、この視点の可能性自体は、今なお色あせていないのではないでしょうか。

檜垣　そうだと思います。京都学派の興味深いところをさらに挙げるとすれば、テクネー、つまり技術論の視点をかなり含み込んでいたということです。西田の技術的身体という概念は素朴なものでしたが、三木清はかなり本格的に展開しました。三木や戸坂といったマルクス主義者たちは、今後の革命において重要なのはテクノロジーだと考えていた。中井正一の映画論にも、ベンヤミンのような視点がありますよね。ベンヤミンは映画という装置が人間の知覚を根本的に変えるという点において、それを革命的メシアニズムと結びつけたわけですが、同じようなテーマが京都学派にもある。

小泉義之さんも以前に指摘されていましたが、戦後思想の一つの問題は科学技術論やテクネー論の衰退です。戦前から戦後になるときに、人間の根本的な身体条件としてのテクノロジーを問う系譜が途絶えてしまった。しかし、コントロール社会をさらに乗り越えてしまったような現代において、テクノロジーが根本に置かれていることは誰の目にも明らかです。さらに今後、人間身体に対するテクノロジーの介入の度合いは、加速度的に増していくことでしょう。それこそ分子レヴェルで、機械と人間との境界が曖昧になっていくはずです。

ですから、これからの哲学は、テクノロジーをその根本的なテーゼにしなければ意味をなさなくなる。海外の学会に行くと話題の中心はいつもテクノロジーのことです。ドローンが普及した次に来るのは人間に翼をつけることだ、とか（笑）。この問題を考えなければ、人間の身体や主体、あるいはそこから出てくる政治的な問題について何も言えなくなるでしょう。京都学派がおもしろかったのは、この視点を絶対に欠落させていなかったということです。

北野　とりわけ、僕は『日本哲学原論序説』での三木清のなかにあった構想力と技術の関係を扱う章は、構想力のドイツ語の原語（Einbildungskraft）に「bild（イメージ）」が入り込んでいる点からもとても面白く、今後の自分の課題としたいと思っています。

ともあれ、少し現代の状況に立ち返ると、『制御と社会』を出したときに、石田英敬さんからはサイバネティクスの社会論だと言われました。それは当を得ていると思うのですが、こうも読めます。本のなかでは第一章でサイバネティクスと、第二章ではそれを元にした経営学とがあいまって社会に進出していく過程を書きました。第三章では、情報理論としてのサイバネティクスにせよ、経営学におけるオペレーション・プログラムにせよ、二〇世紀の概念ですが、それらが異なるスケールで拡散していくなか、情動の水準までコントロールされるようになった。しかも、そのコントロールは、個人の「満足」といった、一見ボトムアップを装って、と書きました。こうした拡散と浸透が行きつくところまで進んだのが、現在だと言えます。

そこで登場したのが、技術によるポスト・ヒューマンの可能性という話だと思うのですが、これは先ほどからお話ししてきた西洋のヒューマニティの限界とその先という問題と、当然ながら絡み合って進行しています。そして、西田や三木といった京都学派の人々は、この生態学的・技術論的な両方の部分を先んじて押さえていたということでしょう。

ただ、生態論的と言ってもいろいろなレヴェルがあります。檜垣さんに伺ってみたいことは、ギブソン流の生態論についてです。たとえば今のゲームデザインでは、アフォーダンスが非常に注目されています。単純化されたものですが。特にスマートフォンのようなモバイル端末上のゲームでは、たとえば電車のなかの人間は何をアフォードされているのかというところから、ゲームデザインをしていくわけです。これは率直に言って気持ちの悪い話ですよね。

檜垣　しかし、アフォーダンス理論の中心にあるのは視覚ではないでしょうか。視覚的錯視とか、そういう話ですね。言ってみればそこには行為する身体がない、動く身体がない、そういうことかと思います。

北野　その通りなんです。そしてかなり決定論に近いところがある。それに比べると、人間と世界が出会ったときに起きると西田が考えていたことは非常に動態的です。「界面」ですね。今の言葉にすればインターフェイスとは何かという問いでしょう。このインターフェイスは内側でも外側でも動きのなかにあって、どこにあるのかわからない。

檜垣　内即外・外即内ですからね（笑）。

北野　そこが面白い。生態論的と一言で言っても、ギブソンなどに比べると、さらに不透明に動態的です。

檜垣　行為的直観といった概念も、これから真剣に掘り下げるべき可能性を秘めているはずです。アフォーダンスやオートポイエーシスの議論よりも、西田の方がはるかに先に行っていたように思います。歴史的なものも含めて考えていますからね。

北野　世界と身体が出会ったときに生まれていること、私たちが新しい唯物論などを手掛かりに考えようとしていることに対して、京都学派は素晴らしい資源をたくさん持っているということでしょう。今日はいろいろと刺激的なお話を伺えました。どうもありがとうございました。

（初出：『現代思想』二〇一六年一月）

8 日本社会をいかに語るか——来るべきカルチュラル・スタディーズ

＋吉見俊哉（東京大学教授）

北野　もう一五年以上前になりますが、いわゆる「ソーカル事件」が起きたのは、私がニューヨーク大学大学院で勉強している時のことでした。よく知られていることですが、ニューヨーク大学の物理学の教授だったアラン・ソーカル（一九五五年生）が雑誌『ソーシャル・テキスト』にデタラメな内容の論文を投稿して、一九九六年に掲載された。その内容は、ポスト・モダンの哲学者や社会学者の諸概念を数学や物理学に絡めたもので、いわば罠を仕掛けてポスト・モダンの人文学の学としての信頼性に疑義を呈したわけです。当時は『ソーシャル・テキスト』の中心を担っていたアンドリュー・ロス（一九五六年生）もニューヨーク大学にいましたし、『ソーシャル・テキスト』の編集委員の一人は映画研究科の教員でもあったので、近辺では毎週のように自主会合が催されたりしていて——私もよく覗きに行きました——、まさに事件の現場に身を置いていた感じでした。とはいえ、私自身は、雑誌『オクトーバー』をロザリンド・クラウス（一九四一年生）とともに創刊したアネット・マイケルソンの下で勉強していたので、ポジションとしては傍らで見守るというものでした。

なぜこんな話から始めたかというと、その頃『ニューヨーク・タイムズ』の一面に「ソーカル事件」の記事が載ったのをよく覚えているからです。その趣旨は「大学における人文学（ヒューマニティーズ）の凋落の兆し」というものでした。そのことに関連して、当時はその意味がよく分かりませんでしたが、何年か経って吉見さんが主催していた研究会にアメリカで活躍しておられたカルチュラル・スタディーズのある日本人研究者と一緒に参加したとき、その方が「カルチュラル・スタディーズは人文学の最終形態だ」と言われた記憶があります。今、私はこれら二つの出来事を結びつけて考えるようになっています。例えば、カルチュラル・スタディーズとしてシェイクスピアを読むことを伝統的な人文学は批判的に見ていましたが、今にして思えば、カルチュラル・スタディーズがあったおかげで大学の中にシェイクスピアなりジョイスなりの「テクストを読む」というチャンネルが何とか確保されていたところがある。ところが、今やそのカルチュラル・スタディーズさえ日本の大学では視界から消えつつあります。少し穿った言い方をすれば、カルチュラル・スタディーズとともに、人文学的なテクストの読解の営みが大学から姿を消しつつあります。むろん、文学部の先生がたには、こうした時代観測に賛同しない人も多いでしょうが、精読を中心とした人文学が急速に大学内で勢いを失くしつつあるということは、少なくともトップ校以外の大半の大学に認められる状況です。

「映画研究」などという新興の分野でも事情はまったく変わりません。作品論がどんどんなくなってきていて、「映画館の歴史」とか「観客の身体」といった問題が積極的に取り上げられるようになりました。英文学でさえ、ニューヒストリシズム以降、歴史学的な実証性が大きく重視されるようになってきていると思います。そういう傾向自体、カルチュラル・スタディーズがもたらしたものなのかもしれませんが、皮肉にも、視点を変えれば、カルチュラル・スタディーズは人文学の最後の砦だったのではないか、という指摘はなかなか的を射ていました。

そうすると、今カルチュラル・スタディーズについて再考しようとするとき、単にその内容を検討するだけでは不十分ということになる。大学を中心にした人文学というものがこれまで何を担ってきたのか、そしてこれから何を担っていくのか、という問いを抜きにはできませんし、もっと言えば、大学という制度そのものの歴史的変遷を踏まえる問題系にもつなげて考える必要があると思います。そうしたことを含めて、日本のカルチュラル・スタディーズの中心人物であり、近年は東京大学で大学行政に深く関わって、『大学とは何か』(岩波新書、二〇一一年)などの刺激的な大学論を展開されたりもしている吉見俊哉さんにいろいろとお話を伺ってみたいと思い、このような場を設けました。

バーミンガム学派の役割

北野　最初に考えたいのは、欧米と日本でのカルチュラル・スタディーズの定着の仕方の違いです。アメリカでは――アンドリュー・ロスもそうですが――文学と深く連動していましたし、イギリスのバーミンガム学派もさまざまな分野と連携していました。ところが、日本のカルチュラル・スタディーズは社会学の中に定着した。具体的に振り返ってみると、象徴的なのは一九九六年という年です。この年、『思想』と『現代思想』という二つの雑誌がともにカルチュラル・スタディーズの全面特集を組みました(『思想』特集「カルチュラル・スタディーズ――新しい文化批判のために」一九九六年一月号／『現代思想』特集「カルチュラル・スタディーズ」一九九六年三月号)。この時は『現代思想』の特集に深く関わられ、その後は『思想』を含め、岩波書店を主戦場にして『カルチュラル・スタディーズ』(岩波書店、二〇〇〇年)などのお仕事をされてきた吉見さんが社会学とカルチュラル・スタディーズのつながりを体現してこられたことは間違いないと思います。その吉見さんは、今改めて振り返ってみて、一九九六年以降の動きをどのように見られていますか?

吉見　今、カルチュラル・スタディーズが世界各地に広がる中でたどってきた道と、とりわけ一九九〇年代末以降に顕著となる世界的な人文学の凋落傾向の同時代性、ある種の相補的な関係を指摘されましたが、正鵠を射た指摘だと思います。「カルチュラル・スタディーズとは何か」と問うとき、さまざまな定義が可能ですが、一九九〇年代半ばに日本に本格的に導入された時には、バーミンガム学派のブリティッシュ・カルチュラル・スタディーズが典型的なイメージをなしていました。ただ、一口にバーミンガム学派と言っても、一九五〇年代から六〇年代にかけてレイモンド・ウィリアムズ（一九二一―八八年）、エドワード・P・トムスン（一九二四―九三年）、リチャード・ホガート（一九一八―二〇一四年）らが行った労働者階級の文化の研究、つまり「経験」という概念を核にして、労働者階級がいかなる文化を経験していたのかを、歴史的に、あるいはエスノグラフィーとして、あるいは概念史的に明らかにしていく初期の研究と、七〇年代以降にスチュアート・ホール（一九三二―二〇一四年）らが行ったサブカルチャーやポストコロニアル文化の政治学、理論的な視座としてはアントニオ・グラムシとポスト構造主義の理論を導入して、文化を構築主義的に読み解いていく研究とのあいだには方法論的に大きな距離があります。

そのことを踏まえた上で、カルチュラル・スタディーズに一貫したものがあるとすれば、言うまでもなく「文化を問題化してきた」ということです。そう言うと当たり前のように聞こえますが、ではカルチュラル・スタディーズが文化を問題化した、というのはいったいどういうことなのか。この問いは、先ほどの人文学の話とも深く関わってきますので、冒頭で強調しておきたいのですね。

ある学問や知の潮流を定義する時には大きく三つの方法があると思います。第一に、対象で定義する方法です。例えばフィルム・スタディーズは「映画」という対象がなければ現れなかったし、アーバン・スタディーズは「都市」という対象がなければ現れなかった。第二に、方法論によって定義する方法です。構造主義が典型ですが、そこでは言語理解的なパラダイムに基づいて脱領域的な知が定義されていく。それ以前から、社会学も心理学も経済学もどちらかというと方法論によってみずからを定義してきました。そして第三に、概念によって、あるいは概念を問題化するというモメントによって定義する方法があります。もちろん、どの学問もこれら三つの方法のどれか一つに還元されるわけではありません。ただ、どの方法が軸になっているかを考えることには意味があって、カルチュラル・スタディーズに関して言えば、第三の「概念の問題化」という観点が最も重要だと私は思っています。これはフェミニズムやポストコロニアリズムにも似たところがある。つまり、フェミニズムが「性」や「ジェンダー」という概念を、ポストコロニアリズムが「人種」や「民族」という概念を問題化したように、カルチュラル・スタディーズは「文化（カルチャー）」という概念を問題化した。それが最も基本的な点だと思います。

では、そこで問題化された「文化」とは何か。これは、すでにさまざまな機会に言ったり書いたりしてきたことですが、「文化」という概念あるいは「文化」という領域の成立と近代国民国家の形成は切り離せない、ということがポイントになります。一八世紀末以降、主にプロイセンで「ナショナル・カルチャー」や「教養」という概念が発展し、ナショナルな文化的基盤を確立する動きが生じる。これはナショナリズムの運動にとって重要なモメントになりました。特にドイツが典型で、フランスを中心とする普遍的・単一的・機械的な「文明」の概念に対して、個別的・特殊的・対抗的な「文化」概念を創造していく運動の一部としてナショナリズムが起こったことが知られています。その対抗運動の中で一九世紀を通じてネーションやナショナリズムが制度化されていくとき、ドイツであればゲーテやシラーを古代ギリシアにつなぐために人文学が古典的カノンを構築し、イギリスであれば文化的伝統に正統性を与えるためにシェイクスピアが再発見され、文化的カノンとして構築されていく。つまり、ヨーロッパの人文学は近代のネーションというフレームの中で構築されたもので、「文化」という概念も「教養」という制度もナショナルな知の編成と切り離すことができない。そのことの重大さを、私たちは一九八〇年代から九〇年代のカルチュラル・スタディーズを含めたさまざまな批判的知がなした探究を通して理解したわけです。

一九五〇年代のレイモンド・ウィリアムズの仕事がなぜ重要だったかというと、近代的なネーションの基盤として、ブルジョワジーの良識的な教養や文化を中核に、ナショナルな人文学的な知が構築され、制度化され、自明化されていったのに対して、労働者階級の文化的経験のほうからナショナルな「文化」概念を脱構築するものだったからです。それは価値のある作業でしたが、一九七〇年代になると、そもそも「労働者階級」というものを自明の前提にしてよいのか、という問題意識が生まれてくる。フェミニズムやポストコロニアリズムによって「階級」や「人種」や「ジェンダー」といった社会的主体のカテゴリーの構築性があらわになってくる中で、それでも「文化」概念への批判的介入を続けようとするなら、ネーションの文化と労働者階級の文化のせめぎ合いや衝突を問題にするだけでなく、もっと複雑なポリティクスを重層的に見ていかなければならなくなった。それがスチュアート・ホール以降のカルチュラル・スタディーズとして展開していったのだと思います。

もちろん、「文化」概念やそれを支える人文学は一九五〇年代にカルチュラル・スタディーズが出てきて初めて揺らぎ始めたのかといえば、そうではありません。一八―一九世紀にすら、多くの思想家がみずからの知の基盤である文化に対して揺らぎをもって仕事をしていたと思います。例えば、ヘルダーの「文化」概念も複数的なもので、ナショナル・カルチャーに一元化され、それが人文知の基盤になった、という一言で片づけられるようなものではない。だから、カルチュラル・スタディーズ以前にもカルチュラル・スタディーズ的な運動は常にあったと思いますが、カルチュラル・スタディーズは制度化された人文知――日本の場合、文学部がそれを担うのですが――とその基盤である「文化」概念に対して自覚的に批判的介入を行い、脱構築していった。その意味で、北野さんのお話にあった「カルチュラル・スタディーズは人文学の最終形態だ」ということについては、半分は賛成するけれども、半分は反対で、カルチュラル・スタディーズには人文学を越えてその先に行こうとする意志がある。人文学の基盤となってきた価値そのものが問われている、と考えているわけです。したがって、私は人文学の中に砦を構えようとは思っていませんし、一九九〇年代末以降、世界的に揺らいでいる人文学の「伝統」を守ろうとするのではなく、それとは違うものを求めているのだと思っています。

カルチュラル・スタディーズとの出会い

北野　レイモンド・ウィリアムズは労働者階級の側からブルジョワ的な「文化」概念に対する批判的介入を行った、というお話がありましたが、仮にそれをそのまま日本にもってきても、コンテクストがまるで違います。その一方で、日本には「民衆史」のような領域もありました。吉見さんが初めてカルチュラル・スタディーズと出会ったとき、どんなふうに思われましたか？

吉見　一九九〇年代になるまで、私は自分がやっていることがカルチュラル・スタディーズだとはまったく思っていなかったんです。私はもともと社会学で、都市の盛り場の研究をやっていました。学生時代に如月小春さんと芝居をやっていましたから、出発点は演劇の現場にある。それで、都市における演劇的な場としての人々が群れ集う場所を取り上げ、そこでの文化形成と集合的身体のポリティクスを考えようとしていた。だから、文化の政治学ということはずっと考えていましたが、それはカルチュラル・スタディーズに由来するわけではまったくありません。そもそも当初は、カルチュラル・スタディーズなど知りもしなかった。

私がやっていたのは、浅草、銀座、新宿、渋谷、原宿といった明治から現代に至るまでの盛り場空間にどのような人々が集い、その集いの中でいかなる意味形成がなされ、その意味形成にいかなる政治的介入がなされていったのかを考えるエスノグラフィック・ヒストリーのようなものです。そこでは、例えば権田保之助（一八八七―一九五一年）の浅草の民衆娯楽研究が重要で、権田の可能性と限界は何だったか、つまりマルクス主義的文化論の可能性と限界は何だったかを考えていました。戦後であれば、大衆文化について最も深く考えていたのは、鶴見俊輔さん（一九二二―二〇一五年）であり、思想の科学研究会です。それから一九七〇年代以降では、私の師匠でもある見田宗介さん（一九三七年生）と栗原彬さん（一九三六年生）の仕事から多くの影響を受けました。基盤にあったのは、権田保之助ならマルクス主義、鶴見さんや思想の科学研究会ならアメリカのプラグマティズムですし、見田さんや栗原さんには構造主義をはじめとする現代思想の要素が入ってきますが、いずれにせよ、そのような都市における群衆の文化と政治を考えてきた人たちの仕事を踏まえながら、『都市のドラマトゥルギー』（弘文堂、一九八七年）という本を書きました。その時には、この本がカルチュラル・スタディーズだとは思っていないし、その後も今挙げた人たちの仕事を引き継ぎながら、博覧会のようなマス・イベントの政治学、テレビとお茶の間空間の政治学などをやりましたが、自分としては文化の歴史政治学のようなものをやっているつもりでした。

それが一九八〇年代末になって、アメリカの新しい批判的な近代日本研究者たちと知り合うようになった。酒井直樹さん（一九四六年生）やタカシ・フジタニさん（一九五三年生）、それから亡くなってとても悲しいのですが、ミリアム・シルババーグ（一九五一―二〇〇八年）もそうです。それをきっかけに注意して見ると、イギリスでも似たような大衆文化の政治学についての本が出ていることに気づいた。ポール・ウィリス（一九五〇年生）の『ハマータウンの野郎ども』（一九七七年〔熊沢誠・山田潤訳、筑摩書房、一九八五年〕）はとても面白かったし、ディック・ヘブディジ（一九五一年生）の『サブカルチャー』（一九七八年〔山口淑子訳、未来社、一九八六年〕）のようにメディア文化の政治学もあった。それらが全部つながっていったのです。それと同時に、一九九〇年代前半になると、「君が読んでいるのはカルチュラル・スタディーズだね」とか、「あなたのやっていることはカルチュラル・スタディーズですね」と言われることが多くなった。

北野　それは海外で言われたわけですか。

吉見　そうです。海外から見ると、吉見のやっていることはカルチュラル・スタディーズだった。それで「ああ、そうなんだ」と思った。私、けっこう素直なんです（笑）。それに楽だと思ったんですよ。それに自分がやっていることが学問的にどのフィールドのどこに属するか、なんて私にとってはどうでもいいことなんだけれども、人は聞いてくる。私としてはそんなことに長い説明を費やしたくないので、「カルチュラル・スタディーズだ」と言ってしまえば、相手は納得してくれる。ああ、これは便利だな、と（笑）。ただ、一九九四、五年の日本では、マスコミ研究の中で受け手研究をしている人たちがエスノグラフィックなオーディエンス研究を「カルチュラル・スタディズ」と称していました。なぜ「スタディーズ」と伸ばさないのか、いまだによく分からないんだけれども（笑）、デイヴィッド・モーレーの『ネーションワイド・オーディエンス』（David Morley, The Nationwide Audience: Structure and Decoding, British Film Institute, 1980）などの大きなインパクトを受けた研究が「カルチュラル・スタディズ」と呼ばれて、クローズアップされていた。だから、当時の自分は「カルチュラル・スタディーズ」と言われても、一般には今とは違う理解だったし、自分がやっているのはそういうものではないと思っていたんですが、その一方で「カルチュラル・スタディーズ」という軸を立てると、それまで自分が興味をもって読んできた本や、影響を受けたり付き合ったりしてきた人がすべてつながって見えてきたことも事実です。いわばミッシング・リンクが見つかったような感覚でした。何しろ、それまで私の中ではレイモンド・ウィリアムズとエドワード・サイード（一九三五―二〇〇三年）がつながっていませんでしたから。それが「カルチュラル・スタディーズ」という軸を立てたおかげで、テリー・イーグルトン（一九四三年生）、デイヴィッド・モーレー、スチュアート・ホール、ポール・ウィリスまで、全部がつながった。このフィールドは自分がやりたいことに相当近いなと感じて、それなら、すでに日本にあった「カルチュラル・スタディズ」の概念を変えてしまえ、と（笑）。そう思って、ホールをはじめとするイギリスのビッグスターを日本に呼んだりして、タカシ・フジタニさんのようなアメリカの批判的日本研究からサイードまで、すべてを含む文化の批判的研究の大きなフィールドを「カルチュラル・スタディーズ」として日本に形成しようと考えていったのだと思います。

『思想の科学』とカルチュラル・スタディーズ

北野　吉見さんがたどってきた変遷がよく理解できました。ところで、今のお話の中に、鶴見俊輔さん、見田宗介さん、栗原彬さんのお名前が出てきましたが、これらの人たちの仕事は一般的に言ってカルチュラル・スタディーズにつながっているとは思われていないように感じるんですけれども、いかがですか?

吉見　いいえ、少なくとも私の中では直につながっているんです。

北野　例えば、思想の科学研究会とカルチュラル・スタディーズのあいだには断絶があるように感じられていると思います。

吉見　思想の科学研究会なんて、まさにカルチュラル・スタディーズじゃないですか。

——鶴見先生のお名前を挙げられたとき、意外な感じがしました。

吉見　そうですか。私は当たり前だと思っていた。

北野　吉見さんの中では地続きだと思うんですよ。

吉見　完全に地続きです。思想の科学研究会は日本のカルチュラル・スタディーズだというのは、私にとってはあまりにも当たり前のことなんですよ。構築主義以前という意味で、スチュアート・ホールよりはレイモンド・ウィリアムズに近いものではありますが、あれが日本のカルチュラル・スタディーズであることは、私にとってはあまりにも当たり前で、自分の中で自明化していました。

北野　吉見さんにとって自明なのは当然だと思いましたが、そのこととは別に、日本の読者のあいだでは、思想の科学研究会などとのつながりが見えないまま、構築主義的な構えやナショナリズム批判のいわば上澄みの部分が「カルチュラル・スタディーズ」として流通してしまったのではないでしょうか。

吉見　そうだとすると、一般に流通しているカルチュラル・スタディーズのイメージと私が感じているカルチュラル・スタディーズはすごく違うんですね。ものすごく距離があることになる。

北野　そこに距離があるのは問題ではないですか？

吉見　問題だけれども、かといって私にはどうにも……。

北野　別に責任をとれ、と言っているわけではありません（笑）。ただ、これは重要な問題だと思います。

吉見　私、けっこう無自覚なんです（笑）。

北野　吉見さんの中で一貫性があることはよく分かるのですが、吉見さんがやってこられたことが雑誌の特集や書物の形で流通していった結果、人々の中に「カルチュラル・スタディーズ」として残ったものは思想の科学研究会と断絶しているのだとすれば、それは一度きちんと考えておいたほうがいい問題ではないでしょうか。その意味でも、今日、吉見さんに個人史をお話しいただけたことは、きわめて重要な意味をもっていると思います。それは吉見さん個人の問題ではない。カルチュラル・スタディーズがネーションステート（国民国家）批判でもある以上、日本の左翼的なもののあり方とも無関係ではないでしょうし、日本のカルチュラル・スタディーズがもってしまった歪みはもっと大きな問題につながっているような気がします。

吉見　確かにそうかもしれませんね。ご指摘されたのは重要な問いだと思います。私はやはり見田先生の弟子ですから、「自分は勝手にやるから、みんなも勝手にやればいいよ」と思っているところがある。わが師はそれを極めていますから（笑）。いずれにしても、私にとって鶴見さんのお仕事との関係はあまりにも明らかで、昨年出した『アメリカの越え方――和子・俊輔・良行の抵抗と越境』（弘文堂、二〇一二年）では、鶴見家の物語を書きました。あの三人はとても面白いので、一度しっかり書きたいと思っていたんです。それで改めて分かりましたが、鶴見良行さんなんてカルチュラル・スタディーズ以外の何ものでもないんですよ。俊輔さん以上に近い。戦後日本にはそうしたカルチュラル・スタディーズの蓄積があり、同じような蓄積は韓国や中国、台湾、東南アジアにもそれぞれ異なる文脈で存在するはずです。そういうことをきちんと自覚化していく必要があると思います。

社会学とカルチュラル・スタディーズの関係

北野　冒頭で欧米と日本でのカルチュラル・スタディーズの定着の仕方の違いについて指摘しましたが、先ほどお話しいただいたように、いわば偶然の成り行きで中心人物になった吉見さんの出自が社会学だったこともあってか、日本のカルチュラル・スタディーズは社会学の中に定着していきました。今、振り返ってみたとき、そのことで何か問題はなかったか、受容の仕方に傾斜をかけてしまった側面がありはしなかったか、という点についてはどうお考えですか？

吉見　私自身は社会学とか文学とか歴史学というようなディシプリンの枠で日本のカルチュラル・スタディーズを捉えたことがないんですね。だから、そう言われてみても、半分は分かるけれども、半分はよく分からない、という印象です。ただ、それぞれの国でカルチュラル・スタディーズがどのように展開していくのかということは、学問に内在的な話というよりも、それぞれの国の大学や出版をはじめとする知の制度的編成という文脈的な要素の影響のほうが大きいと思います。例えばイギリスにおけるカルチュラル・スタディーズの展開は英文学と強く結びついていました。これは、イギリスでは文学の力が強く、しかも文学研究者の中にマルクス主義的な知識人が多くいたので、批判的な知が生まれてくる余地があった、ということでしょう。逆にイギリスの社会学はといえば、アンソニー・ギデンズ（一九三八年生）はいますが、相対的には弱体です。アメリカの場合、社会学が強力ですが、圧倒的多数は機能主義と実証主義に毒されていて——と言っては語弊がありますけれど——、批判的な知は生まれにくい気がする。だから、アメリカでは、人類学やフィルム・スタディーズといった比較的周辺的な——と言っても日本よりはるかに強力ですが——ところからカルチュラル・スタディーズが出てくる文脈があった。

では、日本はどうかというと、ある時期まで社会学がマルクス主義の影響を強く受けていたということが関係しているかもしれません。確かに機能主義的な社会学もあるけれど、マルクス主義的な社会学の影響も強かったので、批判的な風土をもっていました。アンケート調査をやり、統計分析をやって、タルコット・パーソンズ（一九〇二―七九年）やロバート・キング・マートン（一九一〇―二〇〇三年）を使って機能主義的な理論化をするのとは違う形で、さまざまな批判的な知を吸収する余裕が、少なくともある時期までの社会学にはあった。見田さんや栗原さんが出てきたのは、そういう風土だったと思います。

だから、日本で他の領域からカルチュラル・スタディーズが出てきにくかったのだとすれば、それは例えば映画研究だとかコミュニケーション研究の領域が規模の点で社会学より小さく、大学のポストも少なかったからではないでしょうか。最近でこそ映像学部やメディア学部ができていますが、多くは実践が中心で、映画理論やメディア理論の学科は少ない数しかありませんね。そういう環境にアメリカで起きたような流れが生まれるのは難しいと思います。それから、日本の場合は少なくとも一九九〇年代くらいまで一九世紀的なスタイルの文学部の伝統が非常に強かった。それに比べれば、人類学や社会学には相対的にフレキシビリティがあったのだと思います。だから、マルクス主義の影響を除けば、学問内在的な理由があったわけではなくて、社会学の中には曖昧なことをやれる余地が相対的にはあって、カルチュラル・スタディーズのような新しいことをやりたい若者たちが社会学の衣を借りてやった、ということではないでしょうか。

北野　そのお話は半分は納得できるのですが、半分は疑問に感じます。というのも、一九九〇年代後半から二〇〇〇年代にかけて、日本の知的言説が――俗な言い方になりますが――「社会学化」したと言えるところがあったからです。知的ジャーナリズムで社会学者のプレゼンスが大きくなったことは間違いありません。吉見さんはもちろんのこと、宮台真司さん、大澤真幸さん、それから吉見さんのお弟子さんである北田暁大さんなど、社会学者が半ば哲学者の役割も担いつつ、知の大きなディレクションをリードしていくようになりました。もちろん、秀でた才覚の持ち主であるかたばかりで、個人の力量によるところ大であるのは間違いありまえせん。また、そうした動向は悪いことだった、と言う気もさらさらありません。むしろ、一九九〇年代から二〇〇〇年代にかけて批評性をもちえていたのは社会学の言葉だとも確信しています。でも、そうではあるにせよ、やはり日本における言説空間の「社会学化」――そして、おそらくはそれに加えて「心理学化」――と言える側面は、それ自体として考えておくべきではないかと思います。これは重要な変化だと思うのです。

吉見 でも、宮台さんにせよ、大澤さんにせよ、私にせよ、さらに言えば上野千鶴子さんですら、真っ当な社会学者からは「あいつらは真っ当な社会学者ではない」と思われているんですよ、きっと。だから、私たちは「社会学者」の典型ではないし、日本社会学会では、「見田派」の連中が「社会学」を騙って何かやっているけれど、あれが社会学の主流なのでは全然ない、と思われているんじゃないかな？そうでないといいのですが……。

北野 社会学の世界の中ではそうかもしれません。ただ、社会体の特徴を描出する役割を担うようになったというのは、狭義の社会学の軌道の中だけの話ではないと思います。哲学研究からも傑出した才能が出ていますし、アカデミズムを越えてジャーナリズムの世界でも社会学的な語り方を相当程度織り込んだ言説群が知的実践をリードするようになったという側面が否定し難くある。言説空間の「社会学化」については、今のお話では説明できないように感じます。私が言っているのは、社会学という一個のディシプリンのことではなく、社会体を理論的に説明する言説群の批評的強度が前景化したということです。

吉見 哲学にせよ、社会学にせよ、人類学にせよ、アカデミックな仕事をしている人間が現代の問題にも関わるのは当たり前のことだと私は思うんですが、日本ではヨーロッパの古典を読み解いたり、ヨーロッパの流行思想を紹介したりする、つまり解釈学をするのが学者だ、ということになっている。明治以来、西洋の偉人たちの解釈学を重ねることで日本の学問が成立したために、近代の日本の知の体制が翻訳学問・解釈学問になってしまった。それと現実とのあいだにズレが生じるのは当たり前の話です。だから、東浩紀さんが哲学者として、哲学の仕事として現代社会批評をやっていたとしても、おそらく哲学の人たちはそれを「哲学」だとは認めないでしょう。

北野　私が言いたかったのは、そういうことではありません。それぞれの国にそれぞれの国の歴史的・制度的な事情がある、というのはそのとおりだと思いますが、それぞれの事情の中で学者は現在の社会に向き合うべきだ、というような規範的な話をしたいわけではないんです。とりわけ一九九〇年代末以降、現実の日本で社会というものが見えづらくなったとき、社会学の世界ではごく一部だったのかもしれませんが、実際に社会と向き合おうとしたのが社会学の言説あるいは社会学的な言説だったという事実と、カルチュラル・スタディーズとの関係に私は興味がある。というのは、吉見さん個人の動き方を見ていると、日本社会にまったく限定されておらず、アジア的な視点をもち、グローバルな動きも視野に収めながら動いたり、ものを書いたりするようになってこられたからです。日本の社会学ブームのようなものの中では、日本社会論や日本文化論が新たな装いの中で語られることが多い。しかし、一九九〇年代末以降、知の流通も含めたグローバリゼーションの中にあって、「社会」や「文化」、さらに言えば「大学」の再概念化の必要性がどんどん高まってきました。今にして思えば、『批評空間』という雑誌がやろうとしていたのもそれだったのかもしれないと思います。

いずれにせよ、移民や外国人の数が増えてくる状況の中で、「日本社会」や「日本文化」とは日本の国籍をもっている人の話なのか、それとももっと大きな何かのことなのか、ということが大きな問題になってきました。それは日本なりのポストコロニアルと言えるだろうし、そこでは日本を越えたコンテクスチュアライズが必要になる。それを吉見さんは個人としてのフットワークの軽さで実践されてきたと思うのですが、では日本の社会学はどうかというと……

吉見 そうではない、と。

北野 ナショナリズム批判としての社会反映論に終始したカルチュラル・スタディーズというものを、そろそろ整理しておく必要があるのではないでしょうか。

アジアとの連携へ

吉見 先ほどの話につなげれば、自分の中でカルチュラル・スタディーズの位置づけが明確になったのは、一九九六年ですね。それ以前と以後で何が変わったかといえば、カルチュラル・スタディーズの概念ではなくて、決定的に変わったのはアジアですよ。それまで自分の中でアジアがいかに抜け落ちていたのかが分かった。私はいつも動くことのほうが先みたいなところがあるし、わりと影響を受けやすいから(笑)、九〇年代後半以降、私にとってアジアはものすごく身近になりました。きっかけは一九九六年三月に行ったシンポジウム「カルチュラル・スタディーズとの対話」で、これはのちに書籍にまとめられましたが(花田達朗・吉見俊哉・コリン・スパークス編『カルチュラル・スタディーズとの対話』新曜社、一九九九年)、スチュアート・ホール、デイヴィッド・モーレー、アンジェラ・マクロビー(一九五一年生)といった人たちを日本に招聘し、四日間にわたって会議を行ったものです。その場で陳光興(一九五七年生)と知り合って仲良くなったのが、とても大きかった。

陳光興とはオーストラリアを講演旅行で一緒にまわったりしました。ちょうど、彼がのちに組織する「インターアジア・カルチュラル・スタディーズ・ソサエティ(Inter-Asia Cultural Studies Society)」の構想を抱いていた頃で、二〇〇〇年には『インターアジア・カルチュラル・スタディーズ』という雑誌も発刊になります。その陳光興がアジア中で私を紹介してくれた。「吉見というのは英語もヘタで、すごくドメスティックだけれど、面白いやつだから会ってやってくれ」と。私は長期の留学もしていないし、海外に出て行ったのも遅いのですが、彼のおかげでシンガポール、台湾、中国、インドネシア、韓国……さまざまな場所に友人の輪が広がっていった。そうした人たちと一緒に「インターアジア・カルチュラル・スタディーズ」のプロジェクトを始めました。

陳光興が日本で最初にスカウトしたのは、私と冨山一郎さんと太田好信さんの三人です。そうやって、日本、台湾、中国からスカウトして、人的ネットワークの基本モデルを作ったんですね。そのとき痛感したのは、アジアの批判的知識人というのは日本と比べてはるかに実務家だということです。

北野　アメリカもそうだと思います。

吉見　お金のことも考えるし、組織のことも考える。そういうことを常に頭の中に置きながら批判的な言説を考えているんです。日本の大学には、人柄もよくて、さまざまなことを考えていて、よいものを書くんだけれど、実務的なことはやらない人がすごく多い（笑）。でも、それではアジアの国際的なネットワークを組織することなどできません。私自身は積極的にアジアのカルチュラル・スタディーズの連中と付き合ったのですが、そうするうちに自分の中で国境意識が消えていきましたね。日本というフレームで、ものを考えなくなっていった。

北野　すごく興味深いお話です。私は学部生の時は分析哲学と人類学をやっていて、青木保さん（一九三八年生）に教わったりしていたので、最初に吉見さんの本を読んだのは青木さんのラインの中でだったと思います。その後、アメリカに留学して、あの吉見さんが日本でカルチュラル・スタディーズの担い手になりつつあるのを知って、少し意外だなあと思った記憶が甦ってきました。

吉見　外側から見ている人のほうが本人より分かるんですよね。

北野　そうした経緯をうかがったところで、日本の社会学とカルチュラル・スタディーズの関係についてはいかがですか？

吉見　やはり一九九〇年代末くらいからですが、留学生がどんどん増えました。今、大学院の私のゼミは三〇人近くいますが、三分の二は留学生で、ゼミは基本的には英語でやっています。それがふつうになったんです。留学生にはアメリカの子もいるし、東欧からも、中国、台湾、韓国からも来ています。それですぐ気づいたんですが、日本の学生だけ問題意識や問題設定のフレームが違うんですよ。アメリカ、東欧、中国、台湾、韓国の学生はさほど違わないのに、日本の学生だけが違う。日本の学問は深いんだけれども、孤立している。日本語という言語のバリアのせいなのか、日本語でなされている緻密で深い議論と、それほど緻密ではないけれどもグローバルに通用している議論にズレが生じているわけです。だから、日本で起こっていること、近代を通じて日本が経験してきたことを、日本のドメスティックな知のパラダイムの中で深めるのではなく、アジアやグローバルというコンテクストに置き直して、問題がどこにあるのかを明らかにしていく必要があると思うんです。

北野　おっしゃっていることにはまったく同意なんですけれども……。

吉見　質問には答えていませんね。すみません。

北野　事実レベルのことはまったくおっしゃるとおりだと思いますし、グローバル・インテレクチュアルズと言っては大げさなら、ポスト・ネーションステート・インテレクチュアルズとでも呼べるような若い世代の研究者が大量に出てきて、実際にグローバル・レベルで国境をまたいで活発に仕事をしているし、ネットワークもどんどん作られつつある。その点では、私の知るかぎりでも、吉見さんのものも、宮台さんのものも、東さんのものも、アメリカ、イギリス、フランス、イタリアですごく読まれている。もう日本語で書いてもグローバルに流通する時代に入っています。ある意味で怖い時代ですが、刺激的でもあり、そういった環境からこそ新たなシティズンシップの倫理なども生まれてくる気がします。

吉見　そうですね。

北野　そういう状況の中で、「文化」を再概念化するという課題は新しいステージに入ったのではないかと思います。そのことを自覚して、新しい編成の中で理論をバージョンアップしていかなければならないと思うので、先ほどから日本の社会学とカルチュラル・スタディーズの関係にこだわっているわけです。

敵と「添い寝」する戦略

北野　誤解のないように言っておきたいのですが、私は人文学の中で社会学が台頭したことに危機感をもっているわけではまったくありません。それで危機に陥るようなら、人文学などなくなってしまえばいいし、とどめを刺したほうがいい。そうではなくて、私が興味深いと思うのは、社会学から出発した吉見さんが文化の歴史政治学のようなものに関心をもたれたことなんです。一九七〇年代以降、「文化」という概念が溶解し始めて人文学が危機感を覚え、一九九〇年前後だったと思いますが、ハロルド・ブルーム（一九三〇年生）が「カノン」の復活を訴えたりしました。それと同時並行でカルチュラル・スタディーズやフィルム・スタディーズがあり、『オクトーバー』を中心とするアート・ヒストリーがあって、「文化」とは何か、いかにして「文化」を語ればいいか、ということが混沌とした中で問われていたことは間違いないと思います。その意味で、吉見さんはまさに同じ時代を走っていた感じがします。

アメリカでは、一九七〇年代から八〇年代にかけて大学の人文学が大規模に再編されていくとき、実際に汗を流したのはカルチュラル・スタディーズの人たちでした。例えば、ミリアム・ハンセン（一九四九―二〇一一年）は、誰も呼んでくれないので、自分たちでシンポジウム・ツアーを企画し、勝手に全米のいろいろな大学に押しかけていくというようなことをやっていたそうです。

吉見　ハンセンが？

北野　はい。実際、シカゴ大学にフィルム・スタディーズのコースを作ったり、教員を引っ張ってきたりしたのもハンセンで、トム・ガニングはハンセンに足を向けて寝られないという話があるくらいです（笑）。それから、南カリフォルニア大学（ＵＳＣ）にいたアン・フリードバーグ（一九五二―二〇〇九年）もアカデミズムを変えるために汗を流し、制度設計をしたり、人やお金を引っ張ってきたりしていましたし、酒井直樹さんもコーネル大学で同じような役割を果たしています。ですから、大学がラディカルな変貌を遂げていった動きと、カルチュラル・スタディーズやフィルム・スタディーズが知を再編成していった動きは連動していて、その中で「文化」に関する研究の国境を越えた連携も出てきた。吉見さんがアジアに出会ったというのも、そういうことのように思えます。だから、私が学外研究で訪れたロンドン大学ゴールドスミス・カレッジの連中と話をしていた時に話題になったのですが、カルチュラル・スタディーズの起源は複数だった。

吉見　それはもちろんそうです。

北野　二〇世紀末に近づくにつれて、さまざまな場所で「文化」の再概念化の動きが一挙に生じ、それが、ある現象形態としてはカルチュラル・スタディーズになり、ある現象形態としてはフィルム・スタディーズになった、ということだと思います。その意味で、「文化」の再概念化の動きと、カルチュラル・スタディーズが国境を越えた運動体になっていく動きは決して切り離せません。ところが、特に二〇〇〇年代以降、日本ではカルチュラル・スタディーズに代表されるナショナリズム批判へのバックラッシュが起きて、私の偏見も入っているのかもしれませんが、日本社会論や日本文化論となって現れたり、さらには東京論となって現れたりしている。東京論などは、東京と関わらずに生きてきた私には強い違和感があります。それに対して、吉見さんはアジアの研究者のネットワークの中に飛び込み、アジアという地政学的な視点の中で「文化」の再概念化をするようになった。先ほどの個人史をうかがうと、確かにそれは偶然の産物のようにも聞こえるのですが、たぶんそこには自覚的なものもあったはずだと思うんです。

吉見　不穏当な言い方で答えることになりますが、私はフィルム・スタディーズもカルチュラル・スタディーズも敵と「添い寝」するところがあると思っているんですよ。

北野　私はいつも嫌われ役だから、不穏当なのは好きですよ（笑）。

吉見　なぜあえてそんな言い方をするかというと、フィルム・スタディーズやカルチュラル・スタディーズが制度的に自分のフィールドを確立するには、学問的な継続性と生産性を担保するために大学にポストを作ったり、出版社に興味をもってもらったりしなければならないからです。フィルム・スタディーズであれば、アメリカにはハリウッドがあって、映画産業と国家の結びつきは深いし、映画というメディア文化はアメリカのナショナル・カルチャーそのものになっています。だからこそ、たくさんの大学にフィルム・スタディーズ学科ができ、たくさんのポストが生まれ、高い授業料を払って学生も集まってくれて、そのおかげで学科がまわっていく構造ができる。映画と国家が結びついていなかったら、そんなことはありえないわけです。

カルチュラル・スタディーズも同じで、イギリスであれば文化産業が確立されている。大英帝国の遺産として英語が強力な存在になり、BBCも教育産業も大学制度もその英語の力に乗っているし、だからこそ世界中から留学生が集まって、例えばブリティッシュ・カルチュラル・スタディーズを学んだり、文化産業のノウハウを学んだりするようになりました。そうした状況の中で、カルチュラル・スタディーズはいかにして「文化」という概念に批判性をもたせられるかを考えてきたわけです。だから、カルチュラル・スタディーズはイギリスの文化産業と「添い寝」しながら、イギリスの文化と刺し違えようとした。それは、フィルム・スタディーズがハリウッドの映画産業と「添い寝」しながら、アメリカのネーションと一体化している映画と刺し違えようとしたのと同じことです。

しかし、考えてみれば、これはあらゆる文化批判の根本に横たわっている問題です。そもそも、近代になって国民国家が構築され、その中で文化や教養や人文学のステータスが確立されたからこそ、哲学や文学を教える人が大学で雇ってもらえて、食いっぱぐれずにいられるようになった。そもそも、哲学だって、文学だって、歴史だって、お金儲けの役には立たないわけですよね（笑）。それでも大学の先生になれるし、学生も集まる。だから、大学の文学部も、そこで作られた人文学も、最初から国民国家と「添い寝」しているんですよ。つまりは、ナショナリズム批判をしている批判的な学者も、国民国家に食わせてもらっている。少なくとも一九八〇年代まではそういう構造があったし、フィルム・スタディーズもカルチュラル・スタディーズもその構造の中にあった。ただ、フィルム・スタディーズやカルチュラル・スタディーズは、自分がその構造の中にあることに他の人文学より自覚的だった、ということはあるかもしれません。

北野 自覚的に「添い寝」している（笑）。

吉見 自覚的であるがゆえに、自分自身を相対化する作業が必須だった、ということだと思います。そういう認識をカルチュラル・スタディーズははっきりもっていたと思いますし、おそらくフィルム・スタディーズもそうでしょう。

グローバリゼーションの渦の中で

北野 ただ、最近はさらに事態が進んでいて、一九九〇年代に私がニューヨーク大学にいた頃には、大学院の映画研究科の授業科目として「日本映画」というものがあったのですが、二〇〇〇年代以降、なくなっていきました。以前であれば、日本映画というのはハリウッドのオルタナティヴとしての拠点になっていたところがあります。もちろん、そこにオリエンタリズムの問題があったことは忘れてはいけませんが、それがなくなって、多くの大学では、今では日本映画の研究は日本地域研究の学科に行かないとできない。同じように、フランス映画はフランス地域研究の学科でなければ研究できないし、ドイツ映画はドイツ地域研究の学科でなければ研究できません。つまり、今やアメリカのフィルム・スタディーズでは「映画＝ハリウッド映画」になってしまっている。ニューヨーク大学のようなオルタナティヴ意識が強いところでさえそうなってきているのが現実なんです。

吉見　それはどうしてなんですか？

北野　吉見さんが言われたように、フィルム・スタディーズがアメリカという国民国家と共犯関係を結んだハリウッドと「添い寝」していたことは確かだと思いますが、特に一九九〇年代後半以降、ハリウッドはアメリカの国民国家の文化というより、アントニオ・ネグリとマイケル・ハートが『〈帝国〉』（二〇〇〇年）で提示した意味での「帝国（エンパイア）」のような一種の——幻想かもしれませんが——グローバル文化の担い手になったのではないかと推測しています。資本の動きを見ても、日本どころか世界中にワーナー・ブラザーズがあるような状況です。だから、例えばインド映画は少なくとも一九八〇年代までは南アジアからエジプトの範囲に広がる流通の回路を作っていましたが、今ではエジプトもハリウッドが飲み込み、インド映画はインドのナショナル・シネマになりました。世界中どこに行ってもハリウッド映画を見ることができる。実際、私は『ハリー・ポッター』を中国で見ました。そうして、各地域は国民国家というより「帝国」の衛星のようなものとして位置づけられ、地域研究の中に押し込められていった、ということではないでしょうか。

吉見　よく分かります。カルチュラル・スタディーズは、イギリスでは一九七〇年代から八〇年代が最も活発でしたが、すでにお話ししたように、一九五〇年代、六〇年代からあった流れです。それが一九九〇年代に入ると、アジアを含めた世界各地でカルチュラル・スタディーズと呼びうる動きが起きてきた。それは国民国家と深く結びついて成立した「文化」概念と、それに基づいた大学の人文学に対する批判的介入だったわけですが、一九九〇年代というのは、まさに国民国家体制やナショナル・カルチャーの基盤が弱体化していった時期でもある。つまり、カルチュラル・スタディーズは、ナショナルな「文化」概念やそれを基盤とした人文学的な知のフィールドが強固だった時期に出てきたのではなく、それらが衰退していく時期に出てきた、と言うのが正確だと思います。今、北野さんは「帝国」という言葉を使われましたが、もっと通俗的に言えば「グローバリゼーション」ですね。資本の面でもメディアのネットワークの面でもグローバルな基盤がせり上がってきて、その中で国民国家が相対化されていくことが文化の消費の面でも明白になっていったのが、一九九〇年代以降の状況です。では、その状況の中でフィルム・スタディーズやカルチュラル・スタディーズはいかなるポジショニングをすべきなのかというのは、まさに現在進行形の問題です。そのとき、グローバリゼーションに対抗するためにナショナルな文化の本質に戻って、そこに立てこもる、という選択肢はありえない。

北野　それはありえないですね。それをやっても「帝国」の衛星になるだけでしょう。

吉見　出版界でもそうだと思いますが、グローバリゼーションというのはコマーシャリゼーションでもあるから、表面的には文化の劣化に見えるわけですよ。それは教養の劣化でもあります。実際、アメリカでもヨーロッパでも日本でも、国民的教養は非常に劣化している。それに対抗するために教養や文化を再興しなければならない、という議論が、特に二〇〇〇年代以降、多くなっていますね。

北野　そう思います。

吉見　先ほどハロルド・ブルームの話がありましたが、教養が劣化しているから、古典を読むような教養教育を大学に復活させよう、という議論がむしろマジョリティになっているように私には思えます。ところが、そのような国民的教養や人文学的基盤と「添い寝」しつつ刺し違えようとしてきたフィルム・スタディーズやカルチュラル・スタディーズの場合、国民国家が弱体化し、国民的教養が劣化してきたから、それを復活させよう、とはもちろん言えない。むしろ、その状況の背後には「帝国」という名のグローバリゼーションがあって、それが国民国家の基盤を崩しているけれども、その力はフィルム・スタディーズやカルチュラル・スタディーズが想定したことのない巨大な資本の力なんですよ。だとすれば、ナショナルな文化的基盤を復活させようとするのではなく、しかし「帝国」と対抗しうる知とはいかなるものか、そのような新しい理論的・知的編成をいかに構築しうるのか、というのが現在のカルチュラル・スタディーズの最大の問いになる。それは「マルチチュード」などと言って済むような話ではありません。

北野　イギリスに行ってびっくりしたんですが、すでにいくつかの大学でＭＢＡのプログラムにカルチュラル・スタディーズが組み込まれているそうです。つまり、グローバル企業がさまざまな地域に進出していくとき、その社会ではエコ意識をプロモートしたほうがよいのか、マイノリティに配慮したほうがよいのか、といったことを分析する際、カルチュラル・スタディーズが役に立つ。今、グローバルにビジネスを展開する場合、そういうことを考えなければならないわけです。

吉見　本当にそんなことが起きているんですか？

北野　起きています。明らかにカルチュラル・スタディーズは第二ステージと呼びうる段階に入っていると思います。

吉見　それを北野さんはどう思われますか？

北野　敵と「添い寝」するしかない以上、当然のことだと思います。だから、むしろ「添い寝」して何をするのかが問題ですよね。

吉見　私もＭＢＡのプログラムにカルチュラル・スタディーズが入るのを拒絶しなければならないとは思いません。そういうものをも受け入れながら批判的であるにはどうすればよいか、というのがカルチュラル・スタディーズの問いですから。

北野　言ってみれば、国家のお金が企業に変わっただけですよね。

吉見　だから、そういう状況と切り離されたところでカルチュラル・スタディーズが成立しうるかのように学問の自立性や批判性を語るのは詭弁だと私は思います。むしろ、グローバルな資本主義の構造の中で、その構造と「添い寝」しながら、文化をめぐる知の自立性や批判性を保証する仕組みを作ることが必要です。これは大きなチャレンジですが、フィルム・スタディーズやカルチュラル・スタディーズが闘うべきフィールドはそちらにシフトしていると思います。

北野　私もそう思いますね。

吉見　「帝国」の構造の中にあるグローバル資本、とりわけクリエイティヴ・インダストリーやグローバル文化産業のネットワークの中で、文化の生産や消費の問題を批判的に分析し、しかもそのグローバルな仕組みに対して批判的介入を行える戦略を編み出すカルチュラル・スタディーズになるべきです。

「理論」の役割

北野　カルチュラル・スタディーズがそのような場になるためには、理論そのものをバージョンアップしなければならないと思います。先ほど学問を定義する方法について、吉見さんは「対象」と「方法論」と「概念」の三つを挙げられました。私自身、研究を続けていく中で、フィルム・スタディーズとは何なのか、すごく悩んだ時期があります。そのとき、いつも脇にはカルチュラル・スタディーズがあったのですが、少なくとも一九九〇年代前半のアメリカでは、フィルム・スタディーズにせよ、カルチュラル・スタディーズにせよ、キーワードは「理論（セオリー）」でした。のちに「理論の時代」と呼ばれるようになるほどで、カルチュラル・スタディーズも「理論」としてアメリカに入ってきた。スチュアート・ホールも最初は『オクトーバー』に書いていたんですよね。

吉見　そうでしたね。

北野　実際、私は『オクトーバー』で最初にスチュアート・ホールを読んだ記憶があります。ただ、アメリカで「理論」がクローズアップされたとき、中心的な役割を果たした雑誌は『オクトーバー』ではなく『クリティカル・インクワイアリー』だったと思います。その『クリティカル・インクワイアリー』が二〇〇三年四月に「理論の終焉？（The End of Theory?）」と題されたシンポジウムを開いたのですが（W. J. T. Mitchell, "Medium Theory: Preface to the 2003 Critical Inquiry Symposium," *Critical Inquiry*, Vol. 30, No. 2 Winter 2004 参照）、そのシンポジウムについて、フレドリック・ジェイムソン（一九三四年生）

が書いた文章があります（Fredric Jameson, "Symptoms of Theory or Symptoms for Theory?," *Critical Inquiry*, Vol. 30, No. 2, Winter 2004）。昔、紹介したことがあるものですが（フレドリック・ジェイムソン「批評の未来」北野圭介訳、『早稲田文学』二〇〇五年五月号）、そこでジェイムソンは「理論というのはマルクス主義のことだ」と言うわけです。これは興味深い発言で、欧米では理論が文化や社会を考えるための方程式だという認識はあまりないということだと思うんです。理論というのは現実に対して批判的介入を行うためのツールであって、数理的な方程式で対象を記述・分析するような理論がアメリカのフィルム・スタディーズやカルチュラル・スタディーズにあったわけではありません。

吉見　ジェイムソンが「理論というのはマルクス主義のことだ」と言ったのは、一〇〇パーセント正しいとは思いませんが、三分の一くらいは正しいと思います。二〇世紀を通じて、文化をめぐる理論の三分の一くらいはマルクス主義だったと思うからです。一九世紀末から二〇世紀を通じて、マルクス主義は影響力をもっていました。そこから見れば、文化というのは上部構造であったり、ヘゲモニーであったり、イデオロギー装置であったりする。そのような非常に強い理論のフレームに対して、ある時は機能主義的な理論が対抗したし、ある時は精神分析的な理論が対抗しました。マルクス主義対機能主義、マルクス主義対精神分析という構図は、一九世紀末以降の文化をめぐる知的議論の中で大きな軸になってきたことは否定できないと思います。

ところが、一九七〇年代以降、確かにルイ・アルチュセール（一九一八―九〇年）のような人はまだ健在でしたが、マルクス主義のフレームの限界があらわになっていく中で、経済決定論的なフレームとは決定的に異なる知が求められるようになりました。精神分析にしても、構造主義にしても、ポスト構造主義にしても、マルクス主義とは違う理論を希求する中で出てきたと思うのです。だから、ジェイムソンの発言は、もう少していねいに言えば、「理論というのは、マルクス主義に対するオルタナティヴの希求のことだ」という意味だと思います。先ほどから私が答えられていない社会学の問題についても、そもそも社会学という知自体がマルクス主義に対するオルタティヴとして進化してきたという面があるかもしれませんね。二〇世紀の文化理論においてマルクス主義が果たした重要性は理解している。ネーションというものを自明の前提として文化を語ってしまうような——日本文化論もそうかもしれませんが——理論に対して、マルクス主義のフレームは痛烈な批判になりうるからです。でも、やがてマルクス主義的なアプローチだけでは満足できなくなったし、限界も分かってきた。そこで、越えるものを求めようとしたとき、言語論的なアプローチが導入され、フィルム・スタディーズにおけるさまざまな理論的な試みが行われ、そしてカルチュラル・スタディーズへ、という流れも出てきたのではないか。実際、レイモンド・ウィリアムズにしても、スチュアート・ホールにしても、マルクス主義の強い影響を受け、それとは違うものを出していこうとしたということだと思うのです。

北野　完全に同意です。私自身も一九九〇年代にアメリカにいる時にジェイムソンをかなり読んで、強い影響を受けました。

吉見　最近の若者は違うと思うけれど、誰もが一度は意識するんですよ。

北野　ただ、複雑化して見えづらくなった社会では、構造的因果性の中で決まっていることばかりではないし、「下部構造」などというものは認識することも記述・分析することもできない。そんなものは闇の中だけれども、それをあえて意識してみる。意識することで現実に対する批判的介入を行うツールが「理論」である。そこでは「あえて」の部分が重要だった、ということをジェイムソンは言おうとしているのかもしれません。実際、一九八〇年代から九〇年代にかけて、その「あえて」とともに理論を武器にしてフィルム・スタディーズやカルチュラル・スタディーズが出てきた。ところが、一方ではその「あえて」の部分を失ったストレートなマルクス主義的なものの復活があり、他方ではそもそもその意識そのものを失った機能主義的なものが出てくる。二〇〇三年に『クリティカル・インクワイアリー』が「理論の終焉?」と題したシンポジウムを開いた時には、そのことに対する危機感があったんだと思います。

吉見　そのとおりですね。では、とりわけここ一〇年くらいのあいだにそのような理論的な認識あるいは理論的な感覚が衰えたのはなぜか、というのは非常に重要な問いだと思います。

北野　ハリウッドが「帝国」になる以前、映画研究が映画産業と「添い寝」しながら批判的でありえた時期には、映画を語るためには絶対に理論が必要でした。それは、ヴィジュアルなものを言語で語るためには必然的に理論が要る、ということです。そうすると、必然的に、言語とは何か、クリティカル・ディスコースとは何か、ということをメタレベルで考えざるをえない。そうして、少なくとも一九七〇年代から九〇年代くらいまで、映画研究と理論は密接な関係を結んで、「映画とは何か」と問われれば「映画とは理論である」とさえ言いたくなるほどでした。ところが、今では「映画とはハリウッド映画である」と言わなければならなくなっていて、映画研究から理論がなくなってしまった。

吉見　ただ、先ほどの話との関連で言えば、マルクス主義というのは、資本の体制との関係においてその理論を強化した知ですから、グローバル資本の力がこれほど強くなった時代に、それに対する批判的な知として再び脚光を浴びることになるとしても不思議はないですね。

北野　その兆しはあると思います。実際、ロンドン大学ゴールドスミス・カレッジのセンター・フォー・カルチュラル・スタディーズでは、またマルクスを読み始めています。国民国家が弱体化して、フィルム・スタディーズやカルチュラル・スタディーズがナショナリズム批判だけではもう機能しなくなったとき、その方向は一つの可能性なのかもしれません。ただ、実際問題として言えば、先ほども言ったように、素朴な社会反映論が量産されたり、フィルム・スタディーズで言えば、反理論的な映画論が出てきたりしています。そのような状況の中でナショナリズム批判と資本批判を同時にできる理論としては、さしあたりネグリ&ハートの『〈帝国〉』あるいはそれを起点として出てきたさまざまな「グローバリゼーション」批判の試みくらいしかないのも事実です。

流行思想からの跳躍

——ここまでの議論で、カルチュラル・スタディーズの歴史と現状がよく理解できました。それを受けて、日本のカルチュラル・スタディーズに焦点を絞ってお話をうかがえれば、と思います。少なくとも出版界の動きを見るかぎり、日本ではカルチュラル・スタディーズが既成の思想の一つとして受容されたために、カルチュラル・スタディーズそのものが「カルチャー」化してしまったようにも見えます。では、日本に固有のカルチュラル・スタディーズというものはありうるのか。まずはこの点をおうかがいしたいと思います。

北野　カルチュラル・スタディーズ自体が一つの文化になったというのは、そのとおりだと思います。知的トレンドとしての外来思想の受容という、日本が繰り返してきたパターンですね。

吉見　確かに、そういう現象はあったと思います。一九九六年に『思想』と『現代思想』が特集を組み、さまざまな雑誌がそれを後追いして、「カルチュラル・スタディーズ」というのは新しい知のトレンドのようだというので、私も担ぎ出されたりしました。入門書や概説書が出されたり、「カルチュラル・スタディーズ」という言葉がタイトルにつく本が出されたりしたのは、出版市場で「カルチュラル・スタディーズ」というレッテルが商品価値をもったからで、多くの人に消費されたということだと思います。でも、それもせいぜい二〇〇〇年頃までですね。そういう消費のされ方は早くて、四、五年はもつけれど、いずれは色褪せていく。

北野　象徴的に言えば、二〇〇一年の九・一一同時多発テロが大きかったと思います。

吉見　そうですね。

北野　あの頃を境に、日本でもミクロの政治ではなく、マクロの政治の話が多くなった気がしますね。

吉見　それはあるでしょうね。そのあたりからネグリ&ハート的な「帝国」の政治のようなものに関心が移っていき、狭義のカルチュラル・スタディーズの商品価値が下がった、という流れがあったと思います。

ただ、私から見ると、広義のカルチュラル・スタディーズが日本に定着して、実のある社会的な基盤が形成され始めたのは、むしろ二〇〇〇年代以降なんですね。私は二〇〇二年前後に始まった「カルチュラル・タイフーン（文化台風）」というムーヴメントにずっと関与してきました。お金も組織もない中で、カルチュラル・スタディーズを支えていこうとする有志の結合から始まったものですが、二〇〇三年に早稲田大学で行った第一回大会（早稲田台風）から毎年、琉球台風、京都台風、下北台風（下北沢）、名古屋台風、仙台台風、インターアジア文化台風（東京外国語大学）、駒沢台風、神戸台風、広島台風、そして今年の多摩台風まで——お前らは気象庁か、と言われそうですが（笑）——、もう十数回続いています。それも、東京でやれば五〇〇人くらい集まりますし、下北沢や東京外大でやった時は千数百人集まりました。しかも、参加者の三分の一くらいは外国人で、英語のパネルがとても多いし、中国語が飛び交うパネルもあったりして、多言語の国際的イベントになっている。

どうしてこんなに続いているんだろう、と自分でも思うのですよ。これは、多くの人がポジティヴにカルチュラル・スタディーズを理解して、そこに可能性を賭けている、ということではないと思う。そうではなく、日本の既存の学会組織のあり方がきわめてドメスティックで、偉い先生が理事として名前を並べ、学生は先生を意識しながら発表で点数稼ぎをして就職口を探す、というものになっていることが背景にあると思います。偉い先生がコントロールする就職斡旋所のようなものです。そのようなところから知的な創造が生まれてくるはずがない。もちろん、そうではない学会もあるでしょうが、いずれにしても、グローバル化が進む中で海外とのネットワークを広げないかぎり知的アクティヴィティは生まれてこない状況になっています。若者たちはそのことを分かっていて、既存の学会とは違う場、もっと自由に発表でき、議論できる場を求めているんだと思います。

二〇〇〇年代以降、日本の若い世代の知がそのような動きを見せている中で、カルチュラル・スタディーズがすべきなのは、オルタナティヴな知のパラダイムがどこにあるのかをもっとポジティヴな形で出すことだと思います。海外に出て、アメリカやヨーロッパの学会に行くのは、お金もかかるし、英語にもまだ自信がないというとき、まず日本の中にある場で試してみる——カルチュラル・タイフーンは、そういう役割を担っています。それは決して悪いことではないと思うのです。ですから、確かに一九九〇年代後半にカルチュラル・スタディーズが商品として消費された部分はあると思いますが、二〇〇〇年代以降、日本のカルチュラル・スタディーズは、それぞれが属している領土から脱出してきた人たちを受け入れてくれる場所になってきた。

——アジールですね。

吉見　アジール……美しい言葉ですね。そう、アジールとしてのカルチュラル・スタディーズ。

北野　美しすぎる（笑）。

吉見　日本の学問的なディシプリンを英語でやれば国際化するのかといえば、そうではないと思います。まず一度はそのようなアジールを経由して、グローバルな知の流れとつながることで、次の大きな流れが日本の中から出てくるかもしれません。

大衆文化とカルチュラル・スタディーズ

北野　少し内容の話に入りたいのですが、吉見さんからお話があったとおり、バーミンガム学派というのは、レイモンド・ウィリアムズやリチャード・ホガートのように、労働者階級の文化の経験を浮かび上がらせる社会学的・社会史的な研究から始まりました。私から見れば、すでにその時点で国民国家を前提とした社会学や社会史の限界は見え始めていたのではないかと思います。実際、次に出てきたスチュアート・ホールはジャマイカ生まれですし、そもそもイギリスの存在自体がポストコロニアルだとも言える。読者層から知的生産の担い手に至るまで、国民国家を前提とした社会を対象とする社会学が溶解していく中で起きた現象がカルチュラル・スタディーズなのではないか、と思うわけです。そうだとすると、先ほどの話に戻して言えば、例えば『思想の科学』が大衆文化にアプローチしたこととカルチュラル・スタディーズにはどこまで並行関係があったと言えるのかが疑問に思えてきます。つまり、カルチュラル・スタディーズはそもそものはじめから大衆文化批判には還元されないものだったのではないか、ということです。

吉見 カルチュラル・スタディーズは大衆文化研究やサブカルチャー研究を含みますが、それだけがカルチュラル・スタディーズだとはまったく思いません。なぜかといえば、カルチュラル・スタディーズというのは根本的に文化批判の学だからです。今日何度も話題になったように、比較的最近まで、文化の規範をなしていた近代的「教養」概念や中産階級的教養文化はネーションと深く関わっていました。日本の場合、西洋化のプロセスがあったために、文化の規範が単純にナショナル・カルチャーだけで成立したというよりは、上位のものとして西洋文化があった。だから、西洋美術があり、クラシック音楽があり、西洋古典がまずある。そのような文化の規範体系が近代に構築されて、大学にまで至る学校教育や出版市場を通じて社会の全域に浸透しました。だから、今でも印象派の展覧会があれば多くの人が訪れるし、多くの子供がピアノを習ったりするわけです。

もちろん、それ自体は悪いことではありませんが、カルチュラル・スタディーズは、そのような文化の規範、西洋化を通した国民化のプロセスで構築された文化的正統性、それと結びついた大学教育や研究のシステムに対して、オルタナティヴな文化の可能性を掘り起こそうとした。むろん、それは人類学や民俗学や民衆史研究もやったことで、近代的な文化規範の外側にあるもの――民衆史研究なら民衆の知のようなもの、文化人類学なら近代西洋文明の外側にある文化――を掘り起こしたわけですが、カルチュラル・スタディーズは労働者階級の文化やサブカルチャーといった規範的な文化とは異なる文化消費の形をそれらの内側に入って見る作業をやったのだと思います。ただ、労働者階級の文化サブカルチャーを含めた全体が資本主義のシステムの中で生産され、消費されるプロセスに入ると、ハイカルチャーとローカルチャーと言っても、同じシステムの中の差異にすぎなくなってしまう。そうすると、今度は消費社会のシステムの中でのメディアを媒介にしたカルチャーの消費を問題にせざるをえなくなって、一九七〇年代以降のカルチュラル・スタディーズは消費文化批判に向かっていった。

一九九〇年代以降、グローバリゼーションの中で、先ほど言った「西洋文化－国民文化」のヒエラルキーの構造は大きく変わりました。その一方で、ハリウッド映画の覇権はより強大になり、さまざまな形での文化産業の浸透の度合いもより深くなっている。だから、ヘゲモニックな文化とマージナルな文化の対立というものはもうない中で、それでもその文化の体制や編成そのものを問題にすることは可能だと思いますし、そこにカルチュラル・スタディーズの連続的な可能性があると思います。

北野　少なくとも日本では、私たちより若い世代からすると、大衆文化やサブカルチャーと言うとき、ではメインカルチャーのほうは何なのか、という疑問があると思うんですよ。

吉見　一九二〇年代からそうだったという説もありますが、少なくとも高度経済成長以降は中間層を基盤とした大衆的なナショナル・カルチャーのことですね。でも、これは大衆文化とほとんど違いがない。

北野　もともとあった「エリート－大衆」の図式と、一九六〇年代以降に台頭したミドルクラスの文化、そして七〇年代以降、先進国で進行し、日本では九〇年代になって新たなステージに入り、目に見えるようになってきた移民の問題があるとすると、それらの切断面は考慮に入れたほうがよいとお考えですか？

吉見　必要だと思います。大衆文化というのは、中間層によって担われていたという意味で、日本のナショナル・カルチャーの中核部分でした。しかし、その一方で、これは浅草や新宿の問題ともつながりますが、一九二〇年代から三〇年代なら離村向都の動きとして、高度成長期なら集団就職という形で、他方の農村から東京をはじめとする都市に集まってくる人々の層があったわけです。当然ですが、彼らの文化のすべてが中間層的な大衆文化に還元できるわけではない。グローバル化以降の都市においても同様のことが言えます。

北野　例えばサスキア・サッセンの『グローバル・シティ』（一九九一年）を見ると、ニューヨークにせよ、ロンドンにせよ、一九七〇年代になって移民が激増したのが分かります。ところが、東京は確かに地方からの人口流入はありましたが、もともとの人口が多かったこともあって、ずっとナショナル・カルチャーが続いているような気がするんです。これは先ほどの社会学ブームの話にもつながってきます。

日本近代の特殊性

吉見　それは、戦後日本のナショナル・カルチャーや大衆文化の継続を、グローバルな地政学の中でどのように考えるか、という問題ですね。一九九〇年代以降のグローバル化の衝撃を経ても、日本では相当程度にナショナル・カルチャーのヘゲモニーが維持されている。

北野　そうですね。

吉見　やはり特殊性があると思います。特にフランスやイギリスはずっと帝国で、第二次世界大戦の前後から植民地の独立運動に直面して瓦解していきましたが、それでもまだ帝国性を残しています。だからこそ、旧植民地から大量の移民が入り込んでくるわけです。それに対して、アメリカはグローバルな移民の国であるがゆえにグローバルな帝国になった側面が大きいと思います。では、日本はどうかというと、一九四五年まで日本は帝国だったわけです。アジアにたくさん植民地をもっていて、少なくとも準‐帝国ではあった。それが敗戦を迎えて、ほとんどの植民地を失った。ところが、戦後の日本は、それでも帝国――先ほど話題になったネグリ＆ハート的な意味での「エンパイア」ではなく、帝国主義国家――であり続けようとしたのですね。つまり、自民党政権は「植民地なき帝国」であろうとした。

そんなことがなぜ可能だったのかといえば、アメリカがいたからです。アメリカという巨大な帝国の傘の下に入り、アメリカに最も近い国であろうとすることで――ジャイアンの傘の下に入るスネオみたいなものですね（笑）――、東南アジアや韓国や台湾に対しては「自分たちは植民地を失って帝国ではなくなりました。だから、過去を御破算にします」と言いながら、アメリカの影響を最も受け、アメリカに最も近い国として、アメリカの軍事基地を沖縄で担い、その一方でアジアの経済中枢としての役割を担い、韓国や台湾に対する優越意識をもった。さらに東南アジアを原材料基地にすることで、加工拠点としての中心性を保ち続けた。この体制は一九八〇年代のバブルの頃まで続きます。そういう体制をとれることを吉田茂が発見したわけです。その結果として何が起きたかといえば、帝国主義的な位置にある都市であるはずの東京に、七〇年代までは移民があまり来ない――あるいは、来させない――という現象です。それはアメリカというバリアがあったからです。表向きは独立していることになっているのに、アメリカの傘の下に入っていた。

北野　まったくそのとおりだと思います。

吉見　日本ほどアメリカを深く内在化した国はないと思いますが、そうならざるをえなかったのは、日本が帝国であり続けようとしたからです。そのような位置に戦後日本のネーションはあって、そうであるがゆえに日本の右翼の多くが親米であるという構造ができた。つまり、ナショナリズムがアメリカ帝国と不可分な関係をなして維持されていく構造ができたわけです。だから、先ほど言われた「グローバル・シティ」も、日本では「アメリカン・シティ」にしかならないんですよ。

北野　だとすると、大衆文化の再概念化を行うとき、ナショナリズム批判としての日本のカルチュラル・スタディーズは、その地政学的布置の中でどのように機能しうるのでしょうか？

吉見　日本のナショナリズム批判は、構造的に日米関係を扱わないわけにはいかない。それほど深く、日本のネーションにはアメリカの棘が刺さっている。そのことを抜きにして、日本のナショナリズムをあたかも自立したものであるかのように批判することには意味がないと思います。おそらく、それがヨーロッパのナショナリズム批判と違うところです。例えば、フランスのナショナリズムはどうでしょう？

北野　昔ながらのアメリカ嫌いに行き着く（笑）。

吉野　そうそう。でも、日本はそうではない。日本のナショナリズムは日米同盟信奉に行き着くんです。

北野　『思想の科学』はどうだったんですか？

吉見　鶴見俊輔さんは、自伝の中で語っておられますが、戦争中、志願してインドネシアの諜報部隊に入って戦地にいた。日本軍の兵士として戦地にいたのに、アメリカ軍は自分の味方だと思い続けているんです。ひねくれていますよね。その後、病気になって東京に送還されたんですが、自宅にいてアメリカの飛行機が空襲に来たとき、和子さんが「敵機来襲！」と言ったら、俊輔さんは「ばか、あれは味方だろう」と言ったそうです。そうして一九四五年八月一五日を迎えたとき、「私はこの時から初めてアメリカが敵になったと思った」。アメリカと戦争している時は「アメリカは味方だ」と思っていた人が、戦後アメリカに占領されてから「俺の敵はアメリカだ」と思って、それ以降、一度もアメリカの土を踏まなかった――ちょっと話ができすぎという気もしますが（笑）、このひねくれ具合いは、よくできていると思いますね。

北野　大島渚（一九三二―二〇一三年）にしても、よく言われる国民国家批判のようなものは私は感じないんですよ。少なくとも一九六〇年代の大島渚は、地政学的な緊張にきわめて敏感だったと思います。ナショナルなものへの批判的姿勢という枠組みではまったく捉えられないような強度で、です。そう思うと、日本が組み込まれている地政学的な構造に対する意識というのは、一九六〇年代のほうが強かったのかもしれません。だから、吉見さんにとっては当然のことだと思いますが、日本のカルチュラル・スタディーズが日本を問題化する時には、そのような地政学的な構造に対する認識が不可欠だと思います。

吉見　そうですね。実際、沖縄の問題一つとっても、そこに行き着かざるをえない。普天間の問題もそうですが、戦後六〇年以上経って、政権が何度ひっくり返っても、どうしても抜けない棘として日本社会に深く刺さっているわけです。原発の問題にしても、アイゼンハワー大統領の時代にゼネラル・エレクトリック社やウェスティングハウス社に金儲けさせるためにアメリカが原発輸出政策をとったことが発端になっています。至る所に日米関係の問題が刺さっているわけですよ。

北野　そこは絶対外せないですね。原発については、日本は輸出する側に立とうとさえしています。

吉見　まさに、アメリカの傘の下に入ることでアジアを従属させる構造ですよね。アメリカの植民地になることでアジアの帝国になれることを戦後の自民党政権が発見して、一九八〇年代くらいまで、それがうまく機能していた。日本の文化政治や文化の地政学を考えるとき、この事実は絶対に外すことができません。

北野　一方で国内に目を向ければ、自民党は農村部を集票基盤としてきた政党です。人口を農村部から都市部に移して重工業化を支え、アメリカ化を進めて、そこから得た税収を農村に再分配することで集票基盤を維持する。そんな蛇が自分の尻尾を食っているような構造は、必ず農村の過疎化をもたらしますから、もともと期限付きのものだったわけです。それは、別の言い方をすれば、国内に植民地をもっていた、ということでもありますね。

吉見　そうです。アメリカに可能にしてもらったアジアの中での帝国的中心性を維持し続けるためには国内の産業化を急速に遂げなければならず、その手段として国内を植民地化したんです。それは、青森であり、まさに福島であり、水俣でもあった。そうやって地方の僻地を植民地化することで産業発展を遂げた。

北野　しかし、国内から簒奪するものがもうなくなってしまったわけですね。

吉見　まったくそのとおりです。

日本に期待されるもの

――お話のあった日米関係の構造や国内の構造は、もはや機能不全を起こしているにもかかわらず、実際には構造そのものを変えられないままでいるように思います。その現状を踏まえた上で、今日の対談のまとめの意味も込めて、最後にお伺いしたいのは、そのような日本特有の構造を抱える中で、グローバリゼーション下にある日本のカルチュラル・スタディーズの役割はどこにあるのか、ということです。今こうして日本の雑誌に掲載するための対談を日本語でやっているわけですから、この企画そのものの意味もそこで問われてくると思います。

吉見　今、話題になったように、みずからが帝国になると同時にみずから植民地になる、あるいは、みずからが植民地になることでみずからの帝国性を維持する、という複雑なプロセスを戦後日本は経験してきました。これほど複雑で、ねじれにねじれた近代を経験した国はまず他にありません。帝国だったけれども植民地独立運動に直面して帝国性が残っているのかどうかよく分からなくなってしまった国はヨーロッパにたくさんありますし、東南アジアには植民地から独立したけれどもグローバリゼーションに巻き込まれてしまった国が多いですが、日本はそのどちらでもない。あるいは、どちらも含んでいると言ってもいいかもしれません。そのような日本における近代の経験を理論化することは、アメリカでもヨーロッパでも生まれないオリジナルな作業になる可能性があると思います。ベネディクト・アンダーソン（一九三六―二〇一五年）がインドネシアの問題から国民国家をめぐる世界の知を革新するパラダイムを築いたように、近代の問題を考える際の革新的な知のパラダイムを築きうる潜在的な文脈が日本にはある。だから、第二のベネディクト・アンダーソンになるような文化理論家が日本のカルチュラル・スタディーズから出てくるべきだし、その可能性はあると思います。

北野　日本というのは非西洋なのに帝国だった国で、本当にこんな国は他にありませんね。そのことは海外でも認識され始めていて、イギリスに行くと、日本のカルチュラル・スタディーズが何をやっているのかを聞きたがる人がたくさんいる。日本の近代の流れを地政学的な緊張の中で描いて、日本の文化の変容やさまざまなステージがもつ政治的な意味を語ることが求められているんだと思います。それは必ずしも英語で語らなければならないわけではない。日本語を読める人は今ではアメリカやヨーロッパにもたくさんいるし、日本語に限らず、中国語やハングルを含めた多言語のネットワークを広げるという意味でも、英語にこだわる必要はなくなってきているのかもしれません。実際、先ほどお話があったように、カルチュラル・スタディーズが知的トレンドとしてあった一九九〇年代後半を経たあと、新しいタイプのインターナショナルな学会が生まれ、たくさんの参加者を集めているのはその現れだと思いますし、ポスト国民国家時代のインテレクチュアルズの交流の場やネットワークを作り出したのは、間違いなくカルチュラル・スタディーズの世界的貢献の一つだと思います。

吉見　脱藩志士連合みたいなものですよ（笑）。日本の学会というのは藩みたいなもので、確かに薩摩藩や長州藩はかなり大きいけれども、そこには家老がいて、たくさんの礼儀や慣習があって、それに背くと途端に生きられなくなる。その幕藩体制から抜け出してきた脱藩志士連合がカルチュラル・スタディーズで、そこでは蘭学であろうが、英語であろうが、何でも受け入れられるわけです。

北野　その一方で、先ほど話題になったようなハリウッドに象徴される新しい「帝国」を中心とするポスト国民国家時代の国際関係があるわけで、その中に脱藩志士連合としてのカルチュラル・スタディーズがどのように食い込んでいけるのか、という意味でも、日本に見出されるオルタナティヴな近代について知りたいという欲求にはしっかり応えていく必要がありますね。それはグローバリゼーション下でカルチュラル・スタディーズが次のステージに向かうためにも意味のあることだと思いますし、ひいては人文学が次のステージに向かう上でも重要な意味をもってくるように思います。

吉見　ですから、グローバリゼーションの中でカルチュラル・スタディーズは何をすべきか、という問いに対する最もシンプルな答えは、最も広い意味でのグローバル・カルチュラル・インダストリーに対する内在的な批判ということになります。グローバル・カルチュラル・インダストリーとは何かといえば、もはやハリウッドだけではなく、グーグルであり、アップルであり、フェイスブックであり、アマゾンです。さらに言えば、グローバル・ツーリズムも文化を消費する産業として構造化されていると思います。それらはグローバルなマーケティング戦略と一体化し、知的財産権をめぐる戦略とも結びついていて、例えばTPPでも著作権の保護期間を著者の没後五〇年から七〇年まで引き延ばそうとしている。だから、先ほどMBAのプログラムにカルチュラル・スタディーズが組み込まれているという話がありましたが、むしろカルチュラル・スタディーズのほうが経営学を学ぶべきだと思います。グローバルなマーケティング戦略やPR戦略で何がなされているのかをきちんと内在的に学ばなければ、闘うことすらできない。ハリウッドや情報産業の人々がインターネットを使って巨額の資本を動かし、知的財産権を操作しながら、何をどうしているのかということこそ、新しいステージのカルチュラル・スタディーズが調査し、研究すべきことだと思います。

確かに、それらの強力な資本のシステムはかなり手強いでしょう。でも、カルチュラル・スタディーズがそれをやらなかったら、いったい誰がやるんですか？　今、日本でグーグル研究を内在的にやっているカルチュラル・スタディーズがどれだけありますか？　iPad の市場戦略を研究しているカルチュラル・スタディーズがどれだけあるでしょうか？　それらの現象は、グローバリゼーションの極致として、情報を駆使しながら、まさに「文化」と一体化して起きていることです。さすがにマイケル・ハートは『〈帝国〉』でそのことを理論的にはきちんと書き込んでいます。だから、それを実証的に推し進めていく仕事がカルチュラル・スタディーズには残されている。私にはもうそれほどできないけれど、そういう人が日本の若い研究者から現れてほしいですね。

「文化」を再定義する

北野　先ほど紹介されたようなカルチュラル・スタディーズの国際的なネットワークにしても、その手段はフェイスブックやスカイプだったりするのでしょうから、それはすでにグローバル産業に組み込まれている。だからこそ、敵と「添い寝」するどころか、敵の懐に入っていかなければならないわけですね。

吉見　そうそう。入らなければ見えないものがたくさんある。

北野　その意味で、このグローバリゼーションというものには「外部」がないわけです。

吉見　そのとおりです。

北野　そのとき、国民国家を前提にできた時代と比べて、カルチュラル・スタディーズのほうに方法論や分析視角の決定的な変化が必要だということはありませんか？

吉見　グローバルな情報社会や文化産業社会を、どのように理論的に分析できるのか、まだまだ分からないところが多いですが、最近の先鋭的なカルチュラル・スタディーズの研究は、「受け手中心から送り手中心へ」と言うと正確ではないのですが、産業の側の仕掛けの分析を抜きには成立しない感じがします。つまり、一九七〇年代から八〇年代のカルチュラル・スタディーズはサブカルチャーや大衆文化の能動性やクリエイティヴィティを強調し、若者を中心とした大衆がネゴシエイティヴな関係の中で作り出す、脱コード的なものも含めた意味生成に注目したわけですが、一九九〇年代末以降、グローバルな巨大文化システムが強力に作動するようになってからは、スペクテーターやオーディエンスの分析も踏まえはするけれど、巨大産業の側のマーケティングや広報の分析のほうにシフトしているように思います。そうした状況の中では、テレビだけの研究や映画だけの研究というのは、もう不可能です。巨大産業の側は最初からメディア・ミックスというか、メディア・コンヴァージェンスの総合的な戦略を仕掛けてきているわけですから。そこでは、一つのイメージやメッセージの生産と消費が、ネット、テレビ、映画、新聞、雑誌など、複数のメディアの編成体の中でなされるわけで、単独のメディア分析にはもう意味がなくなっている。

北野　おそらく、メディア論を根本的にやり直さなければならない。最初のメディアである言語の存在条件から始めて、コミュニケーションにおける媒介（メディア）とは何かを問い直さなければならないと思います。「受け手中心から送り手中心へ」というお話がありましたが、確かに「ユーザー」と呼ばれたり「オーディエンス」と呼ばれたりする人の役割や機能は大きく変わってきているし、変わってきていることを織り込み済みでグローバル・メディア・インダストリーは演出を始めている。そこをターゲットにするのは、カルチュラル・スタディーズの大きな課題だと思います。

吉見　私は『東京新聞』をはじめとする地方紙で毎月「社会時評」というコラムを書いているのですが、最近、エドワード・スノーデンの事件を取り上げたんです。かつての機密漏洩事件というのは、西山事件もそうでしたが、政府の中に沖縄密約のような漏らすことができない機密があり、それを探る記者が漏らしてくれる人を探して公開する、という形でした。ところが、スノーデンの事件はそうではなくて、グローバルなインターネットの中で世界中が情報発信しているのをアメリカ国家がキャッチし、分析していたことを暴露したわけです。そうやってビッグデータ分析をすれば、いわばすべてを監視できてしまう。ビッグデータ分析はマーケティングにも有用で、例えばアマゾンでは自分の購買履歴を基にして、けっこういい本を選んで推薦してくれる。つまり、全員が発信者になる構造の中で、その構造全体をマネージする仕組みを実現しているのがグローバルな情報社会だということです。その仕組みを最もよく理解していたのがアメリカの中央情報局であり、国家安全保障局だったことをスノーデンは暴露した。きっと同じようなことは、グーグルをはじめとする情報産業にも言える。「受け手と送り手」という言い方は正確ではない、と言ったのはそういう意味で、全体の基盤をマネージしている主体と、マネージされている舞台の上で自発的に情報発信している無数の主体がいる。その構造の中でいかにして「文化」が構築されるのか、いかにして文化の政治が機能するのかを考える必要があると思います。

北野　グーグルがニューヨーク市のチェルシー地区に無料でWi-Fiの提供を始める、というニュースがありました。これはニューヨークのネット活動のビッグデータ化を始めた、という意味でもあります。全員が情報の発信者であると同時に受信者でもあり、それをマネージする産業だけがある、という構造の中には、文化を形成する主体はないように見える。グーグルにしても、「文化」を作ろうと思っているわけではないでしょう。そのような構造の中で、「文化」という概念はかつてと同じ意味をもっているのか、ということは一度は問わなければならないと思います。

吉見　そのとおりですね。グローバルな巨大情報システムの中で無数の人がSNS的にやり取りし、かつてなら「文化」と呼ばれていた何かがそこで形成されている。だが、それをはたして「文化」と呼びうるのか。

北野　ポスト国民国家時代に入って、「文化」そのものがグローバルなレベルでラディカルに変わってきているとき、カルチュラル・スタディーズが問題化し、再概念化すべき対象としての「文化」そのものが見えにくくなっているし、それを記述・分析する道具も不足しているのは事実だと思います。そもそも、アマゾンが本を推薦してくることは「文化」ではなく、アルゴリズムですよね？

吉見　そう、アルゴリズムです。でも、われわれには「文化」のように見えてしまう。

北野　だからこそ、カルチュラル・スタディーズが「文化」を再概念化しなければならない、ということだと思います。

（初出：『思想』二〇一四年五月）

あとがき――言葉の揺れのなかで

研究者というものは、論文なり著作なりのかたちで自らの考えを世に問うというのが本道だろう、そう堅く信じてきました。畢竟、対談や座談会の類いもその延長線上にあるにすぎないのであって、それ以上でも以下でもないとも思ってきました。なによりも対談や座談会をまとめ一冊の本として刊行するなどという企みは、名のある書き手や話し手にこそ許されてしかるべきであって、自分のような無名の一研究者が手を染めるなどというのは想いもよりませんでした。今回、ここ一〇年ばかりの間に参加してきた対談や座談会を刊行するお話をいただいたときは、まさに厚顔無恥な所業だと思われやしないかと、顔が真っ赤になりました。では、なぜ、そんな所業を自らに許したのか。対談や座談会をとり集め、読み直し、編み直す作業のなかで次第に明瞭になったことでもありますが、そこに普段出逢うことのない類いの嬉しさが漂っていることに気がついたからです。それは、そもそも、どうして対談や座談会に足しげく参加してきたのかということにも関わるものかもしれません。

なぜ対談や座談会に参加するのか。その問いかけをあれやこれやと考えるなか、たどり着いたのは、驚くべきほどシンプルな答えでした。すなわち、歓びがそこにはあるからです。単に面白い、という一言に尽きるといっていい。では、どのように面白いのか。自分だけでものを考えている間には自分にしっかと張り付いていると思っていた言葉の数々が、他人とやりとりする段になると、ときにスクロールし、ときにめりめりと剝がされていくという経験、他者の聲とこすれ合うなかで了解していると思っていたはずの言葉にそれまでは知ることのなかった意味合いがおびはじめたりする経験、そうした経験がこの上なく愉快なものとして自分に訪れてくるのです。自分自身の生がわくわくするほどに活性化されていく、そんな歓びであったと胸を張っていうことができます。きわめて上質な歓びです。そう確信できるのは、まずもって、めぐり逢った対話者の方々に恵まれてきたからにほかなりません。編集者を含めたスタッフの力も大きい。恩寵がごとくです。この場を借りて、そうしたみなさんに改めて、深く感謝の気持ちを伝えておきたいと思います。

別の角度からいっておくこともできます。ここでもまた、「導入にかえて」と同じく、自分が研究者としてたどって来た道筋について触れておくのがいいでしょう。

序でも言及しましたが、自分は、大学院教育を合衆国で九〇年代に受けています。結果、自分にとっては、日本におけるポストモダン思想――ニューアカデミズムというムーブメントが牽引した――については、八〇年代にかなり深く傾倒した経緯はあったものの、渡航してからは、それとは異なる思考のラインに自らを向き合わせてきた、一〇年ほどの時間があります。畢竟、そのあと、それら二つのラインの間を揺れ動きながら、研究を続けてきたというのが正直なところです。それは、一〇年ほどの間、別の国で遊学した者の実存的な限界なのかもしれません。大げさに言うならば、かつてカール・レーヴィットが言い表したような日本的思考の特徴、すなわち、思考の二階建て、西洋的な思考と日本的な思考から成る二階建て構造のなかで思考をとりおこなわざるをえない事態の中に自分も身を置くという宿痾、そんなことを意識せざるをえなかったわけです。少なからずおこがましいいい方になっていることを承知でいえば、そういうことです。

二つのベクトルになんとか折り合いをつけるという解決もありえたかもしれません。けれども、それは、下手をすると妥協案になりかねないという心配もありました。自分が育った国で培った思考と、二〇代半ば以降に摂取した合衆国での思考、それを折り合わせることの困難をあえて引き受けることにこそ賭けてみたい。格好をつけていえば、そういうことになるかと思います。実際、ポストモダンないし「現代思想《フレンチ・セオリー》」に対する、自身の裡に抱えたややもすると相対立する二つのベクトルは、これまでの自分の仕事の中に色濃く反映させてきたつもりでもあります。戦略的に折り込んできたのだと見栄をはっていいたいところもありますが、自分としては功を奏しているか、不安なところです。

序で述べた、映像という問い、その不埒な軌道に導かれてきたことのさらに奥深くには、そうした実存的な揺れもあるのかもしれません。異なる国、異なる文化の間で揺れ動きながら考えをめぐらすということが、異なる分野の思考に穿たれる歓びとも共振していったのでしょう。おそらくは、大学社会で飛び交う「分野横断」的などという行政用語が指し示すものとは全く違う、もっと軽やかで、自分が生きている間はずっと感じていたい歓びです。

そんな、幾重にも折り重なった歓びに気づかせてくれたのは、いつものことながら、松岡隆浩さんです。松岡さんとはすでに単著が二冊、邦訳が一冊、合わせて三冊の本を一緒に世に送り出してきましたが、今回は、異なる企み、異なる建て付けの本を産み出すことができました。もしかすると、カフェで、居酒屋で、研究室で、そしてメイルや電話で彼と言葉を交わし合うときこそが、最上質の歓びと出逢っている時間であるのかもしれません。

北野圭介

衣笠山の傍らで

ワ　行

マ　行

ヤ　行

ラ　行

ハ　行

タ　行

ナ　行

サ　行

人名索引

ア 行

カ 行

編者略歴

北野圭介（きたの　けいすけ）

1963年生まれ。立命館大学映像学部教授。映画・映像理論、社会理論。著書に『ハリウッド100年史講義　夢の工場から夢の王国へ』（平凡社新書、2001年／新版2017年）、『日本映画はアメリカでどう観られてきたか』（平凡社新書、2005年）、『大人のための「ローマの休日」講義　オードリーはなぜベスパに乗るのか』（平凡社新書、2007年）、『映像論序説　〈デジタル／アナログ〉を越えて』（人文書院、2009年）、『制御と社会　欲望と権力のテクノロジー』（人文書院、2014年）、訳書にアレクサンダー・R・ギャロウェイ『プロトコル』（人文書院、2017年）がある。

JIMBUN SHOIN　Printed in Japan
ISBN978-4-409-03099-8　C1010

マテリアル・セオリーズ
――新たなる唯物論にむけて

二〇一八年　八月二〇日　初版第一刷印刷
二〇一八年　八月三〇日　初版第一刷発行

編　者　北野圭介
発行者　渡辺博史
発行所　人文書院
〒六一二-八四四七
京都市伏見区竹田西内畑町九
電話　〇七五(六〇三)一三四四
振替　〇一〇〇〇-八-一一〇三

印刷　創栄図書印刷株式会社
装丁　上野かおる